긍정적 행동지원 시리즈 ❶

도전행동을 보이는 장애학생과 일반학생을 위한

학교에서의
예방·교수·강화 모델

Glen Dunlap · Rose Iovannone · Donald Kincaid
Kelly Wilson · Kathy Christiansen · Phillip S. Strain 공저

박지연 · 심은정 · 정지희 · 백예은 공역

학지사

Prevent-Teach-Reinforce, Second Edition

: The School-Based Model of Individualized Positive Behavior Support

by Glen Dunlap, Rose Iovannone, Donald Kincaid, Kelly Wilson,

Kathy Christiansen, and Phillip S. Strain

역자 서문

도전행동을 보이거나 사회정서적 어려움을 가진 학생이 적절한 사회성 기술과 자기관리 기술을 익혀 수업에 활발하게 참여하고, 긍정적인 대인관계를 유지하면서 즐겁게 학교생활을 하는 것은 모든 교사의 간절한 바람입니다. 도전행동의 빈도나 강도 또는 지속시간이 그리 심각하지 않다면 학교나 학급 차원에서 실시되는 보편적인 행동관리 전략으로 해결할 수 있겠지만, 학생 본인과 주변 사람을 위험에 처하게 하거나 학급 및 학교 활동을 멈추어야 할 정도의 도전행동에 대해서는 좀 더 강력한 지원이 필요합니다. 이 책『학교에서의 예방·교수·강화 모델(Prevent-Teach-Reinforce: PTR)』은 학교가 주축이 되어 이러한 강력한 지원을 실행하는 모델을 소개하고 있습니다. 여기서 말하는 학교는 일반학교와 특수학교를 모두 포함하며, 이 책의 초점이 되는 심각한 도전행동은 의사소통의 어려움이 큰 장애학생에게서 주로 나타나지만 심각한 도전행동을 보이는 일반학생 역시 PTR의 적용 대상이 될 수 있습니다.

이 책의 원서는 긍정적 행동지원의 초석을 다진 학자로서 지난 40여 년간 행동지원을 연구해 온 Dunlap 교수가 동료들과 함께 2019년에 펴낸 것으로, 2010년에 출판된 초판의 개정판입니다. 이 개정판은 초판에서 PTR이 소개된 후 이를 실행해 본 세계 각국의 교사와 관련 전문가들이 보내온 피드백을 반영하여 그 절차를 개선하고 정교화한 것으로, PTR 절차를 더욱 친절하고 자세하게 안내하고 있습니다.

이 책의 내용에 대한 설명은 Tim Knoster 교수의 추천사에 자세히 제시되어 있으므로, 여기서는 PTR을 현장에서 실행하고 연구하려는 독자가 가질 수 있는 의문에 답하고자 합니다. 역자들이 처음 책을 접하면서 가졌던, "학교차원의 긍정적 행동중재 및 지원(School-Wide Positive Behavior Intervention and Support: SWPBIS)을 구성하는 세 차원 중 3차 지원에 해당하는 개별 지원[1]과 이 책에서 소개하는 PTR은 같은 것인가, 다른 것인가?"라는 질문을 이 책을 찾는 독자께서도 가졌을 것이라 생각하기 때문입니다.

이 책의 제1장에 제시된 ABA, PBS[2], PTR의 관계에 대한 설명에서 이 질문에 대한 답을 약간은 찾을 수 있습니다만, 역자 서문을 통해 이를 조금 더 알기 쉽게 설명해 보고자 합니다. 개별 지원(SWPBIS의 3차 지원)과 PTR은 심각한 도전행동을 보이는 학생에게 포괄적이고 개별화된 강도 높은 지원을 제공한다는 동일한 목표를 가지고 있으며, 그 이론적 근거와 실행 원리에도 차이가 없습니다. 다만, PTR은 개별 지원을 시작할 엄두를 내지 못하는 학교 현장의 교직원이 좀 더 쉽게 개별 지원을 시작할 수 있도록 그 절차를 표준화하여 구성했다는 점에 차이가 있습니다. 일례로, 많은 교사가 개별 지원 절차의 일부로 기능평가를 실시하여 도전행동의 기능(목적)을 파악해야 한다는 것을 잘 알지만, 수없이 많은 면담 도구, 평정 척도, 직접 관찰 서식 중 무엇을 써야 할지를 생각하면 골치가 아프고, 그중 몇 가지만 선택했다 하더라도 이를 실시하는 데 드는 시간과 노력이 만만치 않기 때문에 시작을 주저하게 됩니다. 또한 행동에 대한 자료를 많이 수집할수록 도전행동의 기능을 잘 파악할 수 있고 정확한 가설을 세울 수 있다는 것은 알지만, 얼마나 많이 수집해야 할지 판단하기가 쉽지 않으며 많은 자료를 수집했다 하더라도 이를 능숙하게 종합하여 가설과 중재계획으로 연결하는 작업은 경험이 많지 않은 교사에게 큰 부담이 아닐 수 없습니다. PTR은 현장 교사의 이러한 고

---

1) SWPBIS의 3차 지원에 해당하는 개별 지원은 국내에서 '개별차원의 긍정적 행동지원' 또는 '개별화된 긍정적 행동지원'으로도 불리고 있음

2) 이 책은 긍정적 행동지원(Positive Behavior Support: PBS)이라는 용어를 사용하고 있으나 많은 논문과 서적에서 긍정적 행동중재 및 지원(Positive Behavior Intervention and Support: PBIS)이라는 용어도 사용하고 있음. 두 용어의 의미는 동일함

민을 해결하고자 개발된 것으로, 저자들이 제작한 기능평가 체크리스트(제4장 참조)를 작성하는 것만으로 기능평가 절차를 대신할 수 있습니다.

　기능평가뿐 아니라 행동중재계획을 수립하는 단계에서도 PTR만의 특징을 찾아볼 수 있습니다. SWPBIS의 개별 지원에서는 지원팀이 가진 지식·경험·자원에 근거하여 중재 전략이 개발되므로 팀원들의 역량에 따라 행동중재계획의 양과 질이 크게 달라지는데, 이는 현장 교사가 개별 지원을 주저하게 만드는 또 다른 원인입니다. 상당한 경력과 전문성을 가진 교사라도 배경사건 중재, 선행사건 중재, 대체행동 교수, 후속결과 중재라는 소제목이 적힌 빈칸에 효과적이고도 현실적으로 실행 가능한 증거기반의 실제를 채워 넣는 작업은 부담스러울 수밖에 없습니다. PTR은 이러한 어려움을 해결하고자 증거기반으로 알려진 예방 중재, 교수 중재, 강화 중재를 매뉴얼로 제작하고(부록 A, B, C 참조) 중재계획을 수립할 때는 그 매뉴얼에서 적절한 전략을 고른 후 학생의 특성에 맞추어 수정만 하면 되도록 하였습니다. 이러한 장치는 교사의 부담을 줄여 교사가 행동지원에 쉽게 접근하는 데 큰 도움이 될 것으로 생각됩니다.

　심각한 도전행동을 보이는 학생의 개별 지원을 조금 더 쉽게 시작하게 해 준다는 PTR의 장점에서 비롯되는 제한점도 언급하지 않을 수 없습니다. PTR이 기능평가와 중재 전략을 단순화하여 행동지원 절차를 쉽게 만들어 준 것은 사실이지만, 좀 더 복잡한 기능의 도전행동을 가진 학생의 문제를 파악하는 데는 한계가 있으며, PTR에 포함된 중재 전략만으로는 문제가 해결되지 않는 학생도 많습니다. 저자들도 신경학적·의학적 문제와 심각한 가정환경 문제를 가진 학생에게는 PTR을 적용하기 어렵다고 말합니다. 요약하자면, PTR은 학생의 생물학적 문제나 가정환경의 문제까지 고려하여 행동지원을 제공하는 모델은 아니며, 제목 그대로 학교라는 환경을 기반으로 개별 학생의 심각한 도전행동을 다루는 모델입니다.

　번역서인만큼 용어에 대해서도 한 가지 설명하고 싶습니다. 행동지원을 다루는 많은 원서에서 도전행동의 반대 개념으로 대체행동(alternative behavior)이라는 용어가 쓰이고 있으나 이 책에서는 대체행동이라는 용어 대신 교체행동(replacement behavior)이라는 용어를 쓰고 있습니다. 두 용어의 의미는 동일합니다. 이 책의 저자들은 도전행동을 대신하여 학생이 해야 하는 적절한 행동을 '교체행동'이라고 총칭한 후, 이를 다시 '동일 기능 교체행동(도전행동과 같은 기능을 가진 교체행동)'과 '바람직한 대안행동(도전행동과 같은 기능은 아니지만 학생이 배워야 하는 적응행동)'으로 분리하여 개념화하고 있으니 이 구조를 염두에 두고 책을 보시면 이해가 쉬울 것입니다.

행동지원 이론과 실제의 상당 부분이 미국에서 시작된 탓에, PBS(긍정적 행동지원), ABA(응용행동분석), FA(기능평가), BIP(행동중재계획) 등과 같이 영문 약어가 넘쳐나는 상황에서 또 하나의 약어인 PTR을 추가하는 것이 주저됩니다만, 앞서 설명한 PTR의 편리함이 약어 하나를 더 기억하는 수고를 덜을 수 있으면 좋겠습니다. 저희 역자들은 그간 개별 지원 절차가 복잡하고 어렵다고 여겨 선뜻 도전하지 못했던 교육 현장에 좀 더 쉽고 편리하게 활용할 수 있는 모델을 소개하게 되어 기쁩니다. 마지막으로 이 책의 출간을 위해 애써 주신 학지사 김진환 사장님과 이영민 선생님께 깊은 감사의 마음을 전합니다.

2020년 9월
역자 일동

┄┄┄

　지금 우리는 긍정적 행동지원이 가정과 학교, 지역사회를 아우르며 폭넓게 적용되고 있는 시기를 보내고 있다. 긍정적 행동지원의 이러한 발전은 도전행동을 보이는 학생을 지원하는 데 필요한 효과적인 실제에 대한 지식체계의 성장 덕분이다. 그러나 모든 발전에는 난관이 따른다. 이 점에서 긍정적 행동지원의 발전과정 역시 롤러코스터를 타는 것처럼 파란만장했으며, 우리가 이 분야에서 여러 해 동안 직면해 온 과거의 문제들이 나타났다. 이러한 문제 중 하나는 사회적·정서적·행동적 안녕에 관한 연구 성과가 가정과 학교, 지역사회의 일상적 실제로 옮겨지는 데 상당한 시간이 소요된다는 점이다. 연구와 실제 사이의 격차에 대한 딜레마를 보여 주는 많은 예가 있지만, 기능평가와 다요소 행동중재 및 지원계획의 고안과 실행은 행동과학 분야에서 이를 보여 주는 가장 전형적인 예라 할 수 있다.

　교사가 기능평가나 행동중재계획과 관련된 미국의 「장애인교육법(Individuals with Disabilities Education Act: IDEA)」상의 법적 요건을 이해하고 도전행동을 보이는 학생의 요구 충족을 위한 실제를 익히도록 지원해 온 나의 개인적인 경험을 돌아볼 때, 방대한 문헌을 통해 효과가 입증된 실제가 많이 있음에도 불구하고 이 분야에 지속되고 있는 혼란은 나를 당황시킨다. 여러 해 동안 이 분야의 동료들과 교류하면서 나는 이것이나 혼자만의 경험이 아님을 알게 되었다. 이런 경험 중 일부는 당혹스럽고 때로 좌절감을 주기도 하지만, 연구 성과가 현장에서의 실천으로 이어지기까지의 시간적 지연이 학생과 가족의 삶의 질에 미치는 부정적 영향에 비하면 이러한 좌절은 아무것도 아니다. 단순하게 말해서, 그간 이 분야에서 해 온 기능평가와 그에 따른 행동중재계획의 설계와 실행은 '잘 되면 좋고, 아니면 말고'라는 식이었다. 이러한 실천의 모순은 누구에게도 도움이 되지 않기 때문에 직접적인 개입이 시급하다.

『학교에서의 예방·교수·강화 모델』은 많은 현장 전문가가 어렵다고 느끼는 것을 명확하고 효율적이며 사용자 친화적인 방식으로 풀어서 알려 주는 책이다. 이번 2판에서 저자와 개발자들은 현장 전문가들을 위해 PTR 과정의 각 요소를 보여 주는 광범위한 예시와 함께 유용한 모델을 제공하고 있다.

저자들 스스로 설명하듯이, PTR은 교실차원 또는 학교차원의 행동관리 체계나 보충 프로그램을 통해 만족스럽게 해결되지 않았던 도전행동을 가진 학생을 지원하기 위한 체계적이고 구조화된 과정이다. 이 책의 1판(Dunlap, Iovannone, Wilson, Kincaid, Christiansen, Strain, & English, 2010)에서 강조했듯이, PTR은 방대한 연구에 기반을 둔 것이며 이번 2판은 그러한 연구기반을 더욱 발전시킨 것이다. PTR의 기본 토대라 할 수 있는 초기 연구들은 현장 전문가들의 광범위한 피드백을 통해 보강되었으며, 이에 따라 PTR 절차가 효율성 면에서 더욱 정제되고 개선되었다. 저자들이 다층적 논리를 가진 PTR의 적용을 긍정적 행동중재 및 지원(Positive Behavior Intervention and Support: PBIS)의 틀 안에서 명확하고 깊이 있게 설명한 것은 특히 주목할 만한 일이다. PTR은 보편적 지원과 표적집단 지원에 제대로 반응하지 않아서 강도 높은 개별차원의 긍정적 행동지원을 필요로 하는 학생을 위해 팀 접근을 활용하여 적용하도록 고안되었기 때문에 이 점은 특히 중요하다.

또한 저자들은 PTR이 역사적으로 긍정적 행동지원, 그리고 긍정적 행동지원의 과학적 기반이라 할 수 있는 응용행동분석에서 비롯된 것이라고 설명하고 있다. 이를 위해 저자들은 다음을 강조한다. ① PTR은 긍정적 행동지원의 구체적인 모델 중 하나다. ② 긍정적 행동지원의 일정 부분은 응용행동분석이라는 영향력이 큰 실증적 기반에서 비롯되었다. ③ 응용행동분석은 많은 전략과 프로그램에 적용되고 있는 폭넓은 학문 분야를 아우르는 광범위한 용어다. 이렇게 정리된 저자들의 설명은 현장 전문가가 이 분야를 좀 더 명확하게 이해하는 데 도움을 준다.

PTR의 핵심은 문제 상황(맥락)의 예방, 명백하고 계획적인 친사회적 행동 교수, 친사회적 기술의 습득과 지속적인 사용을 지원하는 강화 절차 간의 상호적 과정이다. PTR은, ① 팀 구성과 목표 설정, ② 자료 수집, ③ PTR 기능평가, ④ PTR 중재, ⑤ 진보의 점검과 자료기반 의사결정의 다섯 단계로 이루어진다. 이러한 명료한 접근은 어느 정도 직선적인 진행을 가능하게 하므로 PTR 적용의 효율성을 향상시킨다. 각 단계별 세부 사항과 관련 예시들은 학교 내 다양한 환경에서 강도 높은 개별 지원을 필요로 하는 여러 학생(일반교육과 특수교육 환경에 있는 학생 모두를 포함)에게 적용되는 팀 기반 접근을 효과적으로 해석해 준다.

이와 같이 충실한 기반을 가진 프로그램에 더하여, 이 책의 저자들은 PTR을 교실에서 적용할 때의 애로 사항을 고민한 후 PTR 모델을 효과적으로 실행하는 데 도움이 되는 여러 요소에 대한 유용한 지침을 제공한다. 구체적으로 저자들은 다음 요소, ① PTR 절차를 진행할 우수한 촉진자, ② 성공적인 성과를 향한 팀의 헌신, ③ 충실한 실행, ④ 팀원의 역량, ⑤ 학교 행정가의 가용성(availability)과 참여 및 지원, ⑥ 가족 참여의 중요성을 강조한다.

저자들은 앞서 설명한 PTR 절차의 강점에 더하여 PTR의 제한점과 적용 시 유의점에 대한 견해도 밝히고 있다(예: PTR은 의학적·생리적 요인을 가진 학생, 생활환경이 일시적으로 붕괴된 학생에게는 그 효과가 제한적일 수 있음). 특정 학생을 위해 PTR 적용을 고려하는 현장 전문가에게 이러한 지침은 매우 유용하다.

PTR은 잘 확립된 행동주의 이론에 기반을 두고 있으며, 실험을 통해 입증되었을 뿐 아니라 효율적이고 사용자 친화적인 절차로 구성된 행동 전략을 반영하고 있다. PTR을 구성하는 절차와 관련 도구들은 수십 년의 연구를 통해 발견된 것을 학교 현장에서 실행 가능하고 지속 가능한 일상적 실제로 옮기기 위해 현장 전문가가 필요로 하는 바로 그것이다. PTR의 성공적 실행은 오랜 기간 도전행동을 보인 학생과 그 가족 그리고 현장 전문가에게 중요한 영향을 미칠 것이 분명하다. 도전행동의 감소와 친사회적 행동의 증가와 같은 긍정적 성과는 사회적 · 정서적 · 행동적 안녕을 강화하고 삶의 질에 긍정적 영향을 미칠 것이다. PTR은 의심의 여지없이 이 절차에 참여하는 모든 사람에게 긍정적 성과를 가져다줄 강도 높은 개별차원의 긍정적 행동지원을 실현하기 위해 오늘날의 교육 현장에 꼭 필요하다.

블룸스버그대학교 맥도웰 연구소
Tim P. Knoster, Ed.D.

차례

제 1 장   예방 · 교수 · 강화 소개 ················· 15

부록

예방 · 교수 · 강화 소개

- 개정판(2판)에 대한 소개
- 긍정적 행동지원과 응용행동분석
- PTR의 이론적 배경과 역사
- PTR 실시의 5단계
- 예방과 다층적 지원체계
- PTR의 효과적인 실행
- PTR의 한계와 유의점
- 요약

이 책은 예방·교수·강화(Prevent-Teach-Reinforce: PTR)라는 행동지원 모델을 설명하고, 학교기반의 지원팀에게 PTR 절차를 안내하기 위해 집필되었다. PTR은 도전행동을 보이는 학생을 지원하기 위한 체계적이고 구조화된 절차다. PTR은 학급차원, 기타 차원 또는 학교차원의 행동관리 체계에서 제대로 해결되지 못한 도전행동을 다루기 위한 접근이다. 이 모델은 자신과 급우의 학습을 심각하게 저해하는 도전행동을 지속적으로 보이는 학생을 위해 고려해 볼 수 있는 옵션이다.

PTR은 다양한 학생에 대한 방대한 연구에 기반을 두고 있으며 장애학생을 포함하여 도전행동을 보이는 모든 학생을 위한 것이다(예: Dunlap, Iovannone, Wilson, Kincaid, & Strain, 2010; Iovannone et al., 2009). PTR은 긍정적 행동지원(Positive Behavior Support)의 한 모델이며, 넓게는 응용행동분석(Applied Behavior Analysis)의 원칙과 절차와도 일맥상통한다. PTR은 행동의 기능에 대한 평가 절차, 바람직한 행동에 대한 강화, 새로운 행동의 형성(shaping), 촉진과 강화의 점진적 감소, 후속결과 중재 접근과 같은 응용행동분석의 원칙을 활용한다.

PTR은 학생의 기능 수준이 어떠한지에 관계없이 모든 학생에게 적용 가능하며, 유치원부터 중학교까지의 학생을 위해 고안되었다. PTR은 일반학교 교실에서뿐 아니라 학습장애, 지적장애, 정서행동장애, 자폐성장애, 기타 발달과 학습 및 행동의 어려움을 가진 학생에게도 적용할 수 있다. 그러나 PTR은 행동문제가 의료적·생리적 요인에 기인하거나 일시적으로 어려움에 빠진 가정 상황에서 비롯된 경우에는 그 효과가 제한적일 수 있다. 의료적·생리적 요인 또는 가정생활의 심각한 문제가 의심될 때는 PTR 절차를 시작하기 전에 적절한 전문가의 도움을 받아 이 요인을 먼저 해결하는 것이 바람직하다.

PTR 절차는 제2장부터 제6장까지 5개의 장에서 자세히 설명하게 될 5단계로 구성되는데, 1단계는 팀 구성과 목표 설정, 2단계는 자료 수집 체계 수립과 자료 수집 시작, 3단계는 PTR 기능평가(줄여서 PTR 평가로 부르기도 함), 4단계는 PTR 중재, 5단계는 진보의 점검과 자료기반 의사결정이다. 각 단계의 진행 과정은 모든 학생에게 동일하다. 따라서 PTR 모델은 표준화된 접근이라 할 수 있다. 그러나 각 단계에서 개발되는 내용은 학생의 특성, 학교 환경의 특성, 중재를 실행할 학교 전문가의 특성에 기반을 둔다. 즉, 이 모델은 모든 학생의 요구에 부응하기 위한 표준화된 접근인 동시에 도움이 필요한 학생의 특성과 상황을 고려한 개별화된 접근인 셈이다.

PTR 중재계획은 최소한 3개의 영역으로 이루어진다. PTR에 참여하는 모든 학생을 위한 중재는 예방·교수·강화 절차를 포함하고 있다. '예방' 중재는 학생의 활동, 환경 또는 사회적 상황에 변화를 주는 것을 말한다. '교수' 중재는 학생에게 도전행동의 대안이 될 수 있는 새로운 기술을 선정하여 지도하는 것을 말한다. '강화' 중재는 적절하고 친사회적 행동을 격려하기 위해 효과적이고 적절한 후속결과를 적용하고 도전행동에 대한 주변의 반응을 변화시켜 학생이 도전행동을 통해 성취하려는 기능이나 목표를 더 이상 효과적이고 효율적으로 성취하지 못하게 하는 것을 말한다. 이 책 전체에서 PTR 구성 영역으로서의 **예방·교수·강화**를 설명할 때는 각 단어를 진한 글씨로 표시하였다. 학교기반의 지원팀은 PTR 평가 결과 및 전략 실행 가능성에 대한 주의 깊은 고려를 바탕으로 각 영역에 해당하는 구체적 전략을 선택한다. PTR 모델의 효과적 적용을 위해서는 이 세 영역 각각에 해당하는 중재가 학생에게 제공되어야 한다.

개정판(2판)에 대한 소개

이 책은 2005년부터 2009년까지 내용의 개발과 검증이 이루어졌고, 2010년에 초판이 출간되었다(Dunlap, Iovannone et al., 2010). 미국 전역과 세계 여러 나라에서 도전행동을 보이는 학생을 돕기 위해 이 책을 사용한 교육자와 관련 전문가들은 이 책에 대한 방대한 피드백을 보내 주었다. 또한 저자들은 초판 발행 이후에도 PTR의 성과 효율성을 높이기 위해 PTR의 적용을 확대하고 절차를 개선할 방안을 지속적으로 고민하였다. 이번 개정판은 그 과정에서 우리가 배운 바를 반영하고 있으며, PTR의 개념과 실행방법을 좀 더 잘 설명하려는 우리의 노력을 담고 있다.

PTR 모델의 절차와 기본 구조는 초판과 동일하지만, 2판에서는 팀 구성과 목표 설정을 1단계로 통합하였고, 자료 수집에 관련된 모든 것을 2단계로 모았으며, 5단계의 명칭을 '평가(evaluation)'에서 '진보의 점검과 자료기반 의사결정'으로 바꾸었다. 또한 PTR의 역사를 업데이트하고 최근 연구를 소개하며 촉진자(facilitator)의 역할을 강조하고 다층적인 학급차원과 학교차원의 전략을 통한 체계적 예방의 중요성을 부각하기 위해 제1장을 수정하였다. 우리는 또한 일부 단계를 재정비하여 효율성을 높였고, 강화제(reinforcers)를 효과적으로 사용하고 도전행동에 대한 대안행동 수립에 중점을 두는 것이 얼마나 중요한지를 설명하기 위해 **강화** 요소를 보완하였다. 요약하자면, 이번 개정판은 PTR 모델의 기본 구조, 과정, 절차를 그대로 유지하는 동시에 각 단계의 효과와 효율을 높이기 위한 개선 사항을 포함하고 있다.

긍정적 행동지원과 응용행동분석

PTR은 수십 년간 행동지원을 이끌어 온 강력한 두 가지 접근, 즉 긍정적 행동지원(Positive Behavior Support: PBS)과 응용행동분석(Applied Behavior Analysis: ABA)에 뿌리를 두고 있다. 첫째, PBS는 행동 적응의 문제를 보이는 개인의 역량과 삶의 질 향상을 위해 환경·사회·교육·체제상의 전략을 구조화하는 광범위한 접근이다(Brown, Anderson, & DePry, 2015; Kincaid et al., 2016). PBS는 도전행동의 발생을 줄이기 위해 노력하는데, 이는 그러한 행동이 개인이 선호하는 삶의 방식이나 학습, 성인 및 또래와의 긍정적 상호작용의 발달을 방해하기 때문이다. PBS는 가혹한 방법을 쓰거나 개인에게 낙인을 씌우는 처벌을 피하고 바람직한 성과를 달성할 수 있는 교수적·환경적 지원을 강조한다는 점에서 긍정적 접근이다. PBS는 1980년대 중반에 여러 이론에 기반을 둔 유용한 접근으로 등장했는데, 그 기반 중 하나가 행동지원을 이끌어 온 또 하나의 접근인 ABA다(Bambara & Kern, 2005; Carr et al., 2002; Dunlap, 2006; Dunlap, Carr, Horner, Zarcone, & Schwartz, 2008; Lucyshyn, Dunlap, & Freeman, 2015).

둘째, ABA는 개인의 행동을 사회적으로 의미 있게 변화시키기 위해 학습의 원리를 적용하는 과학적 학문 분야다. ABA는 교육, 사회복지, 심리, 아동발달, 경영 등과 같은 많은 학문에 적용되어 왔다. 1960년대 후반부터 실행된 연구들은 ABA의 타당성과 수많은 기여를 명백하게 보여 주었다. ABA는 다양한 방식으로 적용될 수 있기 때문에 ABA를 기반으로 한 것이 분명한 여러 프로그램이 서로 다르게 보일 수도 있지만 사실은 모두 동일한 개념과 철학적 바탕을 갖고 있음을 이해할 필요가 있다(Cooper, Heron,

& Heward, 2007).

PTR 모델은 PBS와 직접적으로 연관되는 동시에 ABA의 원칙과 절차에 기반을 둔다. 많은 교사가 PTR, PBS, ABA가 어떻게 다른지에 대한 질문을 받을 수 있기 때문에 이 장에서는 PTR의 배경에 관련된 쟁점을 다룬다. 이 질문에 대한 일부 답변을 간단히 요약하면 다음과 같다.

- PTR은 PBS의 일부라 할 수 있는 구체적 모델이다. PBS의 실행 방식이나 적용 수준이 매우 다양하기는 하나 PTR은 PBS 접근과 전적으로 일치한다.
- PBS가 독자적인 명칭으로 불려야 할 정도의 차별성을 갖고 있음은 확실하지만, 여전히 그 뿌리는 ABA에 있다. 둘 사이의 유사성이 워낙 커서, 모든 ABA 전문가가 그렇지는 않지만, 일부 ABA 전문가는 PBS 전략과 크게 다를 바 없는 전략을 사용한다(Dunlap et al., 2008).
- ABA는 여러 실제와 프로그램을 아우르는 광범위한 학문 분야를 가리키는 폭넓은 용어다.

이 장에 인용된 문헌들은 PBS와 ABA의 정의와 차이점을 알고 싶은 독자에게 유용할 것이다.

PTR의 이론적 배경과 역사

PTR 모델은 플로리다주와 콜로라도주의 여러 학교에서 실시한 대규모의 실험연구와 PBS의 각 요소 및 PBS의 전 과정에 대한 광범위한 연구에 기반을 두고 있다. PTR의 과정과 절차는 PBS와 ABA의 비호를 받으며 수십 년간 연구되고 정제되었다. 예를 들면, PTR 평가 절차를 지지하는 수백 편의 실험연구를 통해 기능평가의 타당성이 입증되어왔으며 중재를 하기 전에 기능평가를 실시하는 데서 오는 유익이 확인되었다(예: Repp & Horner, 1999; Umbreit, Ferro, Liaupsin, & Lane, 2007). 이에 못지않은 많은 연구가 환경이나 선행사건의 조정(즉, PTR 모델의 **P** 요소)(예: Luiselli, 2006) 및 교수와 강화 관련 접근(즉, **T**와 **R** 요소)(예: Bambara & Kern, 2005; Borgmeier & Rodriguez, 2015; Halle, Bambara, & Reichle, 2005)의 효과를 입증하였다. 수많은 분헌연구에서 PBS의 각 요소와 전 과정을 고찰한 결과, PBS가 행동의 어려움을 보이는 많은 학생에게 효과적임이 판명되었다(예: Bambara & Kern, 2005; Carr et al., 1999; Dunlap & Carr, 2007; Dunlap, Carr et al., 2010; Sailor, Dunlap, Sugai, & Horner, 2009).

PTR 모델은 실험을 통한 직접적 평가를 받아 왔다. Iovannone 등(2009)은 대규모 연구결과를 보고하였다. 이 연구는 플로리다주와 콜로라도주의 5개 교육구(school districts)에서 실행된 무작위통제실험이다. 유치원부터 중학교에 재학 중이면서 심각한 도전행동을 보이는 245명의 학생이 이 연구에 참여하였다. 자료 수집을 시작하기 전, 장애학생과 비장애학생을 포함한 다양한 유형의 학생들을 표집하여 PTR 중재를 적용하는 실험집단과 평소의 전략으로 중재하는 통제집단에 무작위 배치하였다. 연구결과, 도전행동 감소와 사회성 기술의 향상, 적절한 학업행동을 보인 시간의 비율에서 PTR 집단이 통제집단보다 유의하게 큰 효과를 보였다. 수집된 자료들은 연구에 참여한 교사들이 PTR 절차를 충실하게 실행할 수 있었음을 보여 주었고, 참여 교사들은 심각한 행동상의 어려움을 보이는 학생을 가르치게 되었을 때 PTR 절차를 기꺼이 다시 적용하겠다고 하였다.

한편, 단일대상실험설계를 사용하여 PTR을 평가한 세 편의 연구가 있다. Strain, Wilson과 Dunlap(2011)은 유치원생, 2학년, 4학년 학생에게 대상자 간 중다기초선설계를 적용한 실험연구를 실시하였다. 도전행동과 학업참여행동에 대한 직접 관찰 결과, PTR을 적용한 후 세 아동 모두에게서 긍정적 변화가 나타났다. DeJager와 Filter(2015)는 유치원생, 4학년, 5학년 학생을 대상으로 반복반전설계(ABAB 설계)를 적용한 PTR 연구결과를 보고하였다. 세 학생의 자료에 나타난 경향성(trend)은 PTR 실행의 효과를 지지하였다. Barnes, Iovannone, Blair, Crosland와 George(2017)의 연구에서는 중다기초선설계를 이용하여 초등학교 1학년 비장애학생 3명에게 PTR을 적용하고 그 효과를 살펴보았다. 연구결과, 세 학생 모두 행동이 향상되었으며 교사의 실행충실도 역시 높게 나타났다.

PTR 모델의 인기가 높아지면서 많은 유아교사가 유아교육기관과 어린이집에서 PTR을 수정하여 사용하기 시작하였다. 그 결과 '유아프로그램에서의 예방·교수·강화(Prevent-Teach-Reinforce for Young Children: PTR-YC) 모델'(Dunlap, Wilson, Strain, &

Lee, 2013)이 탄생하였으며, 이 모델은 여러 사례연구 논문(Dunlap, Lee, Joseph, & Strain, 2015; Dunlap, Lee, & Strain, 2013)에 설명되어 있다. 최근 연방 정부의 지원하에 PTR-YC의 효과 검증을 위한 실험연구가 4년에 걸쳐 실행되었는데, 이 연구는 네바다주와 콜로라도주의 유아교육환경에서 심각한 도전행동을 보이는 160명의 유아를 대상으로 한 것이다. 연구결과, 도전행동과 사회성 기술에 대한 표준화된 측정과 교실 일과에서 나타나는 도전행동에 대한 직접 관찰 모두에서 PTR-YC에 참여한 아동이 기존의 서비스만 받은 통제집단 아동보다 통계적으로 유의한 향상을 보였다(Dunlap et al., 2015; Dunlap, Strain, Lee, Joseph, & Leech, 2018).

Kulikowski, Blair, Iovannone과 Crosland(2015)의 연구에서는 지역사회에 위치한 유아교육환경에서 일하는 한 교사가 2명의 4세 아동에게 PTR 모델을 적용한 결과를 살펴보았다. 일과(routines) 간 중다기초선설계를 적용한 이 실험에서는 먼저 교사가 첫 번째 아동에게 PTR 모델을 적용하였으며 그 결과 아동에게서 바람직한 향상이 나타났다. 이 연구는 또한 교사가 PTR 모델을 다른 아동에게 일반화할 수 있는지도 살펴보았다. 교사는 독립적으로 다중요소 중재를 실행할 수 있었으며, 그 결과 아동 행동의 향상이 나타났다.

마지막으로, PTR 모델 확장의 또 다른 예는 가족이 주요 팀원이자 중재의 주체가 되어 PTR을 가정 상황에서 실행하는 것이다. Sears, Blair, Iovannone과 Crosland(2013)는 이 영역의 초기 연구 중 하나로, 일과 간 중다기초선설계를 이용하여 자폐성장애를 가진 두 아동(4세, 6세)에게 유아에 맞게 수정한 PTR을 가정에서 실행하였다. 연구결과, 두 아동의 도전행동 감소와 대안적이고 적절한 반응의 증가가 뚜렷하게 나타났다. 두 번째 가족기반 연구를 실시한 Bailey(2013)는 3명의 아동(5세, 6세, 7세)과 그 가족을 대상으로 단일대상설계를 적용하였고, 그 결과 명백한 도전행동의 감소와 적응행동의 향상이 나타났다. 가정에서 실행하는 PTR은 '가정에서의 예방 · 교수 · 강화(Prevent-Teach-Reinforce for Families: PTR-F) 모델'(Dunlap et al., 2017)이라는 명칭으로 공식화되었으며, 가정과 지역사회 환경에서 PTR을 실행하는 구체적 절차를 담고 있다. Joseph(2016)의 박사학위논문으로 실시된 단일대상연구는 세 가정에서 실시된 PTR-F의 효과를 입증하였다.

PTR 실시의 5단계

도전행동을 다루기 위한 PTR 절차는 많은 저자가 설명하는 PBS 실행 순서와 유사하다. 차이가 있다면 PBS보다 조금 더 상세하고 실행하기 쉽다는 점이다. PTR 모델은 미국 전역의 여러 교육구에 속한 수백 개의 교실에서 다양한 학생을 대상으로 검증되었다. 이 모든 실험에서 학교 교직원, 특히 교사가 개별화된 PTR 중재의 핵심 설계자이자 실행자의 역할을 담당하였다. 이러한 점으로 볼 때 도전행동이 아무리 심각하고 오래 지속되었더라도 PTR 모델은 대다수의 학생에게 긍정적 효과를 미칠 것임을 확신할 수 있다.

이 모델은 5단계로 이루어진다. 이 장 이후에서 이어지는 5개의 장에서 이 5개의 단계를 하나씩 다룰 것이다. 각 장에는 해당 단계의 목표와 이를 성취하기 위해 권장되는 절차가 제시되어 있다. PTR을 성공적으로 수행하기 위해서는 해당 단계의 목표를 달성한 후 다음 단계로 넘어가야 한다. 각 단계에 대한 간단한 설명은 다음과 같다.

1단계: 팀 구성과 목표 설정

PTR 절차의 첫 번째 단계는 대상 학생의 안녕(well-being)을 위해 애쓰고 있으며 중재를 담당할 사람들로 구성된 유능한 팀을 결성하는 것이다. 행동지원의 효과적 전달을 위해 팀 접근이 늘 필요한 것은 아니지만, 학생의 도전행동이 심각하고 만성적이며 강도가 높을 때 팀 접근은 필수적이다. PTR은 바로 이런 학생을 위해 만들어진 것이기 때문에 팀 접근이 필수적이다. 팀은 일반적으로 3~7명으로 구성되며, 학생을 담당하는 교사, 그리고 학생과 많은 시간을 함께하며 목표행동과 관련된 환경적 맥락을 파악하는 데 기여할 수 있는 학교 내 성인을 포함해야 한다. 이를 위해 부모나 기타 주 양육자, 학교 행정가 또는 학교 자원과 방침에 직접적으로 관여할 수 있는 기타 학교 전문가, 학생을 아끼고 최적의 중재를 촉진할 수 있는 사람 등을 팀 구성원에 포함하는 것이 바람직하다.

가장 중요한 팀 구성원 중 하나인 PTR 촉진자는 행동지원 지식이 풍부하고 기능평가, 평가기반 중재 그리고 PBS 경험이 있는 사람이어야 한다. 촉진자의 역할은 팀에게 PTR의 각 단계를 잘 안내하고 각 단계가 충실하게 실행되고 있는지 확인하는 것이다. 따라서 촉진자는 팀 구성원들의 적극적 참여를 증진하고 팀원 간 합의를 이끌어 낼 수 있는 탁월한 대인 간 의사소통 기술을 가지고 있어야 한다.

팀이 구성된 후에는 대상 학생의 장단기 목표에 대한 팀원들의 명확한 동의가 이루어져야 한다. 동일한 비전은 모든 팀 구성원이 같은 목표를 향해 노력하고 중재계획에 포함될 진정한 우선순위가 무엇인지에 대한 이해를 공유하는 데 필수적이다. 이러한 장단기 목표는 개별화교육프로그램(Individualized Education Program: IEP)의 형태로 이미 수립되어 있는 경우가 많지만, 그런 경우라 해도 팀이 그 목표를 함께 검토하면서 학생의 발달단계에 가장 적절한 목표인지를 판단하는 것은 중요하다.

2단계: 자료 수집

이 단계에서는 학생 행동의 현재 상태를 평가하고 진보를 점검하며 중재계획의 수정이 필요한지를 결정할 실제적인 자료 수집 전략을 개발하게 된다. 자료 수집 절차는 교실에서 일하는 일반적인 성인도 실행할 수 있을 만큼 간단하고 효율적이어야 한다. 이 단계에서는 자료 수집 체계를 수립하고, 자료 수집의 타당성과 실현 가능성을 확인하기 위해 실제로 자료 수집을 시작한다.

3단계: PTR 기능평가

PTR 기능평가는 모든 팀원이 중재의 세 가지 핵심 영역(즉, **예방 · 교수 · 강화**)과 관련된 정보를 제공하도록 구성되어 있다. 평가 절차는 일련의 질문에 대한 답을 모은 후 이를 요약하여 학생이 보이는 도전행동의 기능에 대한 이해와 사회적 · 교수적 · 물리적 환경에서 발생한 사건이 도전행동에 어떻게 영향을 미치는지를 제시하는 순서로 진행된다. 이 단계에서는 PTR 촉진자가 학생의 도전행동이 발생할 가능성이 큰 교실이나 일과에서 최소한 한 번의 직접 관찰을 실시하는 것이 권장된다. 다음으로, 각 팀원에게 받은 PTR 평가 질문에 대한 답과 직접 관찰에서 얻은 정보를 종합하여 가설을 수립한다.

4단계: PTR 중재

네 번째 단계는 PTR 평가 결과를 바탕으로 개별화된 중재계획을 작성하는 것이다. 팀이 중재 전략을 선택할 수 있도록 전략이 사용될 학교 환경에 잘 맞는 동시에 효과가 입증된 중재 목록이 제공된다. **예방**과 **교수** 목록에서 최소한 한 가지씩 전략을 선택해야 한다. **강화** 중재를 위해서는 후속결과와 관련된 특정 절차가 필요하며, **강화** 중재에는 기타 전략 옵션이 포함되어 있어서 팀이 그중에서 전략을 선택하게 된다. 또한 이 단계에서는 중재 전략들이 충실히 실행되게 하고 필요할 경우 적절한 시점에 중재계획을 수정할 수 있도록 지속적 코칭을 제공함으로써 중재의 실행을 담당하는 교사와 기타 교직원을 지원한다.

5단계: 진보의 점검과 자료기반 의사결정

마지막 단계는 학생의 진보와 중재 실행의 충실도를 평가하는 것이다. 수합된 자료에 근거하여 다음 단계에 대한 결정이 내려진다. 이 단계는 학생이 중재 목표를 성취하고 이를 유지하여 더 이상 3차 지원(즉, 다음 절에서 다룰 다층적 지원체계 중 가장 강력한 수준의 지원)을 필요로 하지 않을 때까지 계속된다. 이 단계를 다루는 장에서는 PTR 중재의 효과를 평가할 실제적인 절차를 설명하고, 평가 결과를 바탕으로 교사와 팀 구성원이 무엇을 해야 할지를 제시한다.

예방과 다층적 지원체계

PTR은 만성적이고 심각한 도전행동을 다루기 위한 강력하고 개별화된 중재 절차다. 회의라든지 여러 가지 준비에 요구되는 시간과 노력 면에서 PTR의 실행은 치러야 할 비용이 상당히 클 수 있다. 따라서 PTR은 모든 아동이나 학생을 위한 것은 아니다. 학교와 교실 환경을 위해 이미 잘 수립되어 있는 특정 전략은 개별화된 중재의 필요성을 줄이는 데 도움이 될 수 있으며 때로 이러한 전략들은 PTR 절차의 실행을 용이하게 해 준다. 이러한 전략들은 다층적 지원체계(Multi-Tiered Systems of Support: MTSS)라고 불리는 지원의 연속선상에 위치할 때가 많은데, MTSS란 체계적이고 조화롭게 교수와 중재를 실행하여 학생의 성과를 높이려는 예방 프레임워크(prevention framework)를 말한다.

MTSS는 자료기반의 문제해결 절차를 이용하여 학생의 필요에 맞는 다층적인 행동 지원 및 사회정서 교수를 제공하고 그 효과를 평가함으로써 모든 학생의 성공적인 교육 성취를 도모한다(Harlacher, Sakelaris, & Kattelman, 2014). 일반적으로 MTSS 프레임워크는 증거기반 전략의 연속선을 포괄하는 동시에 지원 강도 및 개별화 정도가 점진적으로 증가하는 3개의 층, 즉 ① 모든 학생을 위한 보편적이고 1차적인 예방 전략, ② 심각한 문제로 발전할 가능성이 있거나 위기 상황에 처한 소집단(표적집단) 학생을 위한 2차 전략, ③ 이미 도전행동을 보이고 있는 특정 학생을 위한 개별화된 3차 전략으로 구성된다. PTR은 이 중 세 번째 층에 해당하는 3차 지원의 한 예다. 앞에서 말했듯이, 학교와 교실 차원의 지원과 2차 지원이 충실하게 실행된다면 PTR의 필요가 줄어들 수 있으며, 1차 지원과 2차 지원 전략의 실행 중에 도전행동이 지속되는 경우에도 MTSS는 PTR 중재의 효율과 효과를 높일 수 있다.

보편적 또는 1차 전략은 예방적이고 지지적이며 문화적으로 적절한 행동적 · 사회정서적 학교 문화를 조성하는 효과적 지원의 기초를 제공하며 모든 학생을 지원 대상으로 삼는다. 학교차원의 긍정적 행동중재 및 지원(schoolwide positive behavior interventions and supports)과 같은 대규모의 체제 변화 노력은 도전행동을 감소시키고 학업참여를 증진시키며 학교 분위기를 향상시켜 왔다. 학교차원의 보편적 전략에는 기대행동과 규칙을 명확하게 정의하기, 모든 학생에게 적절한 행동을 가르치기, 학생이 보이는 긍정적 · 부정적 행동에 적절하게 반응하도록 교직원 교육하기, 학생 행동을 신속하고 효과적으로 측정하기 등이 포함된다. 이 책을 집필하고 있는 현재 시점을 기준으로 25,000개가 넘는 학교들이 학교차원의 전략을 실행하고 있다(G. Sugai와의 개인적 교신, 2017. 11. 21.).

보편적 전략(universal strategies)은 교실차원에서도 적용될 수 있는데, 이는 보편적 전략이 적용되는 교실 내의 모든 학생을 대상으로 한다는 의미다. 예를 들면, 교사는 교실에서 효과적으로 배우고 활동하는 데 필요한 교실 규칙, 절차, 일과, 전이(transitions), 특정 사회정서 및 행동기술에 목표를 둔 행동 관련 교육과정을 지도한다.

행동 관련 교육과정의 지도에 도움이 되는 구체적 전략은, ① 예측 가능한 일과 수립 및 안전하고 질서 있는 환경 조성을 통해 교실을 최대한 구조화하기, ② 학교차원의 기대행동과 일관되는 교실차원의 기대행동과 규칙을 지도·점검·강화하기, ③ 학생의 반응 기회(opportunities to respond)를 높이고 문화적으로 민감한 교수를 제공하여 학생을 적극적으로 참여시키기, ④ 학생의 적절한 행동을 인정하기 위해 문화적으로 민감한 다양한 전략을 활용하기, ⑤ 부적절한 행동에 반응하기 위해 문화적으로 민감한 다양한 전략을 활용하기(University of Florida, 2018)를 들 수 있다. 2차 또는 표적집단 전략(targeted strategies)은 보편적 전략이 충실하게 실행되었는데도 이에 반응하지 않고 행동문제를 보이는 학생을 지원하기 위한 것이다. 체크인/체크아웃(Check-in/Check-out)과 같은 2차 또는 표적집단차원의 프로그램과 전략들은 학교나 교실에 있는 여러 명의 학생에게 효과적이고 효율적인 행동지원이 될 수 있는데, 이는 이 전략들이 교사 연수와 실행을 위해 요구되는 시간이 길지 않으면서도 많은 학생의 행동을 현저하게 개선하는 것으로 나타났기 때문이다.

PTR 절차는 팀 구성과 평가, 그리고 매우 복잡한 행동 요구를 가진 학생의 필요를 충족시킬 개별화되고 종합적인 행동지원계획을 위해 자원을 투입해야 하기 때문에 가장 강력한 수준의 지원(3차 지원)이라 할 수 있다. 평가에 기반을 둔 PTR의 전 과정을 학교나 교실 내 모든 학생에게 적용하는 것은 불가능하지만, 이 책의 후반부에 설명할 중재 요소 중 상당수는 학급 전체에 적용 가능하며 따라서 보편적 전략으로 고려될 수 있다. 예를 들면, 선호도를 반영하고 선택 기회를 제공하는 것은 매우 심각한 도전행동을 보이는 개별 학생만이 아니라 모든 학생에게 적용할 수 있는 전략이다. 이러한 교수적·교육과정적·환경적 전략을 효과적으로 적용하는 교사는 심각한 도전행동을 보이는 학생을 포함한 모든 학생에게 도움이 되는 효과적이고 예방적인 교실 환경을 구축할 것이다.

PTR의 효과적인 실행

수백 개의 교실에서 PTR 모델을 검증하고 체계적으로 연구한 결과, PTR은 학생의 행동과 학업 성취에 의미 있는 개선을 가져오는 것으로 나타났다. 이러한 개선을 방해하는 요인도 있고 가장 바람직한 성과와 연관되는 요인도 있다. PTR 모델의 효과에 기여하는 요인들은 다음과 같다.

● 우수한 촉진자

2000년대 후반부터 PTR을 실시해 본 결과, 최선의 성과는 행동분석과 PBS에 대한 지식이 풍부하고 PTR 과정에 시간과 노력을 쏟는 촉진자가 이끄는 팀에서 비롯된다는 것이 명백해졌다. 촉진자가 팀원들과 생산적인 라포를 형성하고 모든 팀원을 브레인스토밍과 의사결정 과정에 참여시키는 리더십 기술을 가지고 있다면 더욱 바람직하다. 많은 학교기반의 인력이 촉진자 역할을 할 수 있다. 즉, 자문가, 교육구 행동전문가, 학교 심리학자, 사회복지사, 교사 등이 모두 촉진자가 될 수 있다. 핵심은 촉진자가 팀이 PTR의 각 단계를 정확하고 성실하게 실행하도록 도울 수 있어야 한다는 점이다.

● 성공적인 학생 성과를 향한 헌신

교육구, 학교 행정가, 학생 지원팀 모두가 성공적인 학생 성과에 헌신하는 것은 매우 중요하다. 교육구는 학생의 심각한 도전행동을 예방하고 학생이 일반교육환경에 머물게 하기 위한 기능평가와 행동중재계획 절차를 개발하고 강력하게 지지해야 한다. 만약 어떤 교육구가 학생을 집 근처의 학교나 최소제한환경(Least Restrictive Environment: LRE)에서 격리하기 위한 법적 요건 충족을 주 목적으로 기능평가와 행동중재계획을 실행하려는 명시적 또는 암묵적 입장을 가지고 있다면 PTR 절차의 실행으로 그러한 요건이 충족되지는 않을 것이다.

학교 행정가와 지원팀은 학생이 현재의 교육환경에 머물게 하는 데 총력을 기울여야 한다는 철학을 학교 현장에서도 실천해야 한다. PTR 과정에서 제기되는 많은 쟁점은 학교와 교실, 교사의 변화를 요구한다. PTR 계획은 PTR 과정에 시간과 자원을 기꺼이 투자하는 학교 행정가의 지지가 없으면 충실하게 실행되기 어렵다. 여기서 '충실한 실행'이란 PTR의 모든 단계와 중재 요소가 학생에게 바람직한 성과를 가져올 만큼 완벽하고 정확하게 그리고 충분히 실행됨을 뜻한다. 또한 팀원들이 PTR이 성공하는 데 헌신하면 할수록 PTR 중재 모델이 효과적일 가능성도 커진다.

● 충실한 실행

중재 팀(예: 교사들)이 계획대로 중재를 잘 실행할수록 도전행동의 감소가 더욱 효과적으로 이루어질 것이다. 자료에 따르면, 중재의 실행충실도가 100%여야만 효과가 나타나는 것은 아니지만(즉, 어떤 중재는 간헐적인 실행만으로도 효과가 있음), 가끔 실행되거나 일관성 없이 실행되는 중재는 의도한 만큼의 학생 성과를 성취하지 못할 가능성이 크다. 팀이 충실하게 계획을 실행했는데도 예상만큼 효과가 나타나지 않았다면, 계획을 재평가하여 중재 전략을 수정해야 한다.

● 팀원의 역량

행동이론에 해박하고 기능평가와 평가기반 중재를 포함한 PTR 절차의 핵심 요소에 경험이 풍부한 촉진자의 존재는 매우 중요하다. 이에 더하여 핵심 팀원(특히 교사)이 활동중심 교수(activity-based instruction)와 효과적 후속결과의 실행과 같은 주요 영역에서 유능한 기술을 가지고 있다면 더욱 도움이 된다.

● 학교 행정가의 가용성과 참여 및 지원

매우 심각한 도전행동을 가진 학생의 행동 요구를 다루려면 특별한 자원이 필요하거나 회의 참석을 위한 승인을 받아야 하는 경우가 종종 발생하고, 때로는 학교 규정의 유연한 적용이 필요할 때도 있다. 또한 팀원은 학교 행정가와 기타 학교 관계자들이 자신의 노력을 격려하고 지지하고 있음을 알 필요가 있다. 팀 활동에 대한 학교 행정가의 관심 어린 지원과 직접 참여는 긍정적 성과에 기여하는 핵심 요소다.

● 가족 참여

가족이 팀에 참여하면 전반적인 성과가 좋아질 가능성이 커진다. PTR 중재의 초점은 학교에서의 행동이지만, 부모와 기타 가족 구성원은 유용한 팁이나 이전에 시도해 본 중재의 결과를 알려 주는 방식으로 PTR 절차에 기여할 수 있다. 뿐만 아니라 가족이 학교 중재의 개발과 실행에 참여하면 중재계획의 일부가 가정에서도 실행될 기회가 생기고 이에 따라 중재 효과의 일반화가 촉진될 수 있다. 가족 구성원이 팀 회의에 참석할 수 없는 경우에도 PTR 절차와 관련하여 논의된 내용과 결정 사항, 실행계획 등은 가족에게 꼭 전달되어야 한다.

PTR의 한계와 유의점

PTR 접근이 모든 상황에서 효과적인 것은 아니다. 첫째, 행동문제를 유발하는 일부 요인들은 PTR이 다룰 수 있는 범위를 넘어선다. 예를 들면, 어떤 학생은 PTR에서의 교육적·행동적 중재 전략으로 해결할 수 없는 신경학적·의학적 조건을 가지고 있다. 통제할 수 없는 뇌전증, 만성적 질병 또는 신경학적 증상(예: 투렛 증후군)은 도전행동을 유발하지만 그러한 문제를 고도의 교육적·행동적 절차로 해결하려는 시도는 적절하지 않다. 그런 상황이라면 적절한 의학적·신경학적·정신과적 서비스를 받아야 한다.

둘째, 어떤 학생은 정서와 행동 기능에 지장을 줄 수 있는 심각한 가정환경 문제를 경험한다. PTR 접근은 학교 환경 밖에서 일어나는 심각한 문제를 다루기 위해 고안된 것은 아니다. PTR이 학교에서의 행동에는 도움이 될 수 있지만, 이러한 가정 상황에서는 행동문제의 근본적 원인을 분석하고 해결하기 위해 더 많은 서비스가 필요하다(예: Duchnowski & Kutash, 2009; Eber et al., 2009).

학교기반의 팀이 기울인 최선의 노력에도 불구하고 PTR 접근이 적절한 행동 변화를 이끌어 내지 못하는 경우도 있다. 예를 들면, 아동의 도전행동이 너무 심각하거나(예: 동물에게 상해 입히기, 방화, 자해나 타해) 너무 가끔 발생할 때, 또는 행동의 특성상 관찰하기가 어려운 경우에는 적절한 학교기반 기능평가의 실행이 불가능하다. 이런 상황에서 교사는 도전행동의 기능을 파악할 수 없고 따라서 개별화된 중재를 실행할 수도 없다. 너무 낮은 빈도로 발생하거나 성인이 없을 때만 발생하는 심각한 도전행동에 대해서는 학교 외부의 도움을 통해 아동을 온종일 모니터링해야 할 수도 있다. 그러한 모니터링은 신뢰할 수 있는 기능평가의 완료를 최종 목표로 삼아야 한다. 은밀한 속성의 도전행동이라면(즉, 아동이 의도적으로 성인이 없을 때만 도전행동을 한다면) 공인된 아동 심리학자나 정신과 의사에게 진단을 의뢰해야 한다. 이와 같이 외부에 지원을 요청하는 것은 아동의 삶에 다른 지원이나 전문가가 필요한지를 결정하기 위해서다.

팀이 개별화된 중재계획을 개발하고 충실하게 실행했지만 아동의 행동이 몇 주가 지나도 변하지 않을 수 있다. 이 경우에는 기능평가를 다시 실시하여 도전행동을 통해 아동이 전달하려는 메시지를 확인해야 한다. 특정 기능을 가지고 있다고 판별했던 행동이 얼마의 시간이 지난 후 다른 기능 또는 여러 기능을 가지고 있다고 판별되는 일은 드물지 않게 발생한다. 이렇게 했는데도 만족스러운 결과가 나타나지 않는다면 기능 평가를 해 본 경험이 풍부한 자문가에게 의뢰하는 것이 좋다. 이러한 자문가는 행동을 분석하기 위해 대안적 관찰 절차를 적용하고, 학교 밖 배경사건이 미칠 수 있는 영향을 철저하게 탐색하며, 서로 다른 기능을 고려한 몇 가지 중재를 교직원이 시도해 보게 할 것이다. 이런 식으로 자문가의 도움을 받은 교직원이 자문가가 사용한 방법을 직접 실행할 수 있도록 훈련받는 것은 매우 중요하다.

요약　PTR 접근

PTR은 교직원이 지속적이고 심각한 도전행동을 보이는 학생을 담당하게 되었을 때 사용할 수 있는 구체적 접근이다. 이것은 유치원부터 중학교까지의 학생에게 적용 가능하며, 다양한 발달적 · 인지적 특성을 가진 광범위한 학생에게 적용할 수 있다. 방대한 연구들이 PTR 모델 전체와 PTR 각 요소의 효과를 보고하고 있다.

이 책은 교직원이 PTR 절차의 다섯 단계를 진행할 수 있도록 돕기 위한 것이다. 제2장부터 제6장은 PTR의 다섯 단계를 하나씩 차례로 다루고 있으며, 각 장마다 그 장의 목표, 해당 단계에 사용되는 서식들, 그리고 권장 사항이 제시되어 있다. 또한 각 장에는 평가 및 중재 절차와 관련하여 특별히 강조되어야 하거나 필수 요소로 고려할 점을 다룬 팁(tip)이 제시되어 있다. 각 장의 마지막에는 그 장 내용에 대한 간단한 요약과 함께 PTR의 해당 단계에서 촉진자가 해야 할 역할이 요약되어 있다(2판에서 새로 추가된 부분임). 각 장의 내용은 교직원이 절차를 쉽게 이행할 수 있도록 최대한 구체적으로 작성하였다. PTR의 각 단계를 주의 깊게 그리고 정확하게 따른다면, 학생의 행동이 의미 있게 향상될 가능성이 높음을 보여 주는 많은 증거가 있다.

제2장

팀 구성과 목표 설정

- 효과적인 PTR 팀 구성
- 목표 설정
- 요약

PTR 모델의 첫 단계는 심각한 도전행동을 보이는 학생을 도우려는 단합된 학교 기반 팀을 구성하는 것이다. 팀은 학생과 학생의 도전행동에 관련된 직접 경험을 가진 사람과 중재 실행의 책임을 맡게 될 사람으로 구성된다. 팀원의 수나 구성은 학생의 요구 정도와 팀원이 PTR 절차에 적극 참여하는 데 필요한 지식의 차원에 달려 있다. 팀원이 갖추어야 할 기본적인 지식의 차원은, ① 학생에 대한 지식, ② 기능평가와 행동지원계획의 기초가 되는 행동 원칙에 대한 지식, ③ 학교와 지역사회 맥락에 대한 지식이다. 팀의 구성원이 정해진 후 팀원은 각자의 역할과 책임을 명확히 하고 PTR 절차에 참여하기 시작하는데, 그 첫 과제는 구체적인 목표행동을 정하는 것이다.

목표

이 장을 읽고 나면,
- 교사는 학교기반의 팀을 구성할 수 있다.
- 팀원은 협력적인 팀 환경을 조성하는 데 필요한 주요 요소를 판별할 수 있다.
- 팀원은 팀의 역할과 책임을 설명할 수 있다.
- 팀은 목표행동을 정의할 수 있다.

효과적인 PTR 팀 구성

이 절에서는 효과적인 PTR 팀 구성을 위해 필수적으로 고려해야 할 사항인 팀 구성원, 팀 회의, 팀 접근, 협력적 팀 전략, 의사소통, 역할과 책임을 살펴본다.

팀 구성원

교사들은 종종 누가 학생 중심의 PTR 팀에 포함되어야 하는지 그리고 팀원은 몇 명쯤 되어야 하는지 묻는다. 학교기반의 팀을 구성할 때는 학생에 대해 서로 다른 차원의 지식을 가진 사람들을 고려하는 것이 좋다.

첫째, 학생과 가깝게 지내면서 학생 및 학생의 행동을 상세하게 알고 있고 학생의 긍정적 행동 변화를 위한 지원에 지대한 관심이 있는 사람, 즉 학생을 잘 아는 사람을 찾아야 한다. 학생의 담임교사, 그리고 학생 및 학생의 행동에 대한 직접 경험이 있는 다른 교사가 팀원이 되어야 한다. 학생을 잘 알기 때문에 팀원이 될 수 있는 또 다른 사람으로는 작업치료사, 물리치료사 또는 언어치료사 등의 관련 서비스 제공자, 그리고 보조원 등이 있다. 학생과 정기적으로 상호작용하는 사람을 포함하는 것은 특히 중요하다. 또한 학생을 가장 잘 안다고 할 수 있는 학생의 부모나 주 양육자도 팀원으로 초대되어야 한다. 학교 심리학자, 사회복지사, 상담가 등도 팀원으로 고려해 볼 수 있는 관련인이다.

> **TIP** 팀에는 다음 세 가지 차원의 지식을 가지고 있는 사람이 포함되어야 한다.
> ① 학생과 학생의 행동에 대한 지식
> ② 행동 원칙과 PBS에 대한 지식
> ③ 학교와 지역사회의 맥락과 자원에 대한 지식

둘째, 행동 원칙과 PBS를 이해하고 적용하는 데 능숙한 사람(두 번째 차원의 지식을 가진 사람)이 포함되어야 한다. 이 팀원은 효과적이고 개별화된 행동중재 전략의 개발과 실행 경험을 갖고 있을 뿐 아니라 이에 대한 훈련을 받은 사람이어야 한다. 학교 심리학자, 행동분석가 또는 기타 행동전문가가 이러한 역할을 담당하는 데 필요한 훈련과 경험을 가지고 있는 경우가 많지만, 다른 팀원도 유사한 자격을 갖춘 상태일 수 있다. 촉진자 역할을 할 팀원은 협력적 절차를 순조롭게 이끌어 갈 능력을 가진 사람이어야 하며, 학생중심 팀이 여러 단계의 절차를 잘 거쳐 나가도록 안내하기 위해 충분한 시간을 쏟을 수 있는 사람이어야 한다.

셋째, 최소한 한 명의 팀원은 교육구의 정책과 학교 및 지역사회 자원을 잘 아는 사람이어야 한다. 학교 행정가 또는 학교 행정가의 지명을 받은 사람이 여기에 해당된다. 팀원의 수는 학생의 개별 요구에 따라 팀마다 다를 것이다. 모든 팀원이 적극적으로 참여해야 한다는 점, 그리고 촉진자의 역할은 팀에게 지시하는 것이 아니라 팀을 안내하고 팀의 기능을 돕는 것이라는 점을 명심해야 한다.

팀 회의

PTR 절차는 5단계로 이루어지는데 그 단계 중 하나가 팀 구성이다. 이 다섯 단계가 끝났다고 해서 행동지원 절차가 종료되는 것은 아니다. 1단계부터 4단계의 절차는 학생중심 팀이 학생의 도전행동을 기능 중심으로 이해하고(즉, 학생이 그 행동을 하는 목적이나 그 행동의 기능을 알아내고) 실행을 위한 기능기반의 행동중재계획을 개발하도록 돕기 위해 고안되었다. 실행 결과 자료(즉, 학생행동 자료와 교사의 실행충실도 자료)가 수합되면 팀은 5단계에 해당하는 진보 점검 회의를 지속적으로 개최할 수 있다. 팀원은 결과 자료를 계속 검토하면서 추가의 기능평가 자료를 수집하거나 행동중재계획을 수정해야 할 수도 있다. 이러한 결정은 제6장에서 자세히 살펴볼 것이다.

행동중재계획을 완성하는 데 필요한 팀 회의의 횟수는 학생의 행동이 얼마나 복잡한지, 팀원이 몇 명인지, 각 회의에 할애할 수 있는 시간이 어느 정도인지에 따라 달라진다. 회의를 위해 1시간만 할애할 수 있는 팀이라면, 첫 번째 회의에서 목표 설정(1단계)과 자료 수집 체계 수립(2단계)을 마치도록 한다. PTR 기능평가(3단계)를 위해서는 각 팀원별로 특정 자료를 수집하는 역할을 미리 부여하고 두 번째 회의에서 가설에 대한 합의를 도출한 다음 중재를 선택하고 고안(4단계)한다. 팀은 두 번째 회의에서 중재계획을 완성할 수도 있고, 한 번 이상의 회의를 추가로 소집하여 중재계획을 완성할 수도 있다. 계획수립이 끝난 후에는 계획을 실행하기 전에 교사, 학생 및 기타 관련인들을 훈련하기 위한 일정을 정한다. 진보 점검 자료를 검토하기 위한 첫 후속 회의는 일반적으로 교실에서 중재가 실행된 지 3주 이내에 소집한다. 학생이 행동 목표를 달성할 때까지 이러한 일련의 과정이 계속된다. 회의의 횟수가 몇 번이든, 팀원들은 협력적이고 생산적인 방식으로 상호작용하고 모든 PTR 단계에 적극적으로 참여해야 한다. 팀 기능에 관해서는 다음 절에서 살펴본다.

팀 접근

PTR 모델에서는 팀이 효과적인 행동중재계획을 개발하기 위해 정보를 공유하고 서로에게 질문을 하며 염려되는 점을 다루고 협력 과정에 참여해야 한다. 각 팀원은 이전에 일했던 다양한 팀 활동을 통해 축적한 자신만의 신념과 경험을 가지고 이 팀에 합류한 것이다. 따라서 팀원들이 어떻게 의견을 모으고 문제를 해결하며 갈등을 해소할지 미리 정해 두는 것은 매우 중요하다. 각 팀원이 판별된 문제의 해결에 도움이 되는 의견을 의미 있고 긍정적인 방식으로 제시할 수 있는 문화를 조성하는 것은 PTR 팀 활동의 가장 중요한 기초 중 하나다. 팀원들의 합의하에 팀원 간 상호작용과 의사소통 방식의 지침이 될 수 있는 팀 규칙을 만들어 두면 매우 유익하다. PTR 절차를 위한 팀 규칙의 예로는 '회의에서는 적극적으로 의견을 제시하기' '다른 팀원의 시간을 존중하는 의미로 회의 준비를 잘해서 회의에 참석하기' '다른 팀원이 말할 때 적극적으로 경청하고 그 의견을 존중하기' 등이 있다.

협력적 팀 접근(collaborative team method)은 PTR에서 사용되는 주요 팀 접근이다. 이 접근은 팀원들이 단순히 정보를 공유하는 수준을 넘어 함께 문제해결 과정에 참여함으로써 실행 단계와 성과에 대한 책임을 공유할 수 있는 체제를 마련해 준다(Fleming & Monda-Amaya, 2001). 협력적 팀은 정기적으로 모여 정보를 공유하고 문제를 해결하며 목표 달성을 위한 활동 계획에 합의한다. 이 접근에서는 개인의 역할이 팀원 간 그리고 각자의 전문 분야를 넘어 공유되는 상황이 빈번하게 발생한다. 행동전문가뿐 아니라 상담가도 행동 자료를 수집하거나, 교사와 교감이 협력하여 중재를 실행하는 것 등이 그 예라 할 수 있다. 각 팀원은 자신의 전문성을 발휘하는 동시에 다른 팀원과 역할 및 책임을 공유하고 서로에게 배운다. 협력적 팀 접근에서는 가족도 적극적인 팀 구성원으로서 스스로의 역할을 결정한다. 교직원과 가족 구성원은 우선적으로 선택된 문제를 다루기 위한 중재계획을 함께 개발한다. 각 팀원이 역할을 분담하며, 모든 팀원이 중재계획의 실행에 책임을 지기 때문에 중재 실행의 일관성이 높아지고 일반화도 촉진된다.

협력적 팀 접근의 장점은 다음과 같다. 첫째, 학생을 좀 더 잘 이해하게 해 주고 통일성 있는 행동중재계획을 개발하게 해 준다. 둘째, 각 팀원의 지식과 기술을 증진시켜 전문가의 역량이 강화된다. 협력적 팀 접근은 공동의 계획수립이나 회의 시간 확보를 위해 팀원 간에 상당한 조정과 상호작용을 요구하기 때문에 많은 팀에게 어려운 일일수 있다. 그러나 여러 전문가들이 협력하여 개발한 행동중재계획은 효과적일 뿐 아니라 충실하게 실행될 가능성이 크고 학생의 성과 향상에 더 많은 영향을 미친다.

PTR을 위한 협력적 팀 절차가 성공하려면 팀이 다음과 같은 요건을 갖추어야 한다.

- 필요한 구성원이 모두 모인 특정 팀이 결성되어 있다.
- 각 팀원이 모든 과정에 적극 참여하겠다는 의지가 있다.
- 각 팀원의 역할과 책임이 정의되어 있고 모든 팀원이 이에 동의한다.
- 모든 팀원이 정해진 일정에 따라 모이는 데 동의한다.
- 각 팀원은 PTR 절차에 최선을 다하여 적극적으로 기여한다.

협력적 팀 전략

팀이 결성되고 나면, 팀원은 대상 학생을 돕기 위한 결속력 있는 팀이 되기 위한 전략에 집중한다. 팀이 협력적이고 우호적인 환경에서 모임을 갖는 것은 매우 중요하다. 긍정적인 분위기를 조성하고 유지하는 것은 대화의 질과 효과를 높이는 동시에 각자의 생각을 자유롭게 나누게 해 준다. 연구들은 매우 효과적이고 협력적인 팀의 특징을 제시하고 있는데(Appley & Winder, 1977; Larson & LaFasto, 1989; Vandercook & York, 1990; Villa, Thousand, Paolucci-Whitcomb, & Nevin, 1990), 그중 일부는 다음과 같다.

- 솔직하고 개방적인 의사소통을 통해 신뢰하는 분위기가 조성되어 있다.
- 합의된 공동의 목표를 위해 노력한다.
- 모든 팀원이 각자의 고유한 전문성을 갖고 있음을 믿는다.
- 모든 팀원의 의견을 중요시한다.
- 모든 결정 사항에 대해 상호 지지한다.
- 반드시 해야 할 일에 대해서는 목표에 합의하고 책임을 공유한다.

의사소통: 자료기반의 의사결정과 합의 도출

의사결정과 합의 도출을 위한 팀 절차의 수립은 필수적이다. 팀이 PTR 모델의 각 단계를 진행하려면, 아이디어를 공유하고 염려를 다루며 질문에 답하고 우선순위를 정하기 위한 효과적인 방법이 필요하다. 팀원 간 효과적인 의사소통 체계를 개발하려면 팀원들이 이 절차에 접근하는 방식을 바꿔야 할 수도 있다. PTR은 자료기반의 모델이므로, 질문에 답하고 염려를 다루며 해결책을 모색하기 위해 자료를 활용한다. 팀의 주요 과제는 자료를 활용하여 의사결정을 할 수 있는 효과적인 의사소통 체계를 수립하고 유지하는 것이므로 팀 회의는 다음과 같은 순서로 구조화되어야 한다.

- 확보 가능한 모든 관련 자료를 검토한다.
- 자료에 대한 생각을 자유롭게 주고받는다.
- 토론하고, 우선순위를 정하고, 자료에 기반을 둔 결정을 내린다.
- 합의를 도출하고, 합의된 절차를 실행한다.

즉, 대상 학생 관련 자료에 대해 토론하는 것이 각 팀 회의에서 첫 번째로 할 일이다. 팀은 기초선 자료를 먼저 수집하고 PTR 절차가 진행됨에 따라 진보 점검 자료를 지속적으로 수집해야 한다. 이렇게 수집된 자료들은 팀 토론과 브레인스토밍 회의를 위한 정보를 제공하고 방향을 제시한다. 예를 들면, 제3장에서는 팀이 대상 학생과 관련하여 가장 염려가 되는 심각한 행동과 잠재적 목표행동을 논의하기 위해 현존하는 자료를 어떻게 활용하는지 설명하고 있다. 이러한 초기 토론에 활용되는 자료에는 학생의 IEP에서 얻은 정보(학생이 특수교육 대상일 경우), 과거 또는 최근에 측정한 공식적·비공식적 검사 자료, 부모 보고, 그 밖에 팀이 구할 수 있는 관련 자료 등이 있다.

팀이 자료 검토를 마치면, 다음 과제는 그 정보를 활용하여 질문에 답하고 팀원의 염려를 다루는 것이다. 브레인스토밍은 이 목표를 위한 효율적이고 효과적인 방법이다. 자료에서 비롯된 질문이나 염려에 대해 팀원들이 각자의 전문성에 근거하여 자신의 생각과 지식을 나누는 것으로 회의를 시작하는 것이 좋다. 모든 아이디어가 중요하게 다루어져야 하고 타인의 말을 비판하는 것은 허용되지 않아야 한다. 브레인스토밍은 신뢰와 수용의 분위기에서 가장 효과적으로 작동한다. 팀원들이 비판이나 판단을 두려워하지 않고 자유롭게 질문하고 아이디어를 발전시킨다면 더욱 창의적인 해결책이 나올 수 있고 이는 학생에게도 더 긍정적인 결과를 가져올 것이다.

브레인스토밍 절차를 통해 팀이 몇 가지 아이디어를 수립하게 되었다면 다음 과제는 토론을 마무리하고 활용 가능한 자료에 근거하여 의사결정을 하는 것이다. 개방적이고 자유로운 토론을 통해 팀은 각 제안을 명료화하고 가장 적절한 정보를 판별하며 팀원들이 제시한 아이디어의 우선순위를 정할 것이다. PTR 모델에서는 팀이 PTR 절차의 몇 가지 중요한 측면에 대해 토론하고 의사결정을 하게 된다. 예를 들면, 팀은 가장 심각한 도전행동이 무엇인지 결정하고, 변화시켜야 할 구체적 목표를 개발하며, 도전행동에 대한 기능기반의 가설을 수립하고, 학생의 중재계획을 위한 적절한 전략을 선택한다.

각 팀 회의의 마지막 과제는 결정 사항과 다음 실행 단계에 대해 팀원들로부터 수정동의(modified consensus)를 구하는 것이다. 다음 단계로 나아가기 전에 각 회의의 결과에 대한 일반적 동의를 얻는 것은 필수적이다. **수정동의**란 모든 팀원이 결정 사항을 받아들이고 따르는 것을 말한다(역자 주: 회의 과정에서는 동의하지 않았더라도 결정이 내려지고 나면 이를 수용하고 따른다는 데 동의한다는 의미). 이러한 합의에 이르려면 각 팀원의 의견이 자료와 관련하여 진지하게 고려되어야 하는데, 이는 PTR 절차의 전반적 성공을 위해 매우 중요하다. PTR 모델이 팀에 의해 운영되는 절차이기는 하나, 담임교사가 중재의 주요 주체임을 명심해야 한다. 그러므로 절차의 모든 국면마다 교사의 의견, 아이디어, 제안, 선호도를 철저하게 고려하는 것은 매우 중요하다.

효과적인 중재계획을 개발하려면 팀 구성, 협력, 자료기반의 의사결정, 합의 도출이 필요하다. 이 중 한 영역에서라도 팀이 조화를 이루지 못하면 아무리 강력하고 잘 설계된 중재계획도 소기의 성과를 달성할 수 없다. 그러나 팀이 효과적인 팀 운영과 의사소통 체계를 수립하고 자료에 기반을 둔 의사결정을 위해 자료를 수집·활용하며 실행 단계마다 팀원들의 합의를 잘 도출한다면, 대부분의 경우 행동중재계획을 통해 긍정적이고 적절한 성과를 거둘 수 있다.

> **TIP** 팀 회의의 과제는 다음과 같다.
> - 자료 검토
> - 자료기반의 의사결정
> - 합의 도출
> - 아이디어의 제시와 교환

역할과 책임

효과적인 팀 구성의 마지막 필수 요소는 각 구성원의 역할과 책임을 명확하게 정의하는 것인데, 이것은 첫 번째 회의에서부터 시작되며 PTR 절차의 모든 단계를 거치는 동안 계속된다. 대부분의 팀은 계획수립에 할애할 수 있는 시간이 많지 않다. 팀 활동 초기에 역할과 책임을 정확히 정해 두면 회의 시간을 아낄 수 있고 회의 안건을 잘 다룰 수 있으며 눈에 띄는 성과도 얻게 되므로 모든 팀원이 좀 더 적절하고 의미 있는 경험을 하게 된다.

회의를 할 때마다 간결한 실행계획을 수립하는 것은 시간을 효과적으로 사용하고 확실한 성과를 얻게 해 줄 최선의 방법이다. 실행계획에는 각 팀원에게 맡겨진 구체적 책임(예: 자료 수집하기, 교재 제작하기, 학교 행정가와 의논하기, 언어치료사에게 연락하기)과 다음 회의 전까지 완료되어야 할 과제(예: 자료 수집하기, 중재 검토하기, 계획 실행하기)가 포함된다. 실행계획을 수립해야 회의 중에 제안된 아이디어를 실제로 수행할 수 있고 다음 회의 전까지 과제를 완료할 수 있다. 회의를 최대한 효율적이고 효과적으로 진행하기 위해 팀원에게 배정해야 할 역할은 다음과 같다.

- PTR 촉진자
- 다음 회의 안건을 준비할 사람
- 실행계획 기록자
- 시간 관리자

PTR 촉진자는 회의 시 팀이 안건에 집중하게 하고 모든 안건을 빠짐없이 다루도록 확인할 책임을 맡는다. 앞에서 말했듯이, 팀원 중 효과적인 중재 전략을 개발하고 실행한 경험을 가지고 있으면서 행동 원칙과 PBS에 대해 가장 잘 아는 사람이 주로 촉진자 역할을 맡게 된다. 촉진자는 회의의 기조를 정하고, 긍정적이고 개방적인 분위기를 유지하기 위해 노력하며, 토론이 협력적으로 진행되게 하고, 회의가 자료와 문제해결에 초점을 두게 하며, 각 회의의 성과물로 다음 단계를 위한 현실적인 실행계획이 도출되게 해야 한다.

안건을 준비하는 역할은 회의 시간을 효율적이고 효과적으로 사용하는 데 큰 도움을 준다. PTR 촉진자 또는 다른 팀원이 준비한 안건은 팀원들에게 각 회의의 목적과 기대되는 결과물이 무엇인지 알게 해 준다. 안건 준비를 맡은 팀원은 회의 시작 전이나 회의 시작 직후 모든 팀원에게 그 회의에서 논의할 안건을 제시해야 한다. 회의가 끝날 즈음에 팀은 이번 회의의 안건 중 다음 회의에서 다루어야 할 것을 결정하게 되는 데, 이것이 바로 다음 회의 안건 준비 시 포함될 항목이다. 이 일은 일반적으로 촉진자의 역할에 포함되지만, 각 팀은 각자의 팀 구성을 고려하여 이 역할의 담당자를 융통성있게 결정할 수 있다.

실행계획 기록자는 팀 결정에 따라 각 팀원이 다음 회의 전까지 취해야 할 조치를 기록하는 역할을 담당한다. 실행계획에는 완료해야 할 과제, 그 과제를 담당할 팀원, 그 활동을 완료해야 하는 구체적 날짜나 시간이 포함된다. 실행계획 기록자는 각 팀원이 자신의 책임을 알고 있으며 제대로 이해했는지 확인하는 역할도 담당한다. 회의를 마치고 그 날이 가기 전에 실행계획 기록자가 각 팀원에게 실행계획을 복사하여 배부할 수 있다면 가장 이상적이다.

마지막으로, 팀의 구성과 팀원 수에 따라 시간 관리자를 지정할 수 있다. 그러나 촉진자가 이 역할을 담당해도 무방하다. 시간 관리자의 목표는 주어진 시간 안에 팀이 모든 안건을 다루게 하여 회의를 순조롭게 진행시키는 것이다. 다른 모든 팀원은 시간 관리자가 다음 순서로 넘어가게 하거나 미리 정한 일정을 따라야 한다고 재촉할 때 반드시 이를 존중해야 한다.

목표 설정

목표 설정의 주요 목적은 두 가지인데, 하나는 팀이 가장 우려하는 학생의 도전행동을 확인하여 우선순위를 정하는 것이고, 또 다른 하나는 그 도전행동에 대한 대안으로 학생에게 가르칠 적절한 행동을 판별하는 것이다. 팀은 학생의 행동 중 어떤 것을 목표로 삼을지 정하기 위해 학생과 학생 삶의 일부라 할 수 있는 다른 이들(예: 가족 구성원, 교사, 또래, 행정가 등)의 삶의 질을 향상시킬 좀 더 광범위한 목표를 논의하고 싶을 수도 있다. 학생이 특수교육 서비스를 받고 있다면 목표행동을 논의할 때 IEP 목표를 검토하는 것도 중요하다. 좀 더 광범위한 목표란 다음과 같은 것을 말한다.

- 광범위한 환경에 영향을 미칠 수 있는 사회적으로 타당한 중심축(pivotal) 행동
- 또래 및 성인과의 상호작용이나 대인관계를 향상시킬 사회성 기술

• 성공적인 학교 수행을 촉진할 학업기술

중재를 위한 구체적인 목표를 판별할 때는 우선순위에 대한 합의에 이르는 것도 중요하지만 모든 팀원이 의견 제시 기회를 갖는 것도 필수적이다. 브레인스토밍과 원탁회의식 토의(역자 주: 원형을 따라 한 사람씩 돌아가며 발언하는 형태의 토의)는 PTR의 목표 설정 단계에서 가장 자주 사용되는 방법으로 이에 대한 자세한 설명은 다음과 같다.

1단계: 도전행동 확인하기

촉진자는 회의의 목적을 소개한 다음 목표 설정 서식(〈표 2-1〉 참조)이나 이를 대신할 접착식 메모지나 단어 카드를 각 팀원에게 배부한다. 촉진자는 팀원들에게 학생의 행동 중 감소시키고 싶은 행동을 세 가지 이내로 써 보게 함으로써 브레인스토밍을 시작한다. 이때 시간제한(예: 2분)을 두는 것이 유익하다.

표 2-1 PTR 목표 설정: 팀 서식

PTR 목표 설정: 팀 서식

학생명: _____   날짜: _____

안내문: 학생이 지금보다 좀 덜 하기를 바라는 1~3가지 행동과 좀 더 많이 하기를 바라는 1~3가지 행동을 왼쪽 칸에 기입하세요.

감소되어야 할 행동	
목표행동	정의(명백하고 관찰 가능하게 서술)
1.	
2.	
3.	
증가되어야 할 행동	
목표행동	정의(명백하고 관찰 가능하게 서술)
1.	
2.	
3.	

주어진 시간이 끝나면 촉진자는 한 사람씩 돌아가며 어떤 행동이 우려된다고 썼는지 발표하게 한다. 프로젝터나 기타 시각적 자료를 이용하여 목표 설정 서식을 띄워 놓고 촉진자가 팀원이 발표한 행동을 그 서식에 기입하여 모두가 볼 수 있게 하면 좋다. 이 단계에서는 촉진자든 팀원이든 행동에 대해 토론하지는 않는다. 이 단계의 목표는 학생의 행동 중 어떤 것이 문제라고 생각하는지에 대한 각 팀원의 견해를 알아보는 것이다.

2단계: 관찰하고 측정할 학생 고유의 행동 정의하기

팀원들이 학생에게서 감소시켜야 할 모든 행동을 확인하고 나면, 촉진자는 팀이 각 행동을 관찰 가능하고 측정 가능한 용어로 정의하게 하면서 이 행동들에 대한 팀 토론을 이끈다. 이 과정을 통해 그 학생만의 고유한 행동 목록이 작성된다.

촉진자는 몇 가지 행동을 하나의 범주나 이름으로 병합하지 않아야 한다. 팀이 학생에게서 감소시키려는 행동이 방해 행동인 상황을 예로 들어 보자. 팀은 '방해'의 정의에 각기 다르게 규정될 수 있는 여러 행동을 포함시키고 싶을 것이다. 예를 들면, 샘(Sam)의 방해 행동에는 쉬는 시간이나 협력 활동 상황에서 또래에게 욕하기, 독립적 과제를 해야 하는 상황에서 자리를 이탈하여 교실을 돌아다니기, 집단 토의 시간에 소리 지르기가 포함될 수 있다. 이 세 가지 행동을 합하여 '방해'라고 정의할 경우 팀원들이 PTR 기능평가를 작성할 때 어려움이 발생하거나 부정확한 가설이 수립될 수 있는데, 이는 각각의 행동마다 학생이 그 행동을 보일 것이라고 예상할 수 있는 유발자극이나 선행사건이 다를 수 있고 각 행동의 기능도 다를 수 있기 때문이다. 예를 들면, 샘의 첫 번째 행동인 또래에게 욕하기는 샘이 또래와 협력 활동을 하는 동안 또래가 샘에게 부정적인 말을 할 때 가장 많이 발생할 수 있다. 이때 샘의 욕하기 행동의 기능은 또래의 관심이나 부정적인 말에 대한 회피일 것이다. 그러나 자리를 이탈하여 교실을 돌아다니는 행동은 샘이 싫어하는 과제, 즉 10분 이상의 쓰기를 요구하는 과제가 주어진 상황에서 발생하는 것일 수 있다. 이때 행동의 기능은 선호하지 않는 활동에 대한 회피일 것이다. 촉진자는 팀이 여러 행동을 하나의 범주로 합하기보다는 각 행동을 분리하여 목록화하도록 안내해야 한다. 여러 행동을 '방해 행동'이라는 이름으로 합해 버리면, 행동의 다양한 기능에 대한 정확한 가설을 수립하기가 어려워지고 결국 팀은 각 기능을 다룰 가장 효과적인 중재를 개발하지 못하게 된다.

3단계: 도전행동의 우선순위 정하기

감소시켜야 할 모든 행동을 나열하고 정의하는 과정이 끝나면, 촉진자는 PTR 절차의 초점이 될 한 가지 행동을 선택하기 위해 팀원들에게 행동의 우선순위를 정하게 할 것이다. 이때 팀은 하나 이상의 행동을 고를 수도 있다. 그러나 이 경우 PTR 기능평가를 각 행동마다 별도로 실시해야 한다. 팀이 할애할 수 있는 시간이 제한되어 있거나 세 가지 이상의 도전행동이 판별된 경우, 우선 하나의 행동만을 중재 목표로 삼는 것이 좋다. 그 행동이 중재에 반응하기 시작할 때 팀이 그다음 순위의 행동에 초점을 두면 된다(그다음 순위의 행동이 여전히 발생한다면). 우선순위로 선정된 행동에 대해 팀원들의 합의를 도출하는 한 가지 방법은 팀원들에게 '지금보다 덜 발생한다면 모든 사람(예: 학생 자신, 교사, 또래, 가족, 학교의 모든 사람)의 일상을 더 나아지게 할 행동'을 찾게 하는 것이다(그 행동에 동그라미 치기, ✓ 표시하기, 밑줄 치기, 순위 써 넣기 등). 촉진자는 그 결과를 수합하여 가장 많이 선택된 행동 또는 순위 평균이 가장 높은 행동을 찾아낸다. 촉진자는 이렇게 선택된 행동이 PTR 절차의 초점이 될 것임을 팀원에게 알려 최종 합의를 도출한다.

4단계: 교체행동을 판별하고 정의하기

우선적으로 다룰 도전행동에 대해 팀원들이 최종 합의에 도달하고 나면, 촉진자는 같은 과정을 반복하여 도전행동 대신 학생이 지금보다 더 많이 하기를 바라는 행동(즉, 잠재적인 교체행동)을 결정한다. 팀은 학생에게 지도할 교체행동을 한 가지 이상 선택할 수도 있다. 예를 들면, 어떤 팀은 학생에게 '자신의 요구 표현하기(예: 휴식 시간 요청하기, 관심 요구하기)'와 '쓰기가 포함된 독립 과제(비선호 과제)가 주어졌을 때 성실하게 완수하기'를 교체행동으로 지도하겠다고 결정할 수 있다.

이와 같이 감소되어야 할 행동과 증가되어야 할 행동을 판별하고 정의하는 작업은 일반적인 기능평가 절차보다 더 많은 시간을 요한다. 그러나 이 접근은 각 팀원의 의견을 두루 수렴함으로써 팀이 PTR 절차에 대한 주인의식을 갖게 하고 이 절차에 헌신하게 한다는 장점이 있다. 다음은 이 절차를 잘 보여 주는 사례다.

사례　조니의 목표 설정

3학년 조니(Johnny)와 함께할 PTR 팀이 구성되었다. 팀원으로는 학교 심리학자(촉진자), 읽기 교사, 수학/과학 교사, 조니의 부모, 학교의 정책과 제도를 잘 아는 생활부장이 참여하였다. 조니는 현재 아무런 특수교육 서비스도 받지 않고 있는 상태이고, 개별화교육프로그램을 가지고 있지 않으며, 장애학생으로 판별되지 않은 상태다. 그러나 팀은 조니를 장애 판정을 위한 평가에 의뢰하려고 생각 중이다.

촉진자는 첫 번째 회의에서 팀원들에게 목표 설정 서식을 배부한 후, 각 팀원에게 2분 간 조니에게서 감소되어야 할 행동 1~3가지를 써 보게 하였다(브레인스토밍). 팀원들에게 돌아가면서 어떤 행동을 썼는지 발표하게 하자 탠트럼(tantrum), 도망치기, 욕하기를 포함한 여러 행동이 거론되었다. 각 행동을 정의하고 그 행동이 학생 고유의 행동인지 확인한 후, 촉진자는 팀원들에게 모든 사람의 일상이 현재보다 나아지기 위해 감소되어야 할 한 가지 행동에 동그라미를 하도록 요청하여 행동의 우선순위를 정하게 하였다. 그 결과 탠트럼이 선택되었는데, 이는 가장 자주 발생하는 행동이기도 하고(최소한 하루 한 번) 조니뿐 아니라 학급 친구들 모두의 수업을 방해하는 행동이기 때문이었다. 조니가 보이는 탠트럼의 최종 정의는 '큰 소리로 부정적인 말하기(예: "싫어." "한심해."), 자신의 책상이나 친구들의 의자 등을 발로 차거나 자신의 책상 위에 있는 물건을 타인에게 던지기, 자리에서 벌떡 일어나 "절대 안 할 거야! 시키지 마!"라고 소리 지르기의 순서로 진행되며 그 강도가 점진적으로 커지는 일련의 행동'이다.

조니의 탠트럼을 가장 심각하게 우려되는 행동이라고 결정한 후, 팀은 동일한 과정을 통해 조니가 탠트럼을 대신하여 좀 더 많이 하기를 바라는 행동을 선정하였다. 팀원들이 제안한 행동은 도움을 요청하기 위해 손들기, 실내 상황에 적절한 크기의 목소리로 말하기, 수업참여하기(예: 과제를 완수하기 위해 교재를 활용하기, 교사주도의 수업 시 교사 주목하기) 등이었다. 팀은 증가되어야 할 적절한 행동이 본질적으로 의사소통에 관련된다는 점에 동의하였고, 조니의 의사소통 능력 증진이 갖는 중요성을 논의하고 이를 광범위한 목표로서 염두에 두기로 하였다. 다음으로 팀은 조니가 휴식 시간을 요청하거나 관심을 끌고 싶은 요구를 적절하게 표현하는 것도 지금보다 좀 더 잘하게 되기를 원했다. 이 행동들의 우선순위를 논의한 후 팀은 증가되어야 할 행동 두 가지(휴식 시간이나 관심 요청하기, 수업참여하기)를 선택하였다. 팀은 의사소통 증진이 여러 환경에서 두루 수행되어야 하는 핵심 행동이라고 생각하였다. 팀은 또한 조니가 수업에 잘 참여하게 되면 탠트럼을 할 필요가 줄어들 것이라고 가정하였다. 이러한 아이디어는 제4장과 제5장에서 더 자세히 논의할 것이다. 〈표 2-2〉는 조니를 위해 작성된 목표 설정 서식이다.

표 2-2 PTR 목표 설정: 촉진자 서식 예시

PTR 목표 설정: 촉진자 서식

학생명: _____ 조니 _____   날짜: _____

안내문: 학생이 지금보다 좀 덜 하기를 바라는 1~3가지 행동과 좀 더 많이 하기를 바라는 1~3가지 행동을 왼쪽 칸에 기입하세요.

감소되어야 할 행동	
목표행동	정의(명백하고 관찰 가능하게 서술)
1. 탠트럼	큰 소리로 부정적인 말(예: "싫어." "한심해.")을 외치기, 물건(예: 자신의 책상, 가까이 있는 친구들의 의자) 차기, 자신의 책상 위에 있는 물건을 타인에게 던지기, 자리에서 일어나 "절대 안 할 거야! 시키지 마!"라고 소리 지르기
2. 도망치기	자리에서 일어나 문이나 출구를 향해 뛰기, 누가 자기를 쫓아오는지 보려고 뒤돌아보기, 문이나 출구 밖으로 뛰쳐나가기
3. 욕하기	큰 목소리로 타인에게 욕하기(교실의 모든 사람에게 들릴 정도일 때도 있음)
증가되어야 할 행동	
목표행동	정의(명백하고 관찰 가능하게 서술)
1. 손들기	손을 높이 들고 성인이 원하는 것을 말하라고 할 때까지 조용히 기다리기
2. 실내에 적절한 목소리로 말하기	실내 상황에 적절한 크기의 목소리로 원하는 것을 말하기
3. 수업참여하기	과제를 완수하기 위해 교재를 활용하기, 말하는 사람을 주목하기, 도움을 요청하거나 질문에 답할 때 또는 교사가 낸 문제의 답을 발표하고 싶을 때 손들기, 옆 친구가 과제를 하게 (건드리지 않고) 그냥 두기
4. 휴식 시간이나 관심 요청하기	과제를 하다가 휴식 시간 요청하기, 성인이나 친구에게 도움을 요청하는 형태로 관심 요구하기

요약   1단계: 팀 구성과 목표 설정

　PTR 모델은 목표를 수립하고 정보를 수집·요약하며 학생이 보이는 도전행동의 기능을 결정하고 중재계획을 설계하며 성과 자료를 평가하기 위해 협력적 팀 회의 절차를 활용한다. 모든 회의는 구체적 목표를 가지고 있으며, 회의에서 수합되고 논의된 정보는 PTR 절차의 다음 단계에 적용된다. 팀 절차의 주요 목표 중 하나는 팀이 각 회의를 소중하게 여기고 팀원들이 바람직한 학생 성과를 달성하기 위해 기꺼이 시간과 에너지를 쏟을 수 있도록 성취감을 경험하게 하는 것이다. 그러나 PTR 모델에서 요구되는 회의의 횟수가 미리 정해져 있는 것은 아니다. 회의 횟수와 각 단계별로 할애되는 회의 시간은 도전행동이 얼마나 복잡한지와 중재를 준비하고 전달하는 데 필요한 수고가 어느 정도인지에 달려 있다. 각 팀은 문제의 난이도와 팀이 정한 목표에 따라 팀에게 가장 잘 맞는 일정을 수립하여 절차를 진행하면 된다. 예를 들면, 담임교사와 행동전문가로만 구성된 작은 팀은 한 번의 회의에서 여러 단계를 다룸으로써 두세 번의 회의만으로 모든 절차를 마칠 수 있다. 반면, 5~6명으로 구성된 큰 팀은 한 번의 회의에서 한 단계만을 다루어야 할 수도 있다. 즉, PTR 모델에서는 팀 절차 수행 시 팀의 시간과 자원을 가장 효과적이고 효율적으로 사용할 수 있는 방향으로 융통성 있게 회의를 구조화하는 것이 허용된다.

　팀의 첫 번째 주요 기능은 PTR 중재의 단기목표를 구체화하는 것이다. 단기목표를 주의 깊게 정의하는 것은 다음 장에 설명할 자료 수집과 PTR 평가, 중재 개발, 실행의 첫걸음이다.

1단계에서 촉진자의 역할

PTR의 첫 단계에서 촉진자는 문제해결을 위한 개방적이고 협력적인 환경 조성의 기회를 갖는다. 각 팀원이 목표 설정 과정에 적극 참여하게 안내함으로써 가장 우려가 되는 행동과 이후 중재의 목표가 될 행동에 대해 모두가 합의할 수 있게 된다. 촉진자는 이 단계에서 몇 가지 주요 쟁점을 기억해야 한다. 첫째, 촉진자는 주요 행동 목표를 팀이 판별하고 선택하도록 안내해야 한다. 행동의 우선순위를 정할 때 팀의 합의가 잘 이루어지지 않으면, 촉진자는 팀이 합의에 이르는 데 도움이 될 안내 질문을 할 수 있어야 한다. 둘째, 촉진자는 모든 팀원이 의견을 말하게 하여 팀 절차가 정말 협력적이 되게 해야 한다. 어떤 팀원은 의견을 말해 보라는 요청을 받은 경험이 별로 없을 수도 있는데 이때 촉진자는 그러한 팀원에게 친절하게 의견을 물어야 한다. 셋째, 촉진자는 팀 절차 내내 팀이 정체되지 않고 앞으로 나아가고 있는지, 초점을 벗어나지 않는지 확인해야 한다.

서식 2-1

PTR 목표 설정: 팀 서식

학생명: _____ 날짜: _____

안내문: 학생이 지금보다 좀 덜 하기를 바라는 1~3가지 행동과 좀 더 많이 하기를 바라는 1~3가
지 행동을 왼쪽 칸에 기입하세요.

감소되어야 할 행동	
목표행동	정의(명백하고 관찰 가능하게 서술)
1.	
2.	
3.	

증가되어야 할 행동	
목표행동	정의(명백하고 관찰 가능하게 서술)
1.	
2.	
3.	

Prevent-Teach-Reinforce: The School-Based Model of Individualized Positive Behavior Support, Second Edition
by G. Dunlap, R. Iovannone, D. Kincaid, K. Wilson, K. Christiansen, and P. S. Strain.

이 서식은 학지사 홈페이지(hakjisa.co.kr)의 『학교에서의 예방·교수·강화 모델』 도서 상세정보에서 내려받을 수 있다.

서식 2-2

PTR 목표 설정: 촉진자 서식

학생명: _____   날짜: _____

안내문: 학생이 지금보다 좀 덜 하기를 바라는 1~3가지 행동과 좀 더 많이 하기를 바라는 1~3가
지 행동을 왼쪽 칸에 기입하세요.

감소되어야 할 행동	
목표행동	정의(명백하고 관찰 가능하게 서술)
1.	
2.	
3.	

증가되어야 할 행동	
목표행동	정의(명백하고 관찰 가능하게 서술)
1.	
2.	
3.	

이 서식은 학지사 홈페이지(hakjisa.co.kr)의 『학교에서의 예방·교수·강화 모델』 도서 상세정보에서 내려받을 수 있다.

제3장

자료 수집

- 개별화된 행동 평정 척도
- IBRST 개발하기
- 요약

팀이 학생을 위한 목표행동을 판별하고 이에 대한 합의를 마치고 나면, 행동 진보 점검을 위한 자료 수집 체계를 개발하게 된다. 기초선과 중재 기간에 수집되는 자료는 팀이 PTR 기능평가를 실시하고 행동중재계획을 개발할 때 적절한 의사결정을 위해 꼭 필요한 것이다. 수집된 자료는 팀이 다음의 질문에 답하는 데 도움을 준다.

- 학생의 도전행동이 중재를 필요로 하는가?
- 실행된 중재 전략이 학생의 도전행동 감소에 효과적인가?
- 학생이 도전행동 대신 교체행동을 보이는가?
- 중재의 목표가 달성되었는가?
- 중재계획의 수정이 필요한가? 그렇다면 어떻게 수정되어야 하는가?

이 장에서는 학생의 목표행동에 대한 자료 수집 절차를 다룬다. 이 단계에서 사용되는 PTR 서식은 개별화된 행동 평정 척도(Individualized Behavior Rating Scale Tool: IBRST)다. 이 서식의 작성 예시는 이 장 내용에도 포함되어 있고, 부록 D와 부록 E의 사례에도 제시되어 있다.

목표

이 장을 읽고 나면,
- 팀은 목표행동 자료를 매일 수집하기 위한 방법인 IBRST의 활용 방법을 숙지할 수 있다.
- 자료 수집을 담당할 교사는 IBRST의 타당성과 기능성을 검증할 수 있다.

개별화된 행동 평정 척도

IBRST는 PTR에 포함된 간단한 자료 수집 도구로, PTR 절차에서는 이 도구의 사용을 권장한다(Iovannone, Greenbaum, Wang, Dunlap, & Kincaid, 2014). PTR에 사용되는 IBRST는 학생의 목표행동에 대한 자료 수집을 위해 팀이 개발하여 활용하는 도구다. IBRST는 직접 행동 평정(Direct Behavior Rating: DBR)이라는 상위 진단 범주에 포함되는데, DBR은 학생 수행과 관련된 행동 정보를 교환하고 자료기반의 의사결정을 하게 해 주는 효율적이고 타당한 자료 진단 방법을 말한다(Briesch, Chafouleas, & Riley-Tillman, 2016). 체크인/체크아웃에서 사용하는 일일 보고 카드(Crone, Hawken, & Horner, 2010)는 DBR을 사용하는 가장 대표적인 예다. DBR은 직접 관찰과 평정 척도의 특징을 결합함으로써 행동 발생 측정을 위한 효율적이고 실제적인 방법을 제공한다. 대부분의 DBR은 척도화된 서열을 이용하여 행동 발생을 반복적으로(예: 최소한 하루 한 번) 측정한다(Chafouleas, Riley-Tillman, & Christ, 2009). 2000년대부터 학교기반의 진보 점검 방법으로 DBR을 지지하는 많은 연구가 발표되었다(Riley-Tillman, Methe, & Weegar, 2009).

〈표 3-1〉은 제2장에 등장했던 3학년 학생 조니에 대해 작성한 IBRST다. 조니의 PTR 팀은 탠트럼을 감소되어야 할 도전행동으로 결정하고, 수업참여행동과 적절하게 요구를 표현하는 행동을 증가되어야 할 교체행동 목표로 정했다. 대부분의 IBRST는 가로축 상단에 날짜를 쓰고 그 아래 행(row)마다 목표행동을 평정하는 형식으로 구성된다. 그러나 IBRST 형식은 고정된 것이 아니므로 팀이 정한 측정 목적에 맞게 수정하여 쓸 수 있다. 다음에서는 팀이 IBRST를 개발하는 절차를 살펴본다.

표 3-1 조니의 읽기 교사를 위한 개별화된 행동 평정 척도(IBRST) 작성 예시

개별화된 행동 평정 척도

학생명: 조니   날짜:

교사명: 로이드(읽기 교사)   학교명: 메인초등학교

행동	척도	날짜							
탠트럼: 읽기 시간	9분 초과	5	5	5	5	5	5	5	5
	6~9분	4	4	4	4	4	4	4	4
	3~5분	3	3	3	3	3	3	3	3
	1~2분	2	2	2	2	2	2	2	2
	0~1분	1	1	1	1	1	1	1	1
수업참여하기: 읽기 시간	80~100%	5	5	5	5	5	5	5	5
	60~79%	4	4	4	4	4	4	4	4
	40~59%	3	3	3	3	3	3	3	3
	20~39%	2	2	2	2	2	2	2	2
	0~19%	1	1	1	1	1	1	1	1
휴식 시간이나 관심 요청하기: 읽기 시간	60% 초과	5	5	5	5	5	5	5	5
	45~60%	4	4	4	4	4	4	4	4
	30~44%	3	3	3	3	3	3	3	3
	15~29%	2	2	2	2	2	2	2	2
	0~14%	1	1	1	1	1	1	1	1

작성 요령

도전행동	탠트럼	
시간/일과	___ 하루 종일	✓ 특정 시간/일과: 읽기 시간 독립 과제

정의: 큰 소리로 부정적인 말(예: "싫어." "한심해.")을 외치기, 물건(예: 자신의 책상, 가까이 있는 친구들의 의자) 차기, 자신의 책상 위에 있는 물건을 타인에게 던지기, 자리에서 일어나 "절대 안 할 거야! 시키지 마!"라고 소리 지르기

• 독립 과제를 하는 동안 탠트럼이 지속된 시간에 따라 평정함

〈계속〉

	5 = 매우 심각한 날	=	9분 초과
	4 = 평소 정도의 심각한 날	=	6~9분
	3 = 보통 정도의 날	=	3~5분
	2 = 좋은 날	=	1~2분
	1 = 환상적으로 좋은 날	=	0~1분

동일 기능 교체행동/ 바람직한 대안행동	수업참여하기	
시간/일과	____ 하루 종일	✓ 특정 시간/일과: 읽기 시간 독립 과제
정의	과제를 완수하기 위해 교재를 활용하기, 말하는 사람을 주목하기, 도움을 요청하거나 질문에 답할 때 또는 교사가 낸 문제의 답을 발표하고 싶을 때 손들기, 옆 친구가 과제를 하게 (건드리지 않고) 그냥 두기 • 그 일과 중 조니가 수업참여행동을 보인 시간의 비율에 따라 평정함	
	5 = 환상적으로 좋은 날 = 80~100% 4 = 좋은 날 = 60~79% 3 = 보통 정도의 날 = 40~59% 2 = 평소 정도의 심각한 날 = 20~39% 1 = 매우 심각한 날 = 0~19%	

동일 기능 교체행동/ 바람직한 대안행동	휴식 시간이나 관심 요청하기	
시간/일과	____ 하루 종일	✓ 특정 시간/일과: 읽기 시간 독립 과제
정의	과제를 하다가 휴식 시간 요청하기, 성인이나 친구에게 도움을 요청하는 형태로 관심 요구하기 • 조니가 휴식 시간이나 관심을 원할 때 적절하게 자신의 요구를 표현한 비율에 따라 평정함	
	5 = 환상적으로 좋은 날 = 60% 초과 4 = 좋은 날 = 45~60% 3 = 보통 정도의 날 = 30~44% 2 = 평소 정도의 심각한 날 = 15~29% 1 = 매우 심각한 날 = 0~14%	

IBRST 개발하기

　IBRST는 PTR의 주요 구성요소로서, 진보를 정량화하고 목표행동을 점검하는 도구의 역할을 한다. IBRST 자료를 수집함으로써 팀은 일과나 시간에 따라 행동을 비교할 수 있고, 중재계획이 개발되고 실행된 후 중재 전략의 효과를 평가할 수 있다. IRBST는 목표행동의 증가나 감소를 측정하기 위해 PTR 절차의 전 과정(기초선과 중재 실행)에 사용된다. PTR에서 사용된 IBRST는 적절한 평정자 간 일치도(Iovannone et al., 2014)와 공인타당도(Barnes et al., 2017)를 갖추고 있다.

　IBRST를 개발할 때 다루어야 할 핵심 영역은, ① 목표행동 정의하기, ② 행동 점검의 맥락(시간, 기간, 일과, 활동 등) 정하기, ③ 최선의 목표행동 측정 방법(즉, 척도) 정하기, ④ 행동 발생을 기록할 적절한 점수 체계 수립하기, ⑤ 행동 자료 측정 담당자 훈련하기다. 이 모든 요소는 행동 변화를 정확하게 측정하기 위해 필수적이다.

기초단계: 목표행동 정의하기

　IBRST를 개발하기 전에 촉진자와 팀은 제2장에서 설명한 PTR 1단계(팀 구성과 목표 설정)에서 우선순위로 선정된 증가되어야 할 행동과 감소되어야 할 행동이 객관적이고 측정 가능한 용어로 명확하게(즉, 조작적으로) 정의되어 있는지 확인해야 한다. 목표행동이 제대로 정의되어 있지 않다면, PTR 촉진자는 각 행동이 어떤 모습으로 나타나는지를 팀원들이 최대한 구체적이고 생생하게 기술해 보게 한다. 행동의 정의에는 학생이 그 행동을 할 때 학생이 했던 말과 신체적 행동이 명확하게 포함되어야 한다. 팀은 '지금보다 덜 나타나면 모든 사람의 삶이 편안해질 거라고 생각되는 도전행동'이 무엇인지에 대해 합의해야 한다(제2장 참조). 이 행동(들)은 제4장에서 설명할 PTR 기능평가의 초점이 될 것이다. 팀은 또한 도전행동을 대신하여 학생이 좀 더 하기를 바라는 행동(들)을 판별하고 그 우선순위를 정한다. 우선순위를 정하는 과정을 통해 팀이 합의한 행동은 IBRST를 이용하여 점검될 것이다. 팀이 IBRST를 수립하는 순서는 다음과 같다.

- **1단계**: 행동 점검의 맥락(시간 또는 일과) 정하기
- **2단계**: 행동별로 가장 적절한 측정 방법 정하기
- **3단계**: 행동별로 그 정도를 구분하는 점수 체계를 수립하고 이를 바탕으로 5점 리커트 척도 설정하기
- **4단계**: 행동 자료 측정 담당자 훈련하기

각 단계에 대한 자세한 설명은 다음과 같다.

1단계: 행동 점검의 맥락 정하기

PTR 촉진자는 팀이 각 행동을 점검할 시간이나 일과를 정하도록 안내한다. IBRST는 고정된 서식이 아니므로 측정 목적을 가장 잘 달성할 수 있게 수정하면 된다. 어떤 팀은 학생이 학교에 머무는 모든 시간에 행동 수행을 점검하기로 결정할 수도 있고, 또 다른 팀은 도전행동이 가장 많이 관찰되는 특정 일과(예: 독립 과제를 하는 시간, 선호 활동에서 비선호 활동으로의 전이)에서만 점검하기를 바랄 수도 있다. 또 다른 팀은 오전 또는 오후, 교시, 기간, 활동, 특정 과목의 수업 등과 같이 특정 시간 틀을 정하여 행동 수행을 평가하기로 할 수도 있다.

> **TIP**   도전행동이 명확하게 눈에 띄는 것이고 큰 어려움 없이 관찰이 가능하며 그 행동의 변화가 시급하다고 팀원들이 동의한 경우, 자료 관찰은 매일 일정한 시기에 이루어져야 한다.

2단계: 측정 방법 정하기

측정의 시간 틀을 정한 후 PTR 촉진자는 팀원들이 각 행동별로 가장 적절한 측정 방법을 선택하도록 안내한다. 팀은 다음 중 하나를 이용하여 행동을 추적할 수 있다.

- **빈도**(행동 발생 횟수)
- **지속시간**(행동이 일어난 시간의 길이)
- **비율**[특정 기간 중(예: 1시간 동안, 과제를 하는 동안, 하루 중) 행동이 발생한 비율]

- **강도**(특히, 가볍게 시작해서 점점 심해지는 행동일 때)
- **반응지연시간**(요구나 질문 후 행동 수행까지 걸린 시간)

다음과 같은 질문이 측정 방법 선택에 도움이 될 것이다.

- 가장 쉬운 행동 측정 방법은 무엇인가?
- 어떤 측정 방법(즉, 빈도, 지속시간, 강도)을 사용해야 의미 있는 행동 변화를 가장 잘 포착할 수 있는가?

빈도를 측정해야 하는 경우

시작점과 끝점이 명백하게 구별 가능한 행동(때리기, 차기, 물기, 소리 지르기)이 있다. 이런 유형의 행동에 대해서는 행동 빈도 또는 행동 에피소드를 측정하는 것이 가장 효과적이다.

지속시간을 측정해야 하는 경우

한편, 명확하게 시작과 끝을 알기 어려운 행동들이 있다. 이 행동들은, ① 한 가지 행동을 반복하거나(주먹으로 계속 두드리기, 머리를 계속하여 벽에 박기), ② 여러 행동이 순차적으로 빠르게 발생하거나(욕하기, 때리기, 차기, 물건 던지기가 연달아 발생하는 탠트럼), ③ 한 가지 행동이 오래 지속되는(울기, 몸통 앞뒤로 흔들기, 손가락 흔들기, 수업참여) 형태로 나타난다. 이런 유형의 행동들은 지속시간을 이용하면 좀 더 정확하고 효과적으로 측정할 수 있다. 지속시간을 이용하기로 한 팀은 학생이 평소와 같은 날, 평소보다 잘 지낸 날, 평소보다 힘들었던 날에 그 도전행동 또는 친사회적 행동을 얼마나 오래 보였는지를 측정할 것이다. 지속시간은 실제 발생한 시간(예: 120분)으로 표시할 수도 있고 전체 활동 시간 중 행동 지속시간이 차지하는 비율(예: 대집단 시간의 25%에 해당하는 시간 동안 몸을 앞뒤로 흔듦, 독립 과제 시간의 85~100%에 해당하는 시간만큼 과제에 집중함)로 표시할 수도 있다. 이러한 지속시간 측정치는 다음 단계에서 IBRST 점수 체계를 수립할 때 활용된다.

비율을 측정해야 하는 경우

주어진 기회에 대한 발생 비율을 산출하는 것이 가장 현실적인 행동 측정 방법일 때가 있다. 이 방법은 주어진 기회가 어떠한지에 따라 목표행동의 발생 정도가 달라질 때 가장 적절하다. 예를 들면, '휴식 요구하기'라는 교체행동이 학생에게 이 행동을 사용할 기회를 얼마나 주는지에 달려 있는 경우, 기회에 따른 행동 발생 비율이 가장 적절한 측정 방법일 것이다(예: 주어진 기회 중 90~100%의 비율로 휴식을 요구함).

강도를 측정해야 하는 경우

어떤 행동은 강도의 차이를 이용할 때 가장 잘 측정할 수 있다(예: 귀청이 떨어져 나갈 정도의 소리와 속삭이는 소리, 뺨을 톡톡 건드리는 행동과 손자국이 남을 정도로 뺨을 때리는 행동). 강도를 측정할 때는 먼저 목표행동의 다양한 강도를 정의해야 한다. 예를 들어, 싸우는 행동이 목표행동이라면 가장 심한 행동부터 가장 가벼운 행동까지를 다음과 같이 5개의 수준으로 배열할 수 있다.

- 5(가장 높은 강도): 여러 명의 친구와 바닥에서 엎치락뒤치락하며 심하게 싸우기
- 4: 친구를 여러 번 때리고 차기
- 3: 친구를 몇 대 치거나 발로 차기
- 2: 친구를 살짝 때리기, 친구를 때리거나 차려고 시도하기
- 1(가장 낮은 강도): 싸우지 않음

강도를 측정할 때 촉진자는 팀이 그 도전행동의 가장 심한 형태(가장 힘든 날 또는 5점에 해당하는 날에 보이는 행동)에서 시작하여 가장 가벼운 형태(가장 잘 지낸 날 또는 1점에 해당하는 날)의 순서로 5개의 수준을 정하도록 안내할 수도 있고, 그 반대의 순서로(가장 잘 지낸 날에서 시작하여 점차 도전행동의 강도를 높여 가는 방식으로) 정하게 할 수도 있다.

3단계: 점수 체계 수립하기

적절한 측정 방법 선택의 다음 단계는 점수 체계를 수립하고 이를 5점 리커트 척도

로 구성하는 것이다. 점수 체계의 수립을 위해 팀은 여러 날에 걸쳐 행동이 어떻게 나타나는지를 보고 그 행동의 모습을 판단할 것이다. 팀이 수립할 점수 체계의 각 숫자는 앞 단계에서 정한 측정 맥락과 측정 방법에 기반을 둔 학생 행동의 측정치다.

IBRST 5점 척도의 각 숫자는 행동 발생에 대한 인식 정도를 뜻하며, 각 숫자가 뜻하는 인식의 정도는 IBRST를 사용하는 동안 동일하게 유지되어야 한다. 도전행동의 경우 5점은 도전행동이 매우 심각하게 나타난 날의 발생 정도를 뜻하고, 4점은 평소 정도의 심각한 날, 3점은 보통 정도의 날, 2점은 좋은 날, 1점은 환상적으로 좋은 날의 행동 발생 정도를 뜻한다. 적절한 행동의 경우는 그 반대로 5점이 환상적으로 좋은 날이고 1점이 매우 심각한 날을 뜻한다.

PTR 촉진자는 팀이 점수 체계를 수립할 때 일반적으로 평소 정도의 심각한 날, 즉 4점부터 시작한다. 예를 들면, 독립 과제 시간을 측정 맥락으로 하고, 빈도를 측정 방법으로 선택한 팀이 점수 체계를 수립하도록 안내하기 위해 할 수 있는 질문은 다음과 같다. "지난 한 달을 돌아볼 때, 평소 수준의 도전행동이 나타났다고 생각되는 날, 조니가 독립 과제를 하는 중 탠트럼을 보인 횟수는 대략 몇 번인가요?" 이 질문에 대한 답을 4점으로 정한다. 다음은 매우 심각한 날에 해당되는 5점을 정의할 차례다. 촉진자는 이렇게 말하면서 팀을 안내할 것이다. "탠트럼 행동이 심각하게 일어나는 날이라면 N회를 초과하겠군요(이때 N은 4점에 해당하는 횟수를 말함)." 팀이 5점에 해당하는 발생 정도에 합의한 후 촉진자는 조니의 행동이 환상적으로 좋은 날, 즉 1점에 해당하는 행동 발생 정도에 대해 질문한다. 촉진자의 질문 예시는 다음과 같다. "조니가 정말 잘 지낸 날은 탠트럼이 몇 회쯤 일어날까요? 목표로 삼고 싶은 조니의 탠트럼 횟수는 몇 번인가요?" 1점이 정의된 후 촉진자는 팀이 2점(좋은 날)과 3점(보통 정도의 날)에 해당하는 행동 발생 정도를 정의하도록 안내한다. 다음은 조니가 보이는 탠트럼 행동의 진보를 점검하기 위해 사용할 수 있는 측정 방식 몇 가지에 대한 가상의 IBRST 예시다.

예시 1: 빈도 측정 시의 점수 체계

조니의 단기목표에 합의한 후 팀은 적절한 점수 체계를 수립하여 IBRST를 제작하였다. 팀은 평소 정도의 심각한 날(4점)이라면 조니가 7~9번의 탠트럼을 하므로 매우 심각한 날에 해당하는 5점은 10회 이상의 탠트럼이라고 정의하였다. 다음으로 팀은 환상적으로 좋은 날(1점)은 탠트럼이 0~1회만 나타난 날이라고 정의하였다. 이러한 빈도 범위를 이용하여 팀은 조니의 탠트럼에 대한 IBRST 점수 체계를 완료하였다(〈표 3-2〉 참조).

표 3-2 빈도 측정 시 IBRST 점수 체계

행동	척도	날짜				
		10/1	10/2	10/3	10/4	10/5
탠트럼	10회 이상	5	5	5	5	5
	7~9회	4	4	4	4	4
	4~6회	3	3	3	3	3
	2~3회	2	2	2	2	2
	0~1회	1	1	1	1	1

5 = 하루 10회 이상(매우 심각한 날)
4 = 하루 7~9회(평소 정도의 심각한 날)
3 = 하루 4~6회(보통 정도의 날)
2 = 하루 2~3회(좋은 날)
1 = 하루 0~1회(환상적으로 좋은 날)

예시 2: 지속시간 측정 시의 점수 체계

조니의 탠트럼이 평균적으로 보아도 하루에 여러 번 발생하므로 팀은 탠트럼이 가장 자주 발생하는 일과에서 탠트럼의 지속시간을 측정해 보기로 하였다. 독립 과제가 주어지는 읽기 및 수학 시간이 측정을 실시할 일과로 결정되었다. 팀은 탠트럼의 지속시간을 측정하기 위해 읽기 시간과 수학 시간의 두 행을 만들었다. 척도 구성을 위해 팀은 조니가 평소 정도의 심각한 날(4점)이면 읽기 시간과 수학 시간 모두 탠트럼이 6~9분 정도 지속된다는 것을 측정하였다. 매우 심각한 날(5점)에는 탠트럼의 지속시간이 9분을 초과하였다. 환상적으로 좋은 날(1점)에는 탠트럼의 지속시간이 1분 이내였다. 팀은 이 정보를 이용하여 조니의 탠트럼 지속시간을 평정할 점수 체계를 수립하였다(〈표 3-3〉 참조).

표 3-3 지속시간 측정 시 IBRST 점수 체계

행동	척도	날짜				
		10/1	10/2	10/3	10/4	10/5
탠트럼: 읽기 시간	9분 초과	5	5	5	5	5
	6~9분	4	4	4	4	4
	3~5분	3	3	3	3	3
	1~2분	2	2	2	2	2
	0~1분	1	1	1	1	1
탠트럼: 수학 시간	9분 초과	5	5	5	5	5
	6~9분	4	4	4	4	4
	3~5분	3	3	3	3	3
	1~2분	2	2	2	2	2
	0~1분	1	1	1	1	1

5 = 9분 초과(매우 심각한 날)
4 = 6~9분(평소 정도의 심각한 날)
3 = 3~5분(보통 정도의 날)
2 = 1~2분(좋은 날)
1 = 0~1분(환상적으로 좋은 날)

예시 3: 강도 측정 시의 점수 체계

팀 회의에서 조니의 읽기 교사와 수학 교사는 조니의 탠트럼이 한번 발생하면 점차 고조되는 것이 걱정이라고 말하였다. 팀은 소리 지르기 행동을 소거하자는 데 동의하였지만, 일단은 소리 지르기의 강도만 줄어도 훨씬 나아질 것 같다고 느꼈다. 조니의 탠트럼에 대해 팀이 내린 정의를 보면 점점 강도가 높아지는 행동들이 연쇄되어 있다. 팀은 매우 심각한 날(5점)에 해당하는 가장 높은 강도를 시작으로 점수 체계를 수립하여 환상적으로 좋은 날의 강도(1점)에 이르기까지의 수준을 기술하였다. 특정 일과에서 조니가 보인 탠트럼 중 가장 강도가 높을 때를 기준으로 그 날의 점수를 부여하기로 하였다. 예를 들면, 조니가 읽기 시간에 독립 과제를 하다가 두 번의 탠트럼을 보였는데, 한 번은 물건을 던지는 행동(4점)까지 보였고 다른 한 번은 자리에서 일어나 소리 지르는 행동(5점)까지 보였다면 교사는 이 날을 5점으로 평정한다. 이 예시는 〈표 3-4〉에 제시되어 있다.

표 3-4 강도 측정 시 IBRST 점수 체계

행동	척도	날짜				
		10/1	10/2	10/3	10/4	10/5
탠트럼: 읽기 시간	자리에서 일어나 소리 지르기	5	5	5	5	5
	물건 던지기	4	4	4	4	4
	책걸상 차기	3	3	3	3	3
	부정적인 말 외치기	2	2	2	2	2
	탠트럼이 일어나지 않음	1	1	1	1	1
탠트럼: 수학 시간	자리에서 일어나 소리 지르기	5	5	5	5	5
	물건 던지기	4	4	4	4	4
	책걸상 차기	3	3	3	3	3
	부정적인 말 외치기	2	2	2	2	2
	탠트럼이 일어나지 않음	1	1	1	1	1

5 = 자리에서 일어나 소리 지르기(매우 심각한 날)
4 = 타인을 향해 물건 던지기(평소 정도의 심각한 날)
3 = 책걸상 차기(보통 정도의 날)
2 = 부정적인 말 외치기(좋은 날)
1 = 탠트럼이 일어나지 않음(환상적으로 좋은 날)

4단계: 행동 자료 측정 담당자 훈련하기

IBRST를 개발한 다음에는 이를 이용하여 행동을 측정할 교사나 담당자를 훈련해야 한다. 훈련은 IBRST를 개발한 직후에 하는 것이 가장 좋다. IBRST의 개발이 완료된 시간이 언제인지에 따라(예: 오전, 방과 후, 중간 시간 등) 요구의 세부 사항이 약간 달라지기는 하지만, 자료 측정 담당자는 수립된 IBRST 점수 체계에 따라 학생의 행동을 평정해 보라는 요구를 받게 된다. 만약 IBRST 개발 회의가 오전에 열렸다면, 촉진자는 측정 담당자에게 그 전날의 학생 행동을 평정해 보라고 할 것이다. IBRST 개발 회의가 방과 후에 열렸다면 측정 담당자는 그날의 학생 행동을 평정하면 된다. 촉진자는 측정 담당자에게 왜 그 점수를 선택했는지 물어본다. 측정 담당자가 학생의 행동을 신속하게 평정하고 왜 그 점수를 선택했는지 잘 설명한다면 촉진자는 IBRST를 이대로 사용해도 되겠다고 생각할 것이다. IBRST로 자료 수집을 시작할 날짜와 수집된 자료를 촉진자에게 제출할 일정에 대해서는 팀이 협의하여 정하는 것이 좋다. 행동 수행의 변화를 살펴보기 위해 IBRST는 각 단계별 PTR 회의를 할 때마다 검토되어야 한다.

사례   **조니를 위한 IBRST 자료 수집**

앞서 제시된 예시에서는 조니의 여러 행동에 대한 자료를 수집하기 위해 IBRST 개발 절차의 각 단계가 어떻게 진행되는지를 살펴보았다. IBRST 절차를 전체적으로 고찰하기 위해 조니의 PTR 팀 이야기로 돌아가 팀이 조니의 최종 IBRST를 어떻게 개발했는지 살펴보자.

기초단계: 목표행동 정의하기

사전 준비 단계에서 촉진자는 팀원들에게 어떤 도전행동이 감소되면 모든 사람이 좀 더 행복해 질 수 있는지를 물었다. 팀원은 조니의 탠트럼이 줄어들면 조니와 관련된 모든 사람의 삶의 질이 향상될 거라고 입을 모았다. 탠트럼 행동은 IBRST를 이용하여 진보 점검이 이루어질 도전행동이 될 것이고, 기능평가의 목표행동이 되기도 할 것이다. 다음으로 팀은 모든 팀원이 조니의 탠트럼 발생을 일관성 있게 인식할 수 있도록 조니의 탠트럼 행동을 측정 가능하고 관찰 가능하게 정의하였다. 촉진자는 팀에게 조니가 탠트럼을 보일 때 관찰되는 동적 행동(예: 신체적, 언어적)을 묘사해 보게 했다. 팀은 조니의 탠트럼이 부정적인 말에서 시작되어 학교 가구(예: 책상, 의자)를 차고 타인에게 물건을 던지며 자리에서 일어나 소리 지르는 행동으로 점차 고조된다고 말했다. 이 예시는 여러 행동이 연쇄적으로 나타나면서 점차 심해지는 형태일 때의 정의라 할 수 있다.

팀은 또한 조니가 좀 더 많이 하기를 바라는 행동 두 가지에 합의하였는데, 그것은 수업참여하기와 휴식 시간이나 관심을 적절하게 요청하기였다. 이 두 교체행동을 정의하는 데 도움을 주기 위해 촉진자는 다른 학생들이 휴식 시간이나 관심을 요청할 때 어떻게 하는지 그리고 다른 학생들은 수업에 잘 참여할 때 어떤 행동을 보이는지에 대한 토론을 시작했다. 적절하게 요청하기는 '과제를 하다가 휴식 시간 요청하기, 성인이나 친구에게 도움을 요청하는 형태로 관심 요구하기'로 정의되었다. 수업참여하기는 '과제를 완수하기 위해 교재를 활용하기, 말하는 사람을 주목하기, 도움을 요청하거나 질문에 답할 때 또는 교사가 낸 문제의 답을 발표하고 싶을 때 손들기, 옆 친구가 과제를 하게 (건드리지 않고) 그냥 두기'로 정의되었다.

1단계: 행동 점검의 맥락 정하기

촉진자는 팀원들에게 행동 측정 시기를 언제로 할지 물었다. 팀원들은 조니가 독립 과제를 할 때의 행동이 가장 큰 문제이므로 읽기와 수학 시간의 독립 과제 시 발생하는 모든 행동을 추적하는 것이 좋겠다고 하였다.

2단계: 측정 방법 정하기

촉진자는 팀원들에게 어떤 측정 방법을 선호하는지 질문하였고, 팀은 다음과 같이 결정하였다.

- 탠트럼: 팀은 각 일과에서 탠트럼 행동의 지속시간을 측정하기로 하였다.
- 수업참여: 팀은 각 일과 중 조니가 수업참여행동을 보인 시간의 비율을 구하기로 했다.
- 휴식 시간이나 관심 요청: 팀은 조니가 휴식 시간을 요청할 수 있는 기회 중 실제로 몇 번 휴식을 요청했는지에 대한 비율을 구하기로 했다.

3단계: 점수 체계 수립하기

촉진자는 팀이 정한 측정 맥락과 측정 방법에 따라 행동을 측정했을 때 평소 정도의 심각한 날, 매우 심각한 날, 환상적으로 좋은 날, 좋은 날, 보통 정도의 날에 행동 수행이 어떠한지를 질문하여 각 행동의 평정 체계를 수립하는 전 과정을 안내했다. 〈표 3-1〉은 읽기 교사가 사용할 IBRST를 보여 준다. 동일한 IBRST를 수학 교사도 사용할 수 있다. 각 교사는 이 서식에 자신의 평정 결과를 기록한다. 두 교사 모두에게 IBRST를 작성하게 함으로써 팀은 두 수업에서 나타나는 조니의 수행을 비교하고 그에 따른 결정을 내릴 수 있을 것이다. 〈표 3-1〉에 포함된 '작성 요령'은 측정을 위한 세부 사항을 알려 준다.

4단계: 행동 자료 측정 담당자 훈련하기

IBRST의 개발이 완료된 후 촉진자는 두 교사에게 IBRST를 이용하여 전날 조니의 행동을 평정해 보게 했다. 또한 촉진자는 왜 그 점수로 평정했는지도 질문하였다. 교사들은 세 가지 행동을 신속하게 평정하였고, 이 척도가 편리하고 쓸 만하며 매일 각 일과가 끝난 후 평정할 수 있을 것 같다고 말했다. 팀은 전날 행동에 대한 평정을 첫 번째 자료점으로 삼기로 하고, 매일 IBRST 자료를 수집하기로 결정하였다.

교사가 IBRST를 실제로 사용하기 전에 사전 점검을 해 보는 것은 매우 중요하다. 이를 통해 팀은 교사가 IBRST 사용을 편안하게 느끼는지, 미리 해 본 평정이 기능적인지 파악할 수 있다.

TIP 행동이 명확하게 정의되고 점수 체계가 정확하게 수립되었을 때 IBRST의 효용은 극대화된다.

IBRST에 대한 추가적인 고려 사항

IBRST는 목표행동에 대한 진보 점검 체계다. 따라서 팀은 어떤 변화가 일어나든 이를 표시해야 한다. 행동중재계획의 실행이 시작되면, 팀은 중재가 시작된 날짜를 표시하기 위해 IBRST에 구분선을 그려야 한다. 구분선은 변화가 시작된 날짜 직전에 실선이나 점선을 세로로 그어서 표시한다. 발생 가능한 또 다른 변화로는 신임 교사의 부임이나 행동 정의의 수정 등이 있다. 팀은 구분선을 보고 특정 변화가 행동 수행에 어떻게 영향을 미쳤는지 평가할 수 있다.

때로는 처음 수립한 IBRST의 평정 체계가 정확하지 않을 수도 있다. 예를 들면, 목표행동이 원래 예상한 만큼 오랫동안 또는 자주 발생하지 않을 수 있다. 이런 상황이 발생하면 팀은 행동 평정이 학생의 행동 수행을 보다 정확하게 반영하도록 수정작업을 해야 한다. 그러나 이러한 변화는 측정에 영향을 미치기 때문에, 새로운 평정 체계를 적용한 날짜 바로 앞에 구분선을 그려야 한다.

그래프 그리기

IBRST는 이후에 있을 모든 PTR 회의에서 사용된다. 팀은 행동 발생에 대한 정보를 알기 위해 평정 자료를 검토할 것이며, 중재가 실행된 후에는 IBRST를 통해 행동 변화의 추이가 원하는 방향으로 진행되고 있는지 파악할 것이다. PTR 회의를 위해 IBRST 자료에 대한 그래프를 준비하는 것은 팀이 행동 자료를 한 눈에 파악하게 해 주는 효과적이고 기능적인 방법이다. IBRST 결과를 제시할 때 팀이 선택할 수 있는 몇 가지 방법이 있다. 하나는 IBRST 원본을 복사하여 교사에게 주고, 매일의 평정 점수를 선으로 연결하여 그래프로 그리게 하는 것이다. 또 다른 방법은 엑셀 스프레드시트에 평정 점수를 입력하고 엑셀을 이용하여 그래프를 그리는 것이다. 어느 방법을 사용하든 그래프에는 자료점이나 각 행동을 평정한 날짜 그리고 각 자료점의 평정 점수가 명확히 보여야 한다. IBRST 자료를 이용하여 의사결정을 하는 과정은 제6장에서 더 자세히 논의할 것이다.

요약	2단계: 자료 수집

팀은 IBRST 진보 점검 절차를 시작할 때 각 목표행동의 조작적 정의를 명확하게 내려 두어야 한다. 팀은 또한 가장 염려가 되는 부분이 행동의 빈도인지(얼마나 행동이 자주 발생하는지), 지속시간인지(얼마나 행동이 오래 지속되는지), 강도인지에 유의하여 목표행동을 측정할 최선의 방법을 결정해야 한다. 마지막으로, 팀은 목표행동을 측정할 적절한 평정 체계를 수립해야 한다. 자료 수집 절차를 통해 수집되는 정보는 팀이 기능평가를 실시하고 행동중재계획을 개발하는 과정에서 바른 결정을 내리게 해 주는 것이므로, 팀이 학생의 행동을 측정하고 기록할 가장 효과적이고 정확한 방법을 결정하는 것은 매우 중요하다.

2단계에서 촉진자의 역할

이 단계에서 촉진자의 역할은 팀이 목표행동을 어떻게 측정할지에 대한 결정을 하도록 안내하는 것이다. 촉진자는 이 책임을 효과적으로 완수하기 위해 여러 측정 방법을 잘 알고 있어야 하며, IBRST 개발 과정에서 팀원들에게 질문을 할 때 그 지식을 활용해야 한다. 이렇게 개발된 최종 결과물은 PTR 절차에 사용할 수 있는 타당하고 기능적인 도구가 될 것이다.

서식 3

개별화된 행동 평정 척도

학생명: _____   날짜: _____

교사명: _____   학교명: _____

행동	척도	날짜							
		5	5	5	5	5	5	5	5
		4	4	4	4	4	4	4	4
		3	3	3	3	3	3	3	3
		2	2	2	2	2	2	2	2
		1	1	1	1	1	1	1	1
		5	5	5	5	5	5	5	5
		4	4	4	4	4	4	4	4
		3	3	3	3	3	3	3	3
		2	2	2	2	2	2	2	2
		1	1	1	1	1	1	1	1
		5	5	5	5	5	5	5	5
		4	4	4	4	4	4	4	4
		3	3	3	3	3	3	3	3
		2	2	2	2	2	2	2	2
		1	1	1	1	1	1	1	1

작성 요령	
도전행동	
시간/일과	____ 하루 종일 ____ 특정 시간/일과:
정의	

〈계속〉

5 = 매우 심각한 날 4 = 평소 정도의 심각한 날 3 = 보통 정도의 날 2 = 좋은 날 1 = 환상적으로 좋은 날	
동일 기능 교체행동/ 바람직한 대안행동	
시간/일과	____ 하루 종일 · ____ 특정 시간/일과:
정의	
	5 = 환상적으로 좋은 날 4 = 좋은 날 3 = 보통 정도의 날 2 = 평소 정도의 심각한 날 1 = 매우 심각한 날
동일 기능 교체행동/ 바람직한 대안행동	
시간/일과	____ 하루 종일 · ____ 특정 시간/일과:
정의	
	5 = 환상적으로 좋은 날 4 = 좋은 날 3 = 보통 정도의 날 2 = 평소 정도의 심각한 날 1 = 매우 심각한 날

이 서식은 학지사 홈페이지(hakjisa.co.kr)의 『학교에서의 예방·교수·강화 모델』도서 상세정보에서 내려받을 수 있다.

제4장

PTR 기능평가

- PTR 기능평가의 세 영역
- PTR 기능평가 체크리스트 작성하기
- PTR 기능평가 요약표 작성하기
- 가설 개발하기
- 요약

'PTR 기능평가' 또는 'PTR 평가'라고 부르는 PTR 모델의 기능평가에서는 학생의 도전행동과 관련된 구체적인 맥락적 요인뿐만 아니라 학생이 보이는 적절한 행동과 관련된 자료도 확인한다. PTR 기능평가를 통해 수집된 정보는 팀이 학생의 도전행동을 이해하고 그 행동의 발생을 예측하게 해 주는 사건과 그 행동을 유지시키는 사건에 대해 기능적으로 생각하도록 도와준다. 기능평가의 목표는 팀이 협력하여 도전행동과 관련된 주요 정보를 구조화하고, 주요 선행사건(또는 예측변인)과 학생이 도전행동을 통해 성취하려는 목적을 포함하는 가설을 개발하는 것이다.

학생의 도전행동과 적절한 행동을 잘 알고 있는 각 팀원은 해당 분야의 여러 연구 자료(예: Doggett, Edwards, Moore, Tingstrom, & Wilczynski, 2001; Ervin et al., 2001; Hanley, Iwata, & McCord, 2003; Iwata, Dorsey, Slifer, Bauman, & Richman, 1994; Sasso et al., 1992)를 바탕으로 개발된 'PTR 기능평가 체크리스트'를 작성하게 된다. 팀은 체크리스트에서 얻은 정보를 토대로 촉진자와 함께 'PTR 기능평가 요약표'를 작성하고 가설을 수립하게 되며, 궁극적으로는 기능평가 자료를 기반으로 개별화된 행동중재계획에 포함될 효과적이고 실행 가능한 **예방 · 교수 · 강화** 전략을 선택할 것이다.

목표

이 장을 읽고 나면,

- 관련 팀원은 PTR 기능평가 체크리스트를 작성할 수 있다.
- 촉진자는 PTR 기능평가 체크리스트 자료와 학생에 대한 직접 관찰 자료를 정리하여 PTR 기능평가 요약표를 작성할 수 있다.
- 촉진자는 PTR 기능평가 요약표에 기입된 정보를 명료화하고 이에 대한 팀의 합의를 이끌어 낼 수 있다.
- 팀은 PTR 기능평가 요약표와 연계하여 행동의 기능에 대한 가설을 수립할 수 있다.

이 단계에서 사용되는 PTR 서식에는 PTR 기능평가 체크리스트(〈표 4-1〉 참조)와 PTR 기능평가 요약표(〈표 4-2〉 참조)가 있다. PTR 기능평가 체크리스트의 작성 예시는 다음 절 'PTR 기능평가의 세 영역'에서 각 영역에 대한 논의 마지막에 제시하였다. 또 다른 작성 예시는 이 책 마지막에 나오는 사례연구(부록 D, 부록 E)에 포함되어 있다.

표 4-1 PTR 기능평가 체크리스트 서식(예방 영역 중 일부)

PTR 기능평가 체크리스트

학생명: _____ 응답자명: _____ 행동: _____

작성 요령:
1. PTR 기능평가는 세 영역(예방 · 교수 · 강화)으로 구성되어 있습니다.
2. IBRST에서 목표로 한 도전행동 각각에 대해 하나의 PTR 기능평가 체크리스트를 작성하세요. 예를 들어, 다른 사람 때리기와 소리 지르기가 IBRST에 기재되었다면 두 개의 PTR 기능평가 체크리스트를 작성합니다.
3. IBRST에서 목표로 한 친사회적/바람직한 행동에 대해서는 작성하지 않습니다.
4. 도전행동에 대해서만 응답하도록 서식 상단에 도전행동을 쓰세요.
5. 각 질문의 답에 해당하는 모든 칸에 체크표시(✔)를 하거나 도전행동과 관련된 사건을 구체적으로 쓰세요.

PTR 기능평가 체크리스트: 예방 영역

1a. 학교생활 중 도전행동이 가장 많이 발생하는 시간이 있습니까? 있다면, 언제입니까?

_____ 오전   _____ 급식 전   _____ 등교 시
_____ 오후   _____ 급식 시간   _____ 하교 시
                    _____ 급식 후

기타:

1b. 학교생활 중 도전행동이 가장 적게 발생하는 시간이 있습니까? 있다면, 언제입니까?

_____ 오전   _____ 급식 전   _____ 등교 시
_____ 오후   _____ 급식 시간   _____ 하교 시
                    _____ 급식 후

기타:

표 4-2   PTR 기능평가 요약표 서식

PTR 기능평가 요약표

학생명: _____   학교명: _____   날짜: _____

행동	선행사건 (예방 자료)	기능 (교수 자료)	후속결과 (강화 자료)
도전행동:			
교체행동:			

가능한 가설		
조건	행동	행동의 결과
도전행동:		
교체행동:		

PTR 기능평가의 세 영역

PTR 기능평가를 실시하는 목적은 세 가지다.

1. 학생의 도전행동과 적절한 행동을 유발하는 선행사건 및 배경사건 판별하기
2. 도전행동에 뒤따르는 주변인의 전형적인 반응을 확인하여 학생이 보이는 부적절한 행동의 기능이나 목적 파악하기
3. 학생의 행동을 강화하는 사람, 상황, 사물, 활동 확인하기

이 세 가지 목적은 PTR 모델의 각 영역(예방 · 교수 · 강화)과 직결된다.

이 절에서는 각 영역에 대한 PTR 기능평가 체크리스트의 작성 예시를 제공한다. 이 서식은 다이애나(Diana)라는 학생의 탠트럼 행동을 중심으로 작성되었다. PTR 팀은 다이애나의 탠트럼을 소리 지르기, 비명소리 내기, 물건 던지기, 때리기 행동이라고 조작적으로 정의하였다. 각 팀원은 다이애나의 탠트럼 행동에 대한 관찰을 바탕으로 조작적 정의에 대한 의견을 제시했다.

 TIP 팀이 PTR 기능평가 체크리스트 서식을 완성할 때 서로 다른 여러 의견이 있을 수 있다. 이 때 '옳은(right)' 의견 한 가지만 선택하기보다는 모든 의견을 서식에 포함하는 것이 좋다.

예방 영역

PTR 모델에 내재된 과학적 원칙의 핵심은 행동이 환경 사건과 행동이 발생하는 맥락의 영향을 받는다는 것이다. 어떤 사건은 학습경험과 연상을 통해 도전행동을 유발하는 반면, 어떤 사건은 학생의 적절한 행동반응을 이끌어 내면서 도전행동의 발생을 예방하기도 한다.

PTR 기능평가의 **예방** 영역 서식은 도전행동으로 이어지거나 도전행동을 유발하는 배경사건 및 선행사건을 판별하기 위한 것이다. '배경사건'은 시간 면에서 도전행동의 발생 시점과 분리되어 있다. 특정 사건이 존재할 때 학생이 도전행동을 더 자주, 더 빨리, 더 심하게 보인다면 배경사건의 패턴이 수립된 것이다. 배경사건에는 생물학적 · 신체적 조건(예: 약을 복용하지 않음, 피로, 배고픔, 질병), 사회적 사건(예: 부모 또는 형제자매와의 다툼, 통학 버스 안에서의 어려움, 부모의 수감) 또는 환경적 상황(예: 소음, 조명, 온도)이 포함된다. 일반적인 배경사건의 예는 다음과 같다.

- 학생은 등교하기 전 아침 먹을 시간이 없어 배고픈 채로 등교했다.
- 학생은 통학 버스를 타기 전 부모와 말다툼을 했다.

배고픈 채 등교한 날이나 부모와의 말다툼이 있었던 날, 목표로 삼은 도전행동이 예측 가능할 정도로 더 많이 발생한다는 것이 자료에 나타난다면 배고픔이나 부모와의 말다툼을 배경사건으로 볼 수 있다.

'선행사건'은 배경사건과 달리 도전행동 직전에 발생하거나 도전행동과 동시에 존재하는 특정 사람, 사건 혹은 상황이다. 다음 예시에서는 선행사건이 분명한 영향을 미치고 있다.

- 학생은 특정 또래가 있을 때 공격적으로 변하지만 다른 또래와 있을 때는 차분하고 문제가 없다.
- 학생은 비선호 과제가 주어지면 도전행동을 보이지만 선호 과제가 주어질 경우 아무 문제없이 바로 과제를 시작한다.

선행사건의 판별은 모든 학생에게 가능하지만, 배경사건은 그렇지 않다. 약을 복용하는 학생의 예를 생각해 보자. 매일 복용하는 약이 도전행동의 발생 패턴에 영향을 미치지 않는다면 이 학생은 약과 관련된 배경사건을 경험하지 않는 셈이다. PTR 촉진자는 팀이 도전행동의 발생에 영향을 미치는 배경사건의 존재 여부를 알아내도록 지원해야 한다.

예방 영역의 주된 목표는 도전행동의 발생에 기여하거나 도전행동을 유발하는 환경적 사건과 상황뿐 아니라 바람직하고 친사회적인 행동과 연결되는 상황을 팀이 판별할 수 있도록 돕는 것이다. 팀이 두 상황을 모두 정확하게 판별하면 문제가 되는 상황을 제거하거나 직접 변경할 수 있으므로 도전행동의 발생 가능성을 줄이는 동시에 적절한 행동을 장려하는 상황을 증가시킬 수 있다. 팀이 PTR 평가의 **예방** 영역을 작성할 때는 최대한 구체적이고 정확하게 기록해야 한다. 촉진자는 팀이 작성한 답을 명료화하기 위한 추가의 질문을 하여 팀이 행동에 영향을 미치는 환경적 사건에 합의하게 하고, 왜 그러한 상황이 행동을 유발하는지를 자세히 서술하게 한다.

이 장에서 논의하는 다이애나의 예시는 **예방** 영역의 중요성을 잘 보여 준다. 다이애나의 담임교사인 존스(Jones)는 전이 시간(특히 점심 시간, 미술 수업, 음악 수업을 마치고 교실로 돌아오는 전이 시간)이 다이애나의 도전행동을 유발한다고 응답했다(〈표 4-3〉의 PTR **예방** 영역 질문 2a 참조). 만약 존스 교사가 이러한 특이 사항을 발견하지 못했다면, 촉진자는 팀에게 추가의 질문을 하여 도전행동을 가장 잘 예측하는 유발자극이 어떤 전이 시간인지 찾아내게 할 것이다. 이를 통해 팀은 모든 전이 시간에 문제가 있는지,

아니면 선호 활동에서 벗어나는 전이 시간 혹은 비선호 활동으로 이동하는 전이 시간이 문제인지를 평가한다. 또한 촉진자는 팀에게 왜 특정 전이 시간이 도전행동의 예측 요인인지를 질문한다. 팀이 다이애나는 점심 시간, 미술과 음악 수업 시간을 좋아한다고 답할 경우, 다이애나가 이러한 활동의 어떤 점을 좋아하는지 알아낼 수 있다면 팀은 그 상황에서 나타나는 다이애나의 도전행동을 더 잘 이해할 수 있는 귀중한 정보를 얻을 수 있다. 팀은 점심 시간, 미술과 음악 수업 시간에 다이애나에게 주어지는 요구들이 일과 중의 다른 요구에 비해 쉽기 때문에 다이애나가 그 시간들을 좋아한다고 설명했다. 또한 다이애나는 미술과 음악을 잘하기 때문에 이 수업에서는 새로운 과제를 하고 싶어 하는 일도 자주 있다고 하였다.

그러나 교사나 팀원들이 구체적으로 응답하지 않는 경우도 있다. 예를 들면, 존스 교사는 **예방** 영역의 4번 질문(〈표 4-3〉 참조)에서 '과제 시작 요구'가 '너무 어려운 과제'와 유사한 도전행동 유발자극이라고 표시했다. 촉진자는 어려운 과제와 과제 시작 요구 간의 연관성, 그리고 과제 시작 요구의 특징에 대한 추가 질문을 통해 이러한 응답을 명료화할 것이다. 촉진자가 존스 교사에게 할 수 있는 질문은 다음과 같다.

- 일반적으로 어떤 유형의 요구가 도전행동을 유발하나요? 모든 요구인가요, 아니면 특정 유형의 과제나 일과를 수행하라는 요구인가요?
- 비선호 과제를 수행하라는 요구가 도전행동을 유발하나요?
- 다이애나에게 컴퓨터 작업이나 점심 식사와 같이 자신이 좋아하는 일을 하라고 해도 도전행동이 발생하나요?
- 과제의 난이도는 과제를 시작하라는 요구와 어떤 관련이 있나요? 다이애나는 쉬운 과제를 수행하라고 요구했을 때보다 어려운 과제를 수행하라고 요구했을 때 더 자주 도전행동을 보이나요? 이런 상황의 예로는 어떤 것이 있나요?
- 다이애나가 어려워하는 과제들의 공통점은 무엇인가요?

이러한 질문에 대한 응답은 팀이 유발자극의 성격을 더 잘 이해하고, 보다 정확한 가설을 수립하게 해 준다.

팀이 유발자극을 파악할 때 특정 사건이 왜 도전행동을 야기했는지 논의하는 것은 매우 중요하다. PTR **예방** 영역의 예를 살펴보면, 응답자에게 그 행동이 수행 결손

(performance deficit) 때문인지 혹은 기술 결손(skill deficit) 때문인지를 질문하고 있다. 기술 결손을 가진 학생은 교사가 요구한 과제를 어떻게 수행해야 하는지 모를 수 있다. 수행 결손을 가진 학생은 과제를 수행하는 방법은 알고 있지만 과제를 지속적으로 수행하지 않는다. 이 응답에 따라 행동, 선행사건, 후속결과가 동일하더라도 가설과 이에 따른 중재계획이 달라질 수 있다. 기술 결손은 과제를 수정하고 선행기술을 교수하는 등 기술의 격차를 줄이기 위한 중재가 필요한 반면, 수행 결손은 학생이 학업과제에 참여할 수 있도록 동기를 부여하는 중재에 초점을 맞추어야 한다.

표 4-3　PTR 기능평가 체크리스트: 예방 영역 작성 예시

PTR 기능평가 체크리스트: 예방 영역

학생명: 다이애나	응답자명: 존스	도전행동: 탠트럼

1a. 학교생활 중 도전행동이 가장 많이 발생하는 시간이 있습니까? 있다면, 언제입니까?

✕ 오전	＿＿ 급식 전	＿＿ 등교 시
✕ 오후	＿＿ 급식 시간	＿＿ 하교 시
	＿＿ 급식 후	

기타:

1b. 학교생활 중 도전행동이 가장 적게 발생하는 시간이 있습니까? 있다면, 언제입니까?

＿＿ 오전	＿＿ 급식 전	＿＿ 등교 시
＿＿ 오후	✕ 급식 시간	＿＿ 하교 시
	＿＿ 급식 후	

기타:

2a. 도전행동이 가장 많이 발생하는 특정 활동/일과가 있습니까? 있다면, 무엇입니까?

✕ 읽기/언어	＿＿ 컴퓨터	＿＿ 특별활동
✕ 독립 과제	＿＿ 태블릿 PC	(구체적으로)＿＿＿
＿＿ 1:1 활동	＿＿ 또래/협력 활동	＿＿ 과학
＿＿ 자유 시간	＿＿ 수학	＿＿ 통학 버스
✕ 학습지, 자습	✕ 대집단 활동	＿＿ 점심 시간
✕ 쓰기	＿＿ 쉬는 시간	＿＿ 토론/질의응답 시간
✕ 소집단 활동	＿＿ 센터 활동	✕ 전이 시간(구체적으로)
		점심 시간, 미술, 음악 수업 후 교실로 돌아오는 시간에

기타:

〈계속〉

2b. 도전행동이 가장 적게 발생하는 특정 활동/일과가 있습니까? 있다면, 무엇입니까?

____ 읽기/언어	✕ 컴퓨터	✕ 특별활동
____ 독립 과제	✕ 태블릿 PC	(구체적으로) _____
____ 1:1 활동	____ 또래/협력 활동	____ 과학
✕ 자유 시간	✕ 수학	____ 통학 버스
____ 학습지, 자습	____ 대집단 활동	✕ 점심 시간
____ 쓰기	✕ 쉬는 시간	____ 토론/질의응답 시간
____ 소집단 활동	____ 센터 활동	____ 전이 시간
		(구체적으로)

기타:

3a. 가까이 있을 때 도전행동의 발생 가능성이 높은 특정 또래 혹은 성인이 있습니까? 있다면, 누구입니까?

____ 또래(들)	(구체적으로) _____	____ 버스 운전기사	
✕ 교사(들)	(구체적으로) 존스(담임교사)	____ 부모	
____ 보조원(들)	(구체적으로) _____	____ 다른 가족 구성원	
____ 다른 교직원	(구체적으로) _____	(구체적으로)	

기타:

3b. 가까이 있을 때 도전행동의 발생 가능성이 낮은 특정 또래 혹은 성인이 있습니까? 있다면, 누구입니까?

____ 또래(들)	(구체적으로) _____	____ 버스 운전기사	
____ 교사(들)	(구체적으로) _____	____ 부모	
____ 보조원(들)	(구체적으로) _____	____ 다른 가족 구성원	
✕ 다른 교직원	(구체적으로) 미술 교사, 음악 교사	(구체적으로)	

기타:

4. 도전행동의 발생 가능성을 높이는 특정 상황이 있습니까? 도전행동을 유발할 가능성이 가장 높은 3~5 가지 상황에 표시해 주세요.

✕ 과제 시작 요구	✕ 너무 어려운 과제	____ 선호하는 물건의 제거
____ 잘못된 수행을 지적받을 때	____ 너무 오래 걸리는 과제	✕ 비선호 활동의 시작
____ 꾸중 혹은 처벌	____ 지루한 과제	____ 혼자 있을 때
____ "안 돼."라는 말을 들었을 때	____ 과제의 반복(매일 동일한	____ 구조화되지 않은 시간
____ 특정 또래 옆에 앉을 때	과제)	____ 휴식 시간(주어진 과제 없음)
____ 또래의 놀림 혹은 지적	____ 새로운 과제	____ 교사가 다른 학생을 돌볼 때
____ 일정의 변화	✕ 전이 시간	
	✕ 선호 활동의 종료	

기타:

(도전행동이 학업시간/학업수행 시 가장 자주 발생할 경우) 학생은 요구된 과제를 수행할 수 있는 기술을 가지고 있습니까? ☑ 예 ☐ 아니요

〈계속〉

5. 도전행동이 거의 발생하지 않는 특정 상황이 있습니까?

미술, 음악, 식사와 같이 다이애나가 좋아하는 활동을 할 때

다이애나는 컴퓨터나 태블릿 PC를 사용할 때 거의 도전행동을 보이지 않음

6. 도전행동의 발생 가능성을 높이는 물리적 환경 조건이 있습니까? (예: 너무 춥거나 더운 환경, 너무 복잡하거나 시끄럽거나 혼란스러운 환경, 기후 조건 등)

_____ 예(구체적으로) _____　　　　　×　아니요

7. 날마다 발생하지는 않지만 발생하는 날에는 도전행동의 발생 가능성을 높이는 학교 이외의 상황이 있습니까?

_____ 질병	_____ 배고픔	_____ 일정의 변화
_____ 알레르기	_____ 파티나 행사	_____ 부모의 부재
_____ 신체적 증상	_____ 식단 변화	_____ 가정 내 갈등
_____ 호르몬 또는 생리 주기	_____ 마약/알코올 중독	_____ 수면 부족
_____ 약을 복용하지 않음	_____ 통학 버스에서의 갈등	_____ 함께 살지 않는 부모와
_____ 약이 바뀜	_____ 피로	시간을 보냄

　×　 도전행동의 발생에 영향을 미치는 학교 이외의 상황은 없음

기타:

예방 영역과 관련하여 앞에서 언급하지 않은 추가 의견

교수 영역

PTR 기능평가 과정에 내재된 과학적 원칙에 따르면 도전행동은 학습되는 것이며, 학생이 특정 목표를 성취하게 해 준다. 예를 들면, 도전행동은 "여기 나 좀 봐!"라고 외치듯이 타인의 주의를 끌기 위해 나타날 수도 있고, 원하지 않는 것을 회피하기 위해 나타날 수도 있으며, "나 좀 내버려 둬!"와 같은 메시지를 전달하기 위해 나타날 수도 있다. PTR 기능평가의 핵심 목표는 도전행동의 기능을 파악하는 것으로, 팀이 PTR 모델의 교수 영역에서 교체행동 지도를 위한 중재를 선택할 때는 기능의 파악이 더욱 중요하다. 단순히 도전행동을 중단시키거나 감소시키는 것만으로는 효과를 기대할 수 없다. 학생에게 적절한 행동을 가르쳐야 한다. 따라서 효과적인 중재계획은 학생에게 사회적으로 타당한 새로운 기술(대안행동) 또는 도전행동과 동일 기능을 가지면서도 사회적으로 허용되는 교체행동 교수를 포함해야 한다.

PTR 기능평가 중 **교수** 영역의 주요 목적은 팀이 도전행동의 기능(예: 사람이나 사물 추구 또는 회피)을 판별하게 하는 것이다. 팀은 기능평가 체크리스트의 **교수** 영역을 작성할 때, 목표로 정한 도전행동의 목적과 관련되거나 이를 다루는 모든 영역을 선택한다. 팀은 각 질문에서 구체적인 상황, 사람, 활동, 사물/항목에 대해 최대한 정확하게 응답해야 한다. 도전행동의 목적이 판별되면, 학생에게 '대안행동(alternative behavior)'이나 동일 기능 교체행동(Functionally Equivalent Replacement Behavior)'을 지도할 중재전략을 개발할 준비가 된 셈이다. 일반적으로 학생이 도전행동을 통해 얻는 기능을 효율적이고 효과적으로 성취하게 해 주는 의사소통 행동이 동일 기능 교체행동으로 선택된다. 동일 기능 교체행동이나 바람직한 대안행동은 수행 난이도와 기능 달성 측면에서 도전행동 못지않게 효과적이고 효율적이어야 하며, 학생이 도전행동으로는 원하는 것을 얻지 못하게 해야 한다.

학생이 배우고 사용하기 쉬우면서도(즉, 학생에게 수용 가능하면서도) 학생이 원하는 것을 달성하는 데 도전행동만큼이나 효과적인 교체행동을 판별하는 것은 매우 중요하다. 팀은 먼저 이전 PTR 단계(2단계: 자료 수집)에서 증가되기를 원했던 목표행동부터 살펴보아야 한다. 이 행동 대부분은 중재계획에서 동일 기능 교체행동 또는 바람직한 대안행동으로 사용 가능하다. **교수** 영역은 또한 학생이 학업 향상을 위해 배워야 할 학업 조력행동을 팀이 파악할 수 있게 해 준다(〈표 4-4〉 참조).

표 4-4 ┃ PTR 기능평가 체크리스트: 교수 영역 작성 예시

PTR 기능평가 체크리스트: 교수 영역

학생명: _____다이애나_____ 　응답자명: _____존스_____ 　도전행동: _____탠트럼_____

---

1. 이 도전행동이 또래의 관심을 얻기 위해 나타나는 것으로 보이나요?

_____ 예　특정 또래를 써 주세요. _____　　　×　아니요

---

2. 이 도전행동이 성인의 관심을 얻기 위해 나타나는 것으로 보이나요? 그렇다면, 학생이 관심을 얻으려 애쓰는 특정 성인이 있습니까?

__×__ 예　특정 성인을 써 주세요. 존스(담임교사), 디아즈(행동전문가)　　_____ 아니요

---

3. 이 도전행동이 또래 또는 성인에게서 사물이나 선호 활동(예: 게임, 전자제품, 학습자료, 음식)을 얻기 위해 나타나는 것으로 보이나요?

_____ 예　특정 사물을 써 주세요. _____　　×　아니요

---

4. 이 도전행동이 선호 활동에서 비선호 활동으로의 전이를 회피하거나 지연시키기 위해 나타나는 것으로 보이나요?

_____ 예　특정 전이 상황을 써 주세요. _____　　×　아니요

---

5. 이 도전행동이 비선호(예: 어려운, 지루한, 반복적인) 과제나 활동을 회피하거나 지연시키기 위해 나타나는 것으로 보이나요?

_____ 예　비선호 과제나 활동을 구체적으로 써 주세요.

_____　　×　아니요

---

6. 이 도전행동이 비선호 또래 또는 성인을 회피하기 위해 나타나는 것으로 보이나요?

_____ 예　특정 또래나 성인을 써 주세요. _____　　×　아니요

---

7. 학업목표 달성을 위해 학생에게 가르칠 수 있는 행동은 무엇인가요? 학생의 학업참여행동과 학업목표 달성에 도움이 되는 3~5가지 행동을 선택하세요.

_____ 학업참여	_____ 과제 완수	_____ 생산적으로 과제하기(과
__×__ 사회적 참여(예: 또래 및	_____ 조직화 전략	제를 완수하고 제출하기)
성인과의 협력, 적절한	__×__ 효과적인 의사소통	_____ 시간 관리
상호작용)	__×__ 자기 관리(예: 감정 조절,	_____ 정기적으로 등교하기
_____ 꾸준한 학습태도	규칙 준수, 스트레스 관리)	__×__ 도움/관심 요청하기
		_____ 휴식 요청하기

교수 영역과 관련하여 앞에서 언급하지 않은 추가 의견

강화 영역

PTR 모델의 또 다른 과학적 원칙은 학생의 행동 직후에 정적 강화가 주어지면, 그 행동은 강화되고 미래의 유사한 상황에서 학생이 그 행동을 반복할 가능성이 커진다는 것이다. PTR 기능평가의 **강화** 영역은 학생의 도전행동에 뒤따르는 전형적인 후속결과(3~5개)를 판별하기 위한 것이다. 또한 바람직한 행동 후에 주어지면 이후에 그 행동이 반복되게 할 수 있는 강력한 강화제도 조사한다. 이와 같이 후속결과와 강화제를 조사함으로써 팀은, ① 학생에게 실제로 강화가 되는 것을 파악하고, ② 학생이 도전행동 대신 바람직하고 친사회적인 행동을 보일 때만 강화제를 제공하며, ③ 도전행동은 줄여 나가고 친사회적 행동은 장려할 수 있게 된다. 또한 PTR 기능평가의 **강화** 영역은 **교수** 영역에서 추정한 도전행동의 기능을 확인할 수 있는 정보를 제공한다.

예를 들면, 존스 교사는 PTR 기능평가의 **교수** 영역에서 다이애나의 탠트럼이 교사와 행동전문가의 관심을 끌기 위한 것이라고 응답하였다. 그러나 **강화** 영역(〈표 4-5〉의 질문 1 참조)을 살펴본 교사는 다이애나가 탠트럼을 보일 때마다 타임아웃 처분을 받거나 행동전문가에게 가게 된다는 점을 발견하고 다이애나가 이를 통해 관심뿐 아니라 회피도 얻고 있을 가능성이 있다고 제안했다. 또한 탠트럼이 발생하면 수업이 중단되는데, 이러한 또 다른 후속결과를 파악한 촉진자와 팀은 다이애나의 행동이 회피나 지연에 의해 강화를 받고 유지되는 것은 아닌지 고려해 보게 되었다. 팀원들이 제시한 정보를 조정하고 명료화하는 촉진자의 역할은 매우 중요하다. 이런 상황에서 촉진자는 팀원들이 도전행동에 대한 자신의 반응을 돌아보고, 다이애나 행동의 주된 기능이 성인의 관심을 획득하기 위함인지 아니면 아주 잠시만이라도 어떤 활동에서 빠져나가기 위함인지를 판별하도록 팀을 안내해야 한다. 명료화를 위한 촉진자의 질문 예시는 다음과 같다.

- 다이애나가 타임아웃 중일 때 성인/교사의 관심을 받게 되는 예로는 어떤 것이 있나요?
- 다이애나가 타임아웃되는 시간은 보통 어느 정도 되나요?
- 성인은 타임아웃 전에 구두로 재지시를 하거나 야단을 치나요?
- 탠트럼 때문에 활동이 지연되는 예로는 어떤 것이 있나요?

촉진자가 직접 행동을 관찰하면, 팀에게 좀 더 통찰력 있는 질문을 할 수 있게 되어 행동의 기능을 보다 정확하게 파악할 수 있다(〈표 4-5〉 참조).

강화 영역을 작성하면서 파악된 또 다른 정보는 다이애나의 행동이 관심을 끌기 위한 목적도 있다는 점이다. 이는 다이애나가 칭찬을 받고 싶어 하는 사람을 묻는 질문(〈표 4-5〉의 질문 2 참조)과 강화제 선택에 대한 질문(질문 5)을 통해 확인할 수 있다. 결국 교사는 다이애나가 적절한 행동보다 도전행동을 통해 타인의 반응을 더 많이 받아 왔음을 깨닫게 되었다(질문 3, 4). **강화** 영역에 대한 팀의 응답은 다이애나의 행동이 관심 끌기뿐 아니라 활동의 지연이나 회피를 위한 것이었음을 보여 준다.

PTR 기능평가 체크리스트 작성하기

도전행동을 보이는 학생과 직접적으로 상호작용을 했던 팀원들은 목표로 정한 도전행동 각각에 대해 PTR 기능평가 체크리스트(〈표 4-1〉 참조)의 세 영역(**예방 · 교수 · 강화**)을 작성한다. 이들은 도전행동이 가장 많이 발생하는 시간이나 활동 중에 학생을 관찰해 본 적이 있는 사람이어야 한다. 팀이 둘 이상의 도전행동을 PTR 기능평가의 목표로 정했다면, 각 행동별로 PTR 기능평가 체크리스트를 작성해야 한다.

촉진자는 체크리스트를 작성하는 팀원들에게 기능평가의 대상이 아닌 다른 도전행동에 집중하지 말고, 사전에 합의한 도전행동의 구체적 정의에 유념하면서 작성하라고 안내해야 한다. 또한 촉진자는 각 질문을 읽고 해당되는 모든 답에 표시하고 필요한 경우 구체적인 세부 사항을 적으라고 요청해야 한다. 체크리스트에 적힌 응답이 구체적이고 상세하며 포괄적일수록 팀은 더 정확한 가설을 세울 수 있다. 세 가지 체크리스트는 **예방 · 교수 · 강화**의 순서로 작성해야 한다.

표 4-5　PTR 기능평가 체크리스트: 강화 영역 작성 예시

PTR 기능평가 체크리스트: 강화 영역

학생명: ____다이애나____　　응답자명: ____존스____　　도전행동: ____탠트럼____

---

1. 학생의 도전행동에 뒤따르는 반응(후속결과)은 무엇인가요? 학생의 도전행동 직후에 성인이나 또래가 보일 가능성이 가장 높은 3~5가지 반응에 표시해 주세요.

✕ 타임아웃 장소로 보내기	✕ 행동전문가/상담가에게	____ 규칙 언급
____ 의자 타임아웃	보내기	____ 신체적 촉진
____ 고개 숙이기	____ 지원 제공	____ 또래 반응
____ 훈육실로 보내기	____ 구어로 재지시	____ 신체적 제지
____ 귀가 조치	✕ 활동 지연	____ 강화제 제거
____ 진정시키기/달래기	____ 활동 변경	____ 자연적 후속결과(구체적
____ 혼자 있게 하기	____ 활동 중단	으로) ____
	____ 말로 꾸중하기	

기타:

---

2. 학생이 교사 및 다른 교직원에게 칭찬받기를 좋아하나요? 그렇다면, 누구에게 칭찬받고 싶어하나요?

　✕　예 누구인지 써 주세요. ____존스(담임교사), 디아즈(행동전문가)____
　____　아니요

---

3. 학생이 적절한 행동(예: 과제참여행동, 협동, 성공적 수행)을 할 때, 교사나 다른 교직원이 인정이나 칭찬을 하는 정도는 어떠한가요?

____ 늘 칭찬함　　　✕ 때때로 칭찬함　　　____ 아주 가끔 칭찬함　　　____ 거의 칭찬하지 않음

---

4. 학생이 도전행동을 할 때, 교사나 다른 교직원이 반응(예: 꾸중, 오류 수정)하는 정도는 어떠한가요?

✕ 늘 반응함　　　____ 때때로 반응함　　　____ 아주 가끔 반응함　　　____ 거의 반응하지 않음

---

5. 학생이 가장 좋아하는 학교 관련 사물이나 활동은 무엇인가요? 특별한 보상이 될 수 있는 사물이나 활동은 무엇인가요?

✕ 성인과의 사회적 상호작용	✕ 음악	✕ 미술활동
✕ 또래와의 사회적 상호작용	____ 퍼즐	✕ 컴퓨터
✕ 게임하기	✕ 야외활동	✕ 태블릿 PC(전자기기)
✕ 교사 보조하기	____ 산책하기	____ 비디오 게임
____ 줄 설 때 제일 앞에 서기	____ 독서	____ TV/비디오 시청
____ 미디어 센터 가기	____ 추가 체육 시간	____ 물건(구체적으로)
____ 감각활동(구체적으로)	____ 추가 자유 시간	
_____		____ 음식(구체적으로)
		_____

기타:

〈계속〉

강화 영역과 관련하여 앞에서 언급하지 않은 추가 의견

 TIP PTR 평가 정보를 패턴으로 정리하면 팀은 도전행동과 관련된 환경 내 사건을 정확하게 판별할 수 있다.

PTR 기능평가 요약표 작성하기

팀이 기능평가 체크리스트를 완성하면 촉진자는 PTR 기능평가 요약표(〈표 4-2〉 참조)를 사용하여 팀의 응답을 종합한다. 이 표는 팀이 가장 효과적인 중재를 선택하게 해 줄 최종 가설(들)을 개발하게 해 준다. 촉진자는 행동 패턴 판별에 도움이 되는 방식으로 평가 정보를 요약하고 정리해야 한다. 이렇게 하면, 팀은 바람직하고 친사회적 행동을 하게 하는 상황과 도전행동을 유발하고 유지시키는 사건 혹은 상황을 좀 더 잘 인식할 수 있다.

PTR 기능평가 요약표는 PTR 기능평가 체크리스트의 세 영역(**예방** 자료, **교수** 자료, **강화** 자료)에 해당하는 3개의 열로 나뉘어 있다. **예방** 자료 칸에는 주로 도전행동과 친사회적 행동의 발생을 예측하게 해 주는 선행사건이나 유발자극을 적는데, 이러한 선행사건이나 유발자극은 행동 발생 직전에 일어날 수도 있고 행동 발생보다 훨씬 전에 일어날 수도 있다. **교수** 자료 칸에는 주로 도전행동의 기능을 정리하고 학생에게 가르칠 행동기술을 적는다. **강화** 자료 칸에는 도전행동에 가장 자주 뒤따르는 전형적인 반응과 학생에게 강화로 작용하는 후속결과에 대한 정보를 적는다. 촉진자는 단순히 각 답변을 나열하기보다 관찰된 행동 패턴을 바탕으로 팀원들의 응답을 범주화해야 한다. 또한 촉진자는 여러 팀원 또는 대부분의 팀원이 공통적으로 제시한 정보를 강조해야 한다. 예를 들면, 모든 팀원이 난이도가 높고 선호하지 않는 학업활동에 대한 요구가 도전행동을 유발한다고 응답한 경우, 촉진자는 해당 부분의 글씨를 진하게 하거나 형광펜으로 표시한다. 다수의 팀원이 언급한 자료는 도전행동과 관련된 정황과 사건을 정확하게 포착할 가능성이 크다.

PTR 기능평가 체크리스트를 통해 도전행동과 관련된 가장 일반적인 환경 사건은 알수 있지만, 촉진자는 그러한 정보의 대부분을 더 명료화해야 한다. 예를 들면, 모든 팀원이 비선호 학업과제를 하라는 요구가 도전행동의 유발자극이라고 응답했다 하더라도, 비선호 학업과제가 무엇인지(예: 읽기인지 수학인지), 특정 학업과제를 싫어하게 만든 특성이 무엇인지(예: 어려워서인지 쓰기가 포함되어서인지)를 팀이 파악하지 못했다면 촉진자는 팀이 도전행동을 더 잘 이해하고 가설을 세울 수 있도록 구체적인 정보를 추가로 수집해야 한다. 그러므로 촉진자는 PTR 기능평가 요약표에 있는 정보를 종합할 때, 좀 더 명료화해야 할 부분에 강조 표시를 해 두어야 한다. 이것은 팀 회의를 할 때 촉진자가 잊지 않고 세부 사항을 확인하게 해 줄 것이다.

요약표 작성 시 각 영역 내에서도 자료를 범주화하면 행동 패턴 수립에 도움이 된다. 다이애나의 PTR 기능평가 요약표 중 **예방** 자료 칸(〈표 4-6〉 참조)은 도전행동의 발생 가능성이 큰 일과 혹은 활동에 따라 정리되어 있다. 세부 사항의 명료화가 필요한 자료는 밑줄로 표시되어 있다. 예를 들면, 촉진자는 '자습'이 무엇을 의미하는지 질문할 수 있다. 후속 질문의 예는 다음과 같다.

- 자습은 보통 개별 과제인가요, 아니면 집단 활동 중에 하게 되나요?
- 자습 시간에 학생은 어떤 유형의 과제를 하나요?
- 자습을 하면 항상 도전행동이 발생하나요? 아니면 도전행동을 유발할 가능성이 큰 자습의 유형이 따로 있나요?

교수 자료는 팀이 제안한 주요 기능에 따라 정리하면 된다. 마지막으로 **강화** 자료는 팀이 가정한 기능(교수 자료에서 제시한)과 학생의 도전행동에 뒤따르는 후속결과 간의 연관성을 보여 줄 수 있도록 정리한다. 촉진자는 세부 사항을 좀 더 파악해야 하는 부분에 강조 표시를 해 두어야 한다. **교수** 및 **강화** 자료와 관련하여 촉진자가 할 수 있는 질문의 예는 다음과 같다.

- 다이애나가 탠트럼을 보인 후 어떤 식으로 성인의 관심을 받나요?
- 다이애나를 행동전문가에게 보내면 어떤 일이 일어나나요? 행동전문가는 다이애나에게 말을 걸거나 관심을 보이나요?
- 다이애나를 타임아웃 장소로 보내느라 활동이 지연된다고 답하셨는데요, 다이애나의 도전행동이 자습을 회피하게 해 주거나 선호 과제에서 다른 과제로의 전이를 지연시킨다고 생각하시나요?

또한 자료에 따르면, 다이애나는 개별 활동과 집단 활동이 모두 포함된 과학 시간에는 도전행동을 보이지 않는다. 촉진자는 팀원에게 추가의 질문을 하여 과학 시간에 도전행동이 나타나지 않는 이유를 파악할 것이다.

팀이 요약표를 검토하는 회의를 할 때 교사는 강조 표시가 된 부분에 대해 구체적인 정보를 제공하였다. 교사는 다이애나가 도전행동에도 불구하고 읽기와 수학을 잘한다고 말했다(일단 과제를 시작하면 집중하여 과제를 완성함). 그러나 읽기나 수학 시간에 흔히 첫 번째 과제로 요구되는 자습이나 개별 활동은 싫어한다고 하였다. 교사는 또한 다이애나가 집단 활동과 개별 활동이 모두 포함된 과학 수업을 좋아한다고 말했다. 팀은 다이애나의 탠트럼 행동 패턴(특히 미술과 음악 수업 시간이 끝난 직후 탠트럼 행동이 발생하는 것)을 심도 있게 논의했다. 교사는 팀에게 하루 일과가 미술, 읽기, 음악, 수학, 과학 수업의 순으로 진행됨을 알렸다. 이에 따라 두 가지 특정 전이(미술, 음악과 같은 선호 활동에서 비선호 활동인 개별 자습이 포함된 읽기, 수학 시간으로의 전이)가 탠트럼을 유발한다는 패턴이 점차 명확해졌다(〈그림 4-1〉 참조).

다음으로, 팀은 행동의 기능을 확인하였다. 팀은 선행사건 및 도전행동 발생의 패턴뿐만 아니라 다이애나의 탠트럼에 뒤따르는 전형적인 반응을 검토한 후, 다이애나의 도전행동이 선호 활동에서 비선호 활동으로의 전이를 지연시키는 데 효과적이었다고 판단하였다. 그들은 이것이 주요 기능이라는 데 동의했다. 그러나 교사와 행동전문가는 다이애나의 탠트럼 행동에 따른 주변 반응의 또 다른 부분(도전행동을 하여 행동전문가에게 보내졌을 때, 비선호 활동을 지연시켰을 뿐만 아니라 행동전문가의 관심도 받음)을 논의했다. 따라서 관심은 탠트럼 행동의 두 번째 목적이자 기능으로 볼 수 있다. 즉, 다이애나의 탠트럼 행동은 주로 선호 과목에서 비선호 과목으로의 전이(특히 미술, 음악에서 읽기, 수학으로 전이)를 지연시키는 역할을 하지만 타인의 관심을 받는 결과도 함께 초래한다.

팀이 PTR 기능평가 요약표를 검토할 때, 행동에 영향을 미치는 내적 요인이나 성격특성에 대한 의견보다는 관찰 가능한 상황과 사실에 초점을 맞추는 것이 중요하다. 예를 들면, 한 팀원이 "다이애나는 오로지 날 화나게 하려고 연필을 던져요."라고 말했다면, 이 말에만 의존하기보다는 이 말을 뒷받침할 수 있는 직접적으로 관찰된 사항을 확인하는 것이 중요하다. 그 팀원이 계속해서 "문제는 다이애나예요. 그 애는 주변 사람괴롭히는 걸 즐거요."라고 말한다면, 그 팀원은 관찰 가능한 상황이 아니라 검증할 수없는 내적 요인으로 다이애나의 행동을 설명하는 셈이다. 반대로 그 팀원이 "다이애나가 수업 중 연필을 던질 때는 교사가 자기를 보고 있는지 먼저 살핀답니다."라고 말했다면, 그 팀원은 개인적 의견이 아니라 관찰 가능한 상황을 제시한 것이다. 그렇게 하면 도전행동이 환경적 사건과 어떤 관련이 있는지 보다 정확하게 이해할 수 있다.

표 4-6 다이애나의 PTR 기능평가 요약표 작성 예시

PTR 기능평가 요약표

학생명: _____ 학교: _____ 날짜: _____

행동	선행사건 (예방 자료)	기능 (교수 자료)	후속결과 (강화 자료)
탠트럼 (소리 지르기, 비명소리 내기, 물건 던지기, 때리기)	일과/활동 • 읽기, 수학 • 개별 활동 　– 자습 • 집단 활동 • 선호 활동으로부터의 전이 　– 휴식, 미술, 음악 시간 종료 • "안 돼."라는 말을 들음 주의: 학생은 요구된 학업과제를 수행할 기술을 가지고 있음	• (성인의) 관심을 얻음	• 행동전문가에게 보내짐 • 타임아웃 • 활동의 지연

〈계속〉

친사회적
행동
	• 과학
	  – 개별 활동
	  – 집단 활동
	• 휴식, 미술, 음악 시간
	• 컴퓨터를 하고 있을 때
		• 의사소통
		  – 관심 끌기
		  – 원하는 것 요청하기
		• 감정 표현하기
			• 행동전문가와 즐거운 시간
			  을 보냄
			• 컴퓨터
			• 휴식, 미술, 음악 시간

그림 4-1 **PTR 기능평가 요약표에서 도출된 패턴**(선호하는 미술·음악 수업에서 선호하지 않는 개별 자습이 있는 읽기·수학 수업으로의 전이가 도전행동을 유발할 가능성이 가장 높음을 보여 줌)

TIP   행동의 기능은 반드시 관찰 가능한 사실을 기반으로 판별해야 한다. 팀원이 학생의 행동을 내적 요인이나 성격으로 설명한다면, 왜 그렇게 생각하는지 물어보아야 한다.

가설 개발하기

PTR 기능평가 요약표가 완성되고 나면, 촉진자는 가설에 대한 팀의 합의를 이끌어 내게 된다. 가설이란 PTR 기능평가 요약표에서 수집된 정보를 이용하여 행동 발생 조건과 행동의 기능을 서술한 문장을 말한다. 가설문장은 기능평가의 궁극적 목표이며, 팀이 가설의 각 요소를 직접적으로 다루는 중재를 고안하여 PTR 중재계획을 수립하게 해 준다.

연구에 따르면, 행동에는 획득과 회피(O'Neill, Hawken, & Bundock, 2015)라는 두 가지 기본적인 기능이 있으며, 이 두 가지는 다시 다음과 같이 세분화될 수 있다.

- **획득**: 사람들(성인, 또래)의 관심 얻기, 선호 대상이나 물건 얻기, 원하는 활동에 접근하기
- **회피**: 선호하지 않는 사람(성인, 또래) 회피하기, 원하지 않는 활동·과제·상황 (예: 너무 시끄럽거나 혼잡한 상황, 참기 힘든 냄새, 온도, 조명이 있는 상황)을 회피하거나 지연시키기, 구체물 회피하기, 원하지 않는 사회적 상황을 회피하거나 지연시키기

효과적인 가설문장은 다음 세 가지 영역의 정보를 포함해야 한다.

1. 도전행동이 발생하기 직전에 일어난 선행사건 혹은 배경사건(예: 도전행동이 발생한 시간)
2. 목표 설정 과정에서 정의했던 학생의 구체적 도전행동(예: 학생은 소리를 지르고 친구를 때리며 물건을 던진다.)
3. 도전행동에 뒤따르는 일반적인 반응이나 후속결과(예: 타임아웃, 수업에서 배제됨)를 기반으로 판별된 행동의 기능 또는 목적(예: 선호 활동에서 비선호 활동으로의 전이를 회피하거나 지연시킴)

팀은 PTR 기능평가 요약표에서 얻은 정보를 기반으로 다이애나에 대해 다음과 같은 가설문장을 개발했다.

> 다이애나는 미술이나 음악과 같은 선호 활동에서 읽기나 수학 시간의 개별 활동과 같은 비선호 활동으로 전이해야 할 때, 소리를 지르거나 비명소리를 내거나 물건을 던지거나 때린다(즉, 탠트럼). 그러한 행동의 결과로 다이애나는, ① 선호하지 않는 개별 활동을 지연시키거나 회피하며(다이애나는 타임아웃되거나 행동전문가에게 보내짐), ② 성인의 관심을 받게 된다(행동전문가가 다이애나와 대화를 시작함).

가설 개발에 필요한 모든 정보는 PTR 기능평가 요약표에 포함된 자료에서 나온다. 가설을 개발할 때 PTR 기능평가 요약표의 **예방** 영역(배경사건 및 선행사건) 정보는 가설문장의 '조건'에 해당되며, 팀이 도전행동의 예방을 위해 수정할 환경적 사건을 판별하

게 해 준다. 가설문장의 두 번째 영역인 '행동' 부분에는 기능평가를 통해 살펴본 도전행동(들)의 조작적 정의를 적는다. 가설문장의 마지막 영역인 '행동의 결과' 부분에는 기능평가 요약표의 교수 영역 정보와 추정된 기능을 확인하는 강화 영역 정보를 적는다. 이러한 자료는 팀이 도전행동의 기능을 파악하고 학생에게 지도할 동일 기능 교체행동을 판별하게 해 준다. 또한 이 자료는 팀이 도전행동에 대응할 다양한 전략을 개발하도록 도와 그 도전행동이 더 이상 효율적이거나 효과적으로 기능을 성취하지 못하게 만든다.

팀이 행동의 기능에 대한 가설을 결정하거나 합의하는 데 어려움이 있다면 다음과 같은 질문을 해 볼 수 있다.

- (가설에 포함된) 그 선행사건이 존재할 경우 항상 혹은 거의 대부분 도전행동이 발생하나요?
- 학생이 즉각적으로 도전행동을 하게 만드는 특정 상황이나 환경이 있나요?(도전행동을 유발하는 선행사건이 많을 때 해야 하는 질문임)
- 학생의 기초선 자료가 큰 변동성(즉, 도전행동이 발생하지 않은 날과 심하게 발생한 날이 교대로 나타남)을 보이나요? (만약 그렇다면, 도전행동이 심했던 날에만 존재하는 배경사건을 파악하기 위해 팀은 배경사건 관련 질문을 검토해야 함)
- 학생은 도전행동을 통해 이전에 접근할 수 없었던 무언가에 접근하게 되나요?
- 더 필요한 정보가 있나요? 그렇다면 그 정보를 얻기 위한 가장 좋은 방법은 무엇인가요?
- 교실 관찰이 더 필요한가요? 그렇다면 도전행동의 발생과 비발생을 고려할 때 가장 좋은 관찰시간은 언제인가요?
- 아직 부모 또는 주 양육자와 간단한 면담을 하기 전이라면, 면담을 하는 것이 적절한 정보를 얻는 데 도움이 될까요?
- 학생을 면담하면 가설 확인에 도움이 될 추가 정보를 얻을 수 있을까요?

팀은 도전행동에 대한 가설뿐 아니라 중재 목표가 될 교체행동이나 대안행동에 대한 가설도 개발해야 한다. 교체행동(들)이나 대안행동(들)은 학생에게서 증가되어야 하고 IBRST를 이용하여 점검되어야 한다고 이전 단계에서 판별된 행동이다. 적절한 행동에 대한 가설의 개발은 도전행동의 기능을 바탕으로 교체행동을 증가시킬 효과적인 중재 전략을 고안하게 해 준다. 특히 교체행동이 도전행동과 동일한 기능을 갖게 하여 학생이 교체행동을 하게 만드는 것이 중요하다. 〈표 4-7〉은 다이애나의 도전행동 및 적절한 행동에 대한 가설문장을 보여 준다.

표 4-7 다이애나의 도전행동 및 적절한 행동(교체행동)에 대한 가설문장

	조건	행동	행동의 결과
도전 행동	선호 활동(미술 또는 음악)에서 비선호 활동(읽기와 수학 시간의 개별 활동)으로 전이해야 할 때	소리를 지르거나, 비명소리를 내거나, 물건을 던지거나 혹은 누군가를 때린다(탠트럼).	개별 활동을 지연시키고(타임아웃되거나 행동전문가에게 보내지므로), 성인의 관심을 받게 된다.
교체 행동	선호 활동(미술 또는 음악)에서 비선호 활동(읽기와 수학 시간의 개별 활동)으로 전이해야 할 때	휴식을 요청한다. 선호 활동에서 비선호 활동으로 적절하게 전이한다.	개별 활동을 지연시키고, 성인의 관심을 받게 된다.

적절한 행동에 대한 가설은 팀이 다이애나가 더 많이 하기를 바라는 두 가지의 행동을 보여 준다. 다이애나는 전이 시간에 탠트럼을 보이는 대신, 조금 있다가 전이하거나 잠깐 쉬었다가 전이하겠다고 요청할 수 있다. 이를 통해 다이애나는 도전행동을 했을 때와 동일한 결과(개별 활동을 지연시키고, 성인의 관심을 받음)를 얻지만, 이제 도전행동이 아닌 교체행동을 해야만 그 결과를 얻을 수 있다. 이런 유형의 교체행동을 '동일 기능 교체행동'이라고 부르며, 이는 일반적으로 학생이 이전에 도전행동을 통해 달성했던 기능을 효율적이고 효과적으로 달성하게 해 주는 의사소통 행동이다. 휴식을 요청하면 다이애나는 도전행동과 동일한 결과(선호 활동에서 비선호 활동으로의 전이를 지연시키는 것)를 얻을 수 있다.

또한 팀은 교사가 바라고, 교실의 다른 학생들은 이미 수행할 수 있으며, 미래의 학업 성공에 필수적인 대안행동을 판별하고 싶을 것이다. 예를 들면, 다이애나의 팀은 다이애나가 선호 활동에서 비선호 활동으로 적절하게 전이하기를 바란다. 다른 학생들은 이를 성공적으로 수행하고 있으며, 이러한 전이행동은 학생이 잘 수행해야 하는 사회적으로 타당한 행동이다. 팀이 동일 기능 교체행동에 더하여 혹은 동일 기능 교체

행동 대신 가르칠 대안행동을 결정하면, 촉진자는 학생이 이 행동을 통해 도전행동의 기능과 동일한 결과를 얻게 할 방법에 대해 팀원들이 논의하게 한다. 이 점은 행동중재계획의 궁극적 성공에 매우 중요하다. 학생이 동일 기능 교체행동이나 바람직한 대안행동을 했는데도 도전행동으로 성취했던 기능을 효율적이고 효과적으로(최소한 도전행동보다는 효과적이고 효율적으로) 성취하지 못한다면, 학생은 기능의 성취에 더 효과적이고 효율적인 도전행동을 계속할 것이다.

요약 ┃ 3단계: PTR 기능평가

PTR 기능평가가 완성되면 팀은 도전행동이 발생할 가능성을 높이는 환경적 사건을 판별할 수 있다. 정보를 패턴에 따라 구조화하고 도전행동과 관련된 환경적 사건을 정확하게 반영하는 가설을 개발함으로써 팀은 다음을 예측할 수 있다.

- 도전행동이 발생할 가능성이 큰 시기
- 도전행동이 발생하는 이유(즉, 도전행동의 기능이나 결과)
- 도전행동을 감소시키고 바람직한 행동을 증가시키는 데 가장 효과적인 중재 전략

가설은 '기능평가'와 '효과적인 PTR 중재 개발' 간의 필수적인 연결 고리다(제5장 참조). 〈표 4-8〉은 PTR 기능평가 요약표와 다이애나의 탠트럼 행동에 대해 팀이 합의한 가설문장을 보여 준다.

표 4-8 다이애나의 PTR 기능평가 요약표와 가설문장 작성 예시

PTR 기능평가 요약표

행동	선행사건 (예방 자료)	기능 (교수 자료)	후속결과 (강화 자료)
도전행동: 탠트럼 (소리 지르기, 비명소리 내기, 물건 던지기, 때리기)	• 읽기, 수학 　- 개별 활동 　- 집단 활동 • 자습 • 선호 활동으로부터의 전이 　- 휴식, 미술, 음악 시간 종 　료 • "안 돼."라는 말을 들음	• 선호 활동에서 비선호 활동 으로의 전이를 지연시키기 • (성인의) 관심 얻기	• 타임아웃됨 • 행동전문가에게 보내짐
교체행동: 친사회적 행동	• 과학 　- 개별 활동 　- 집단 활동 • 휴식, 미술, 음악 시간 • 컴퓨터를 하고 있을 때	• 의사소통 　- 휴식 혹은 지연 요청 하기 　- 관심 끌기 　- 원하는 것 요청하기 • 선호 활동에서 비선호 활동 으로의 전이	• 행동전문가와 즐거운 시간 을 보냄 • 컴퓨터 • 휴식, 미술, 음악 시간

가능한 가설			
	조건	행동	행동의 결과
도전행동:	선호 활동(예: 미술, 음악)에 서 비선호 활동(예: 읽기, 수 학 시간의 개별 활동)으로 전 이해야 할 때	소리를 지르거나, 비명소리를 내거나, 물건을 던지거나 혹 은 누군가를 때린다(탠트럼).	① 타임아웃되거나 행동전문 가에게 보내졌을 때 개별 활 동을 지연시키거나 회피하게 되고, ② 행동전문가의 관심 을 얻는다.
교체행동:	선호 활동(예: 미술, 음악)에 서 비선호 활동(예: 읽기, 수 학 시간의 개별 활동)으로 전 이해야 할 때	휴식을 요청한다. 선호 활동에서 비선호 활동으 로 적절하게 전이한다.	① 개별 과제를 지연시키거 나 회피하게 되고, ② 행동 전문가의 관심을 얻는다.

3단계에서 촉진자의 역할

　　이 단계에서 촉진자는 행동 원칙을 바탕으로 팀이 도전행동 전과 후에 발생하는 환경적 사건의 주요 유형을 판별하고 확인하여 타당한 가설을 개발하는 과정을 안내한다. PTR 기능평가는 구조화된 기능평가 면담에서 사용되는 가장 일반적인 질문을 바탕으로 개발되었지만, 촉진자는 최종 가설을 개발하기 전에 팀원들의 응답에 대해 더 많은 정보를 수집하고, 이를 확인해야 한다. PTR 기능평가 **예방** 영역에서 주요 예측변수를 판별하지만, 각 팀원이 체크한 정보는 선행사건이 도전행동을 유발하는 이유에 대한 충분한 세부정보를 제공하지 못할 수 있다. 촉진자는 팀에게 학생이 요구된 활동을 할 수 있는지의 여부를 포함하여 예측변수에 관한 많은 질문을 해야 한다. PTR 기능평가의 **교수** 영역 자료를 다룰 때, 촉진자는 도전행동을 유지시키는 기능이라고 팀원들이 생각해 온 것과 도전행동에 뒤따르는 반응이라고 팀이 선택한 것(**강화** 영역에 표시한 것)이 일치하는지 확인할 것이다. 일치하지 않는 자료가 있을 경우(예: 팀이 또래의 관심을 기능으로 선택했지만 **강화** 영역에서 또래의 관심이 도전행동에 뒤따른다고 표시되지 않은 경우), 촉진자는 확인을 위해 질문을 하고 최종 가설에 대한 합의를 도출한다. 이 단계가 완료되면, 이제 팀은 가설문장과 연관된 중재를 선택하고 PTR 행동중재계획을 개발할 준비가 된 셈이다.

PTR 기능평가 체크리스트

지시 사항:

1. PTR 기능평가는 세 영역(예방 · 교수 · 강화)으로 구성되어 있습니다.
2. IBRST에서 목표로 한 도전행동 각각에 대해 하나의 PTR 기능평가 체크리스트를 작성하세요. 예를 들어, 다른 사람 때리기와 소리 지르기가 IBRST에 기재되었다면 두 개의 PTR 기능평가 체크리스트를 작성합니다.
3. IBRST에서 목표로 한 친사회적/바람직한 행동에 대해서는 작성하지 않습니다.
4. 도전행동에 대해서만 응답하도록 서식 상단에 도전행동을 쓰세요.
5. 각 질문의 답에 해당하는 모든 칸에 체크표시(✔)를 하거나 도전행동과 관련된 사건을 구체적으로 쓰세요.

PTR 기능평가 체크리스트: 예방 영역

학생명: _____   응답자명: _____   도전행동: _____

1a. 학교생활 중 도전행동이 가장 많이 발생하는 시간이 있습니까? 있다면, 언제입니까?

_____ 오전 　　　 _____ 급식 전 　　　 _____ 등교 시
_____ 오후 　　　 _____ 급식 시간 　　 _____ 하교 시
　　　　　　　　　 _____ 급식 후

기타:

1b. 학교생활 중 도전행동이 가장 적게 발생하는 시간이 있습니까? 있다면, 언제입니까?

_____ 오전 　　　 _____ 급식 전 　　　 _____ 등교 시
_____ 오후 　　　 _____ 급식 시간 　　 _____ 하교 시
　　　　　　　　　 _____ 급식 후

기타:

2a. 도전행동이 가장 많이 발생하는 특정 활동/일과가 있습니까? 있다면, 무엇입니까?

_____ 읽기/언어 　　 _____ 컴퓨터 　　　 _____ 특별활동
_____ 독립 과제 　　 _____ 태블릿 PC 　　 (구체적으로) _____
_____ 1:1 활동 　　 _____ 또래/협력 활동 _____ 과학
_____ 자유 시간 　　 _____ 수학 　　　　 _____ 통학 버스
_____ 학습지, 자습 　 _____ 대집단 활동 　 _____ 점심 시간
_____ 쓰기 　　　　 _____ 쉬는 시간 　　 _____ 토론/질의응답 시간
_____ 소집단 활동 　 _____ 센터 활동 　　 _____ 전이 시간(구체적으로)

기타:

〈계속〉

2b. 도전행동이 가장 적게 발생하는 특정 활동/일과가 있습니까? 있다면, 무엇입니까?

_____ 읽기/언어	_____ 컴퓨터	_____ 특별활동
_____ 독립 과제	_____ 태블릿 PC	(구체적으로)_____
_____ 1:1 활동	_____ 또래/협력 활동	_____ 과학
_____ 자유 시간	_____ 수학	_____ 통학 버스
_____ 학습지, 자습	_____ 대집단 활동	_____ 점심 시간
_____ 쓰기	_____ 쉬는 시간	_____ 토론/질의응답 시간
_____ 소집단 활동	_____ 센터 활동	_____ 전이 시간(구체적으로)

기타:

3a. 가까이 있을 때 도전행동의 발생 가능성이 높은 특정 또래 혹은 성인이 있습니까? 있다면, 누구입니까?

_____ 또래(들)	(구체적으로)_____	_____ 버스 운전기사
_____ 교사(들)	(구체적으로)_____	_____ 부모
_____ 보조원(들)	(구체적으로)_____	_____ 다른 가족 구성원
_____ 다른 교직원	(구체적으로)_____	(구체적으로)_____

기타:

3b. 가까이 있을 때 도전행동의 발생 가능성이 낮은 특정 또래 혹은 성인이 있습니까? 있다면, 누구입니까?

_____ 또래(들)	(구체적으로)_____	_____ 버스 운전기사
_____ 교사(들)	(구체적으로)_____	_____ 부모
_____ 보조원(들)	(구체적으로)_____	_____ 다른 가족 구성원
_____ 다른 교직원	(구체적으로)_____	(구체적으로)_____

기타:

4. 도전행동의 발생 가능성을 높이는 특정 상황이 있습니까? 도전행동을 유발할 가능성이 가장 높은 3~5가지 상황에 표시해 주세요.

_____ 과제 시작 요구	_____ 너무 어려운 과제	_____ 선호하는 물건의 제거
_____ 잘못된 수행을 지적받을 때	_____ 너무 오래 걸리는 과제	_____ 비선호 활동의 시작
_____ 꾸중 혹은 처벌	_____ 지루한 과제	_____ 혼자 있을 때
_____ "안 돼."라는 말을 들었을 때	_____ 과제의 반복(매일 동일한 과제)	_____ 구조화되지 않은 시간
_____ 특정 또래 옆에 앉을 때		_____ 휴식 시간(주어진 과제 없음)
_____ 또래의 놀림 혹은 지적	_____ 새로운 과제	_____ 교사가 다른 학생을 돌볼 때
_____ 일정의 변화	_____ 전이 시간	
	_____ 선호 활동의 종료	

기타:
(도전행동이 학업시간/학업수행 시 가장 자주 발생할 경우) 학생은 요구된 과제를 수행할 수 있는 기술을 가지고 있습니까? ☐ 예 ☐ 아니요

〈계속〉

5. 도전행동이 거의 발생하지 않는 특정 상황이 있습니까?

6. 도전행동의 발생 가능성을 높이는 물리적 환경 조건이 있습니까? (예: 너무 춥거나 더운 환경, 너무 복잡하거나 시끄럽거나 혼란스러운 환경, 기후 조건 등)

_____ 예(구체적으로) _____   _____ 아니요

7. 날마다 발생하지는 않지만 발생하는 날에는 도전행동의 발생 가능성을 높이는 학교 이외의 상황이 있습니까?

_____ 질병   _____ 배고픔   _____ 일정의 변화
_____ 알레르기   _____ 파티나 행사   _____ 부모의 부재
_____ 신체적 증상   _____ 식단 변화   _____ 가정 내 갈등
_____ 호르몬 또는 생리 주기 _____ 마약/알코올 중독   _____ 수면 부족
_____ 약을 복용하지 않음   _____ 통학 버스에서의 갈등 _____ 함께 살지 않는 부모와
_____ 약이 바뀜   _____ 피로   시간을 보냄

_____ 도전행동의 발생에 영향을 미치는 학교 이외의 상황은 없음

기타:

예방 영역과 관련하여 앞에서 언급하지 않은 추가 의견

〈계속〉

PTR 기능평가 체크리스트: 교수 영역

학생명: _____ 응답자명: _____ 도전행동: _____

---

1. 이 도전행동이 또래의 관심을 얻기 위해 나타나는 것으로 보이나요?

_____ 예 특정 또래를 써 주세요. _____ _____ 아니요

2. 이 도전행동이 성인의 관심을 얻기 위해 나타나는 것으로 보이나요? 그렇다면, 학생이 관심을 얻으려 애쓰는 특정 성인이 있습니까?

_____ 예 특정 성인을 써 주세요. _____ _____ 아니요

3. 이 도전행동이 또래 또는 성인에게서 사물이나 선호 활동(예: 게임, 전자제품, 학습자료, 음식)을 얻기 위해 나타나는 것으로 보이나요?

_____ 예 특정 사물을 써 주세요. _____ _____ 아니요

4. 이 도전행동이 선호 활동에서 비선호 활동으로의 전이를 회피하거나 지연시키기 위해 나타나는 것으로 보이나요?

_____ 예 특정 전이 상황을 써 주세요. _____ _____ 아니요

5. 이 도전행동이 비선호(예: 어려운, 지루한, 반복적인) 과제나 활동을 회피하거나 지연시키기 위해 나타나는 것으로 보이나요?

_____ 예 비선호 과제나 활동을 구체적으로 써 주세요. _____ _____ 아니요

_____

6. 이 도전행동이 비선호 또래 또는 성인을 회피하기 위해 나타나는 것으로 보이나요?

_____ 예 특정 또래나 성인을 써 주세요. _____ _____ 아니요

7. 학업목표 달성을 위해 학생에게 가르칠 수 있는 행동은 무엇인가요? 학생의 학업참여행동과 학업목표 달성에 도움이 되는 3~5가지 행동을 선택하세요.

_____ 학업참여	_____ 과제 완수	_____ 생산적으로 과제하기(과제를 완수하고 제출하기)
_____ 사회적 참여(예: 또래 및 성인과의 협력, 적절한 상호작용)	_____ 조직화 전략	_____ 시간 관리
	_____ 효과적인 의사소통	_____ 정기적으로 등교하기
_____ 꾸준한 학습태도	_____ 자기 관리(예: 감정 조절, 규칙 준수, 스트레스 관리)	_____ 도움/관심 요청하기
		_____ 휴식 요청하기

교수 영역과 관련하여 앞에서 언급하지 않은 추가 의견

〈계속〉

PTR 기능평가 체크리스트: 강화 영역

학생명: _____ 응답자명: _____ 도전행동: _____

1. 학생의 도전행동에 뒤따르는 반응(후속결과)은 무엇인가요? 학생의 도전행동 직후에 성인이나 또래가 보일 가능성이 가장 높은 3~5가지 반응에 표시해 주세요.

_____ 타임아웃 장소로 보내기	_____ 행동전문가/상담가에게 보내기	_____ 규칙 언급
_____ 의자 타임아웃		_____ 신체적 촉진
_____ 고개 숙이기	_____ 지원 제공	_____ 또래 반응
_____ 훈육실로 보내기	_____ 구어로 재지시	_____ 신체적 제지
_____ 귀가 조치	_____ 활동 지연	_____ 강화제 제거
_____ 진정시키기/달래기	_____ 활동 변경	_____ 자연적 후속결과(구체적
_____ 혼자 있게 하기	_____ 활동 중단	으로) _____
	_____ 말로 꾸중하기	

기타:

2. 학생이 교사 및 다른 교직원에게 칭찬받기를 좋아하나요? 그렇다면, 누구에게 칭찬받고 싶어하나요?

_____ 예   누구인지 써 주세요. _____

_____ 아니요

3. 학생이 적절한 행동(예: 과제참여행동, 협동, 성공적 수행)할 때, 교사나 다른 교직원이 인정이나 칭찬을 하는 정도는 어떠한가요?

_____ 늘 칭찬함   _____ 때때로 칭찬함   _____ 아주 가끔 칭찬함   _____ 거의 칭찬하지 않음

4. 학생이 도전행동을 할 때, 교사나 다른 교직원이 반응(예: 꾸중, 오류 수정)하는 정도는 어떠한가요?

_____ 늘 반응함   _____ 때때로 반응함   _____ 아주 가끔 반응함   _____ 거의 반응하지 않음

5. 학생이 가장 좋아하는 학교 관련 사물이나 활동은 무엇인가요? 특별한 보상이 될 수 있는 사물이나 활동은 무엇인가요?

_____ 성인과의 사회적 상호작용	_____ 음악	_____ 미술활동
_____ 또래와의 사회적 상호작용	_____ 퍼즐	_____ 컴퓨터
_____ 게임하기	_____ 야외활동	_____ 태블릿(전자기기)
_____ 교사 보조하기	_____ 산책하기	_____ 비디오 게임
_____ 줄 설 때 제일 앞에 서기	_____ 독서	_____ TV/비디오 시청
_____ 미디어 센터 가기	_____ 추가 체육 시간	_____ 물건(구체적으로)
_____ 감각활동(구체적으로)	_____ 추가 자유 시간	
_____		_____ 음식(구체적으로)
		_____

기타:

〈계속〉

강화 영역과 관련하여 앞에서 언급하지 않은 추가 의견

이 서식은 학지사 홈페이지(hakjisa.co.kr)의 『학교에서의 예방・교수・강화 모델』 도서 상세정보에서 내려받을 수 있다.

서식 4-2

PTR 기능평가 요약표

학생명: _____　　　학교명: _____　　　날짜: _____

행동	선행사건 (예방 자료)	기능 (교수 자료)	후속결과 (강화 자료)
도전행동:			
교체행동:			

가능한 가설			
	조건	행동	행동의 결과
도전행동:			
교체행동:			

이 서식은 학지사 홈페이지(hakjisa.co.kr)의 『학교에서의 예방·교수·강화 모델』 도서 상세정보에서 내려받을 수 있다.

제5장

PTR 행동중재계획

- 개별화된 중재와 PTR 행동중재계획

- PTR 중재 목록을 활용하여 중재 선택하기

- 행동중재계획 개발하기

- 실행, 훈련, 코칭 그리고 지속적인 지원 준비하기

- 충실도 점검하기

- 요약

PTR 기능평가와 가설 개발을 마치고 나면 PTR 모델의 다음 단계인 개별화된 행동중재계획(Behavior Intervention Plan)을 개발하게 된다. 중재계획에는 최소 세 가지 요소가 포함된다.

- **예방** 중재
- **교수** 중재
- **강화** 중재

이 세 영역에서 선택된 각 전략은 기능평가를 통해 팀이 개발한 가설과 논리적으로 연결되어야 하고, 학생이 있는 교실에서 성인이 실행할 수 있어야 한다.

이 장에서는 팀이 중재를 선택하여 행동중재계획을 개발하고 계획의 실행을 준비하도록 촉진하는 과정을 살펴볼 것이다. PTR 중재의 주요 구성요소는 촉진자가 선택된 중재를 과제분석하는 과정을 통해 구체화된다. 팀이 전략을 선택하고 개발하는 과정을 안내하려면 촉진자가 먼저 그 중재를 잘 알고 있어야 한다.

이 단계에서 사용되는 PTR 서식에는 PTR 중재 목록, PTR 중재 순위표, PTR 행동중재계획, PTR 계획 실행평가서(코칭/충실도)가 있다. 각 서식의 작성 예시는 이 장 전체에 제시되어 있으며, 이 책 마지막에 수록된 부록 D와 부록 E에도 제시되어 있다. 각 서식은 〈서식 5-1〉 ~ 〈서식 5-4〉에 제시하였다.

목표

이 장을 읽고 나면,
- PTR 팀은 세 영역(**예방 · 교수 · 강화**)별로 중재를 판별할 수 있다.
- PTR 팀은 각 중재에 대한 과제분석을 할 수 있다.
- PTR 팀은 교사의 중재 실행을 훈련하고 지원하기 위한 계획을 세울 수 있다.
- PTR 팀은 실행충실도 평가 도구를 개발할 수 있다.

개별화된 중재와 PTR 행동중재계획

효과적인 중재계획을 세우기 위해서는 기능평가 과정에서 개발된 가설을 참고해야 한다. 가설의 각 요소는 팀이 학생을 위한 적절한 중재를 선택하는 데 도움을 준다. 팀은 가설에 포함된 도전행동의 기능과 발생 환경을 고려하여 도전행동을 예방하고 적절하고 친사회적인 행동을 교수하는 데 가장 효과적일 것으로 생각되는 전략을 고안한다. 'PTR 중재 목록'은 이러한 팀의 역할을 도와주며, 적절한 전략을 선택하게 해 준다(〈표 5-1〉, 'PTR 중재 목록' 작성 예시 참조). 팀은 PTR 행동중재계획을 위해 **예방** 및 **교수** 중재 각각에서 한 가지 이상을 선택하고, **강화** 중재를 개발해야 한다. **예방·교수·강화** 전략에 대한 설명과 각 전략을 지지하는 문헌은 이 책의 부록 A, B, C에 제시되어 있다. 중재 전략은 다음 세 가지 기준을 충족해야 한다.

1. 중재 전략은 기능평가 결과와 명확하게 연관되어야 한다.
2. 중재 전략이 팀의 지지를 받을 수 있도록 팀원들이 직접 중재 전략을 선택해야 한다.
3. 중재 전략은 연구를 통해 입증된 것이어야 한다.

촉진자와 팀은 전략을 선택하고 중재계획을 개발할 때 선택된 각 전략이 기능평가를 통해 수립된 가설과 잘 연결되는지를 고려해야 한다. 기능평가 정보가 가설에 잘 반영되고 가설이 행동중재계획에 밀접하게 연관될수록, 계획의 실행에 따라 학생의 목표행동이 향상될 가능성이 커진다. 수업 중에 자주 소리를 지르는 타라(Tara)의 PTR 팀을 예로 들어 보자. 타라의 소리 지르는 행동에 대한 가설문장에는 다음과 같은 내용이 포함되어 있다. ① 이 행동은 주로 교사가 다른 학생들에게 주의를 기울이고 있거나, 타라가 쓰기나 색칠하기와 같이 선호하지 않는 개별 과제를 하고 있을 때 발생한다. ② 이 행동의 기능은 또래나 성인의 관심을 획득하고 비선호 활동을 회피하는 것이다. 이 경우, 중재계획에는 행동이 유발되는 조건을 다루는 전략(**예방** 전략), 소리 지르는 행동 대신 사용할 수 있는 교체행동(**교수** 전략), 교체행동을 통해 성인 및 또래의 관심이나 과제 회피 등의 강화를 얻게 할 전략(**강화** 전략)이 포함되어야 한다. 또한 이

표 5-1   PTR 중재 목록: 레이첼 팀의 작성 예시

예방 중재	교수 중재	강화 중재
☒ 선택 기회 제공	* 교체행동 교수 ☒ 동일 기능 교체행동 교수 ☐ 바람직한 대안행동 교수	* 교체행동에 대한 강화 ☒ *동일 기능 교체행동 강화 ☐ 바람직한 대안행동 강화
☐ 전이 지원	☐ 구체적인 학업기술 교수	* ☒ 도전행동에 대한 강화 중단
☐ 환경적 지원 (독립성, 참여, 예측성의 향상)	☐ 문제해결 전략 교수	
☒ 교육과정 수정	☐ 일반적인 대처 전략 교수	
☐ 비유관 관심 제공(긍정적이 고 친절한 말, 긍정적 제스처)	☐ 구체적인 사회성 기술 교수	
☐ 교실 관리(학급 전체)	☐ 학업 참여 증진 전략 교수	
☐ 배경사건 수정	☐ 자기 관리 교수	
☐ 반응 기회 증가	☐ 독립적 반응 교수	
☐ 또래 모델링 및 또래 지원		

도전행동 심각성이나 강도가 학생 자신이나 다른 사람의 안전에 위협이 되나요?
☐ 예   ☒ 아니요
만약 그렇다면, 위기 계획 혹은 안전 계획이 필요한가요? ☐ 예   ☐ 아니요

* 표시된 요소는 PTR 중재계획에 필수적으로 포함되어야 함

계획에는 타라의 소리 지르기가 관심을 얻거나 비선호 과제를 회피하는 데 더 이상 효과적이지 않도록 교사가 타라에게 어떻게 반응해야 할지에 대한 설명이 포함되어야 한다. 이전에 도전행동을 통해 달성했던 기능이 교체행동을 통해서만 효과적이고 효율적으로 성취되어야 한다.

팀원들이 중재를 선택하게 해야 한다는 점도 매우 중요한데, 특히 촉진자는 이를 명심해야 한다. PTR에서는 평가와 중재에 대한 결정을 할 때 팀 절차를 통해 합의를 도출한다. 촉진자나 전문가가 팀을 대신하여 전략을 선택하지 않는다. 대신 촉진자는 팀이 가설과 일관되고 교실에서 실행 가능한 전략을 선택하는 데 도움이 될 지침과 정보를 제공한다. 팀원들이 예방·교수·강화의 각 영역별로 가설과 연결된 전략을 선택하고 우선순위를 정할 때, 중재를 실시할 환경에서 교사가 실행하기 쉬운 전략을 선택

하라는 안내가 제공되어야 한다. 중재계획의 실행을 담당할 사람이 자신의 선호도에 따라 중재의 우선순위를 정하게 하고, 그 우선순위를 중재계획에 반영하는 구조화된 절차가 마련된다면, 팀이 중재계획을 잘 받아들이고 실행할 가능성이 높아진다.

팀이 중재를 선택할 때 PTR 중재 목록의 각 전략을 지지하는 연구를 살펴보는 것도 중요하다. 연구에서 사용한 특정 중재가 모든 학생에게 효과적이라고 할 수는 없지만 최소한의 지침이나 로드맵은 될 수 있다. 또한 교사가 증거기반 실제를 적용해야 한다는 연방정부의 요구가 높아지고 있으므로, 이러한 연구들은 PTR 중재 목록에서 선택할 중재에 대한 유용하고 타당한 근거를 제공한다. 교사나 팀의 일부 구성원은 중재 목록에 포함된 중재 또는 그 중재를 지지하는 연구에 대해 잘 모를 수도 있다. 그러나 촉진자는 모든 중재를 잘 알고 있어야 하며, 교사와 팀원이 전략의 핵심 요소를 정확하게 반영하는 중재 절차를 개발하도록 안내해야 한다. 이 책에 설명된 PTR 중재를 지지하는 여러 연구의 출처는 부록 A, B, C에 제시되어 있다. 또한 이 장 후반부에는 팀이 실행할 중재에 대해 합의한 후 촉진자가 팀에게 해야 하는 주요 질문이 제시되어 있다. 이 질문들은 촉진자와 팀이 각 중재에 대한 과제분석 혹은 절차적 단계를 개발하게 하여 교사가 타당하고 충실하게 중재를 실행하게 해 준다. 중재의 각 영역별 개요와 팀이 유의할 점은 다음과 같다.

예방 중재

팀은 예방 중재를 선택할 때 기능평가 요약표의 **예방** 자료와 가설의 '조건' 부분을 검토해야 한다. 이 정보를 통해 도전행동의 발생과 관련된 환경적 상황뿐 아니라 도전행동이 거의 발생하지 않는 환경적 상황을 판별할 수 있다. **예방** 전략은 학생의 도전행동이 불필요하거나 유발자극과 무관해지도록 유발자극을 수정하거나 완화시키는 역할을 한다. 팀은 또한 적절한 행동을 이끌어 내는 환경적 특징을 찾아 그 특징을 예방 중재에 포함시킬지 결정한다. 예를 들어, 가설문장에서는 "오랫동안의 필기를 요하는 비선호 학업과제를 하라는 요구(1쪽 이상 혹은 15분 이상 쓰기)"가 유발자극으로 제시되고, PTR 기능평가 요약표에서는 "선택 기회가 주어지거나 의미 있는 활동을 할 때, 또는 또래와 함께 공부할 때는 도전행동이 거의 발생하지 않는다."라는 점이 제시되었다고 가정해 보자. 몇 가지 예방 전략을 활용하면 이 상황에서 유발자극을 수정할 수 있고 도전행동의 비발생에 관련된 정보를 이용하여 학생이 이 상황을 덜 싫어하게 만들 수 있다. 과제를 어떻게 수행할지, 어떤 순서로 수행할지, 누구와 수행할지(예: 혼자, 성인과 함께, 또래와 함께) 등에 대한 선택 기회를 제공하는 것도 그러한 전략 중 하나다. 또다른 방법으로 교육과정의 수정을 생각해 볼 수 있는데, 이는 학생의 선호도를 반영하고 학생의 기술 수준에 맞게 과제 제시 방식, 과제의 의미나 내용을 바꾸는 것을 말한다. 또한 팀은 또래 협동학습(peer collaboration)을 선택하여 학생이 비선호 과제를 할 때 또래와 함께 할 수 있는 기회를 제공할 수도 있다.

　가설에 제시된 도전행동의 기능을 중재에 어떻게 반영할 것인가는 예방 전략을 선택할 때 고려해야 하는 또 다른 문제다. 예를 들면, 앞서 언급했던 타라가 또래의 관심을 얻기 위해 도전행동을 보인 경우, 팀은 선택 기회 제공(예: 타라가 함께 과제를 할 또래를 선택하게 함)이나 교육과정 수정(예: 비선호 과제를 수정하여 또래와 협동해서 하는 과제로 바꿈) 같은 예방 중재의 일부로 또래의 관심을 포함하는 방안을 고려해 볼 수 있다.

　일정 시간이 흐른 후에 도전행동을 유발하는 배경사건의 판별 여부는 매우 중요하지만 자주 간과된다. PTR 기능평가 요약표와 가설문장에 배경사건이 포함되어 있다면, 팀은 배경사건을 제거하거나 그 영향을 완화하기 위한 **예방** 중재를 선택하게 된다(제4장 참조). 예를 들어, 가설문장의 '조건'에 해당하는 내용이 '필기를 요하는 어렵고 분량이 많은 학업과제를 해야 할 때와 잠이 부족할 때'라고 가정해 보자. 여기서 수면 부족은 배경사건이다. 즉, 학생이 숙면을 취하지 못한 상태에서 비선호 학업과제를 하라는 지시를 받으면 도전행동의 발생 가능성이 커진다. 팀은 효과적인 중재계획을 개발하기 위해 수면 부족이라는 배경사건을 다룰 전략을 고려해야 한다. 팀이 배경사건 전반을 구체적으로 수정하는 일은 **예방** 중재에 포함된다. 학생이 숙면을 취한 날에만 비선호 과제가 주어지도록 일정을 변경하거나 학생이 그 날의 일정 진행 순서를 선택하게 하는 것은 또 다른 효과적인 전략이다. 배경사건에 대한 자세한 내용은 Iovannone, Anderson과 Scott(2017)의 연구에 제시되어 있다.

TIP　**예방** 전략이 **교수 · 강화** 전략보다 실행하기 쉽다고 생각할 수 있지만, 이 세 가지 모두가 중재계획의 필수 요소다.

> **TIP** **교수** 전략은 대체로 **예방** 전략보다 변화를 가져오는 속도가 느리지만, 변화가 오래 유지
> 되기 위해서는 필수적이다.

교수 중재

도전행동 이전의 환경적 특징을 수정하는 것은 **예방** 전략이지만, 아마도 팀이 가장 중요하게 논의할 영역은 **교수** 전략일 것이다. 이 전략들은 학생이 도전행동 대신 새로운 기술을 수행하도록 지도하는 데 사용된다[제4장에서 설명한 행동 가설 중 '행동' 부분 참조]. 학생에게 지도할 교체행동에는 두 가지 유형이 있는데, 하나는 동일 기능 교체행동이고 또 다른 하나는 바람직한 대안행동이다.

동일 기능 교체행동은 도전행동과 동일한 목적 또는 기능을 가진 의사소통 행동이다(제4장 참조). 이 새로운 행동을 통해 학생은 적절하고 사회적으로 타당한 방법으로 사람/사물을 획득 또는 회피할 수 있다. 예를 들면, 회피 기능의 도전행동을 보이는 학생에게 휴식 요청하거나 "잠깐만요."라는 말을 지도하면 학생은 비선호 과제의 시작을 피할 수 있다. 획득 기능의 도전행동을 보이는 학생에게는 관심을 요청하거나 특정 물건이나 활동을 요구하도록 교수하면 된다. 이러한 예시들은 적절하면서도 도전행동과 같은 기능을 달성하는 의사소통 행동이 무엇인지 잘 보여 준다.

바람직한 대안행동은 교체행동의 또 다른 유형이다. 이 행동 역시 바람직한 행동이자 도전행동과 물리적으로 양립할 수 없는 행동이다. 바람직한 대안행동의 예로는 학업참여, 또래와의 사회적 상호작용, 새로운 과제에 대한 문제해결 등이 있다. 이러한 행동은 바람직할 뿐 아니라 도전행동과 양립할 수 없다(즉, 교사를 향해 책상에 있는 물건을 던지는 행동은 학업참여행동과 동시에 나타날 수 없음).

팀은 한 가지 유형의 교체행동만 교수할 수도 있고, 두 가지를 동시에 교수할 수도 있다. 예를 들면, 레이첼(Rachel)은 수학 과제를 혼자서 하라는 지시를 받았을 때 회피 기능의 행동(자리에서 이탈하거나 교실을 돌아다니거나 또래와 떠들다가 그 결과로 교실을 떠나 행동전문가에게 보내짐)을 보인다. 팀은 레이첼이 교실을 돌아다니며 또래를 방해하기보다 자신이 하던 과제에서 바람직한 방식으로 벗어나는 방법을 교수할 필요가 있다는 데 합의하고, 동일 기능 교체행동과 바람직한 대안행동을 선택하였다(〈표 5-2〉

참조).

　팀이 도전행동과 비슷한 정도로 쉽거나 도전행동보다 더 쉬운 교체행동을 선택하는 것은 매우 중요하다. **교수** 전략은 학생이 도전행동을 통해 얻을 수 있었던 것을 얻지 못하게 하고 교체행동을 통해서는 효율적으로 얻게 한다는 점에서(즉, 교체행동이 기능을 달성할 수 있는 유일한 수단이 되게 한다는 점에서) 매우 효과적이다. 현재 학생이 수행할 수 없는 기술을 교체행동으로 선택하여 가르친다면, 이는 효율성 원칙에 어긋날 뿐 아니라 학생이 그 행동을 통해 기능을 달성하기가 어렵기 때문에 이전의 행동을 바꾸지 않으려고 할 것이다.

표 5-2 레이첼의 도전행동에 대한 동일 기능 교체행동과 바람직한 대안행동의 예

교수 중재의 유형	학생 행동	기능/후속결과
동일 기능 교체행동	휴식 요청하기	2분 동안 과제에서 벗어남
바람직한 대안행동	학업에 참여하기	수학 수업에 잘 참여하면 스티커를 받을 수 있고, 이 스티커는 특정 질문이나 문제 또는 기타 과제를 면제받는 데 사용할 수 있음

강화 중재

　강화 중재는 PTR 행동중재계획의 세 번째 구성요소다. 다음의 두 가지, ① 학생이 교체행동을 통해 기능(예: 획득, 회피)을 달성하게 하여 교체행동 강화하기, ② 학생이 도전행동으로는 원하는 기능을 얻지 못하도록 도전행동에 대한 주변인들의 반응 바꾸기는 반드시 실행해야 하는 강화중재다. 강화 중재에서 팀이 명심해야 할 핵심 원칙은, 도전행동을 통해서는 기능을 효과적으로 달성하지 못하게 하고 교체행동을 통해서는 효과적으로 달성할 수 있게 할 강화제를 개발하는 것이다(제4장에서 설명한 행동 가설문장에서 도전행동의 기능으로 추정되는 것을 적는 칸인 '행동의 결과' 부분 참고). 효과적인 **강화** 중재를 개발하기 위해서는 교체행동에 대한 강화의 즉시성(immediacy)과 빈도를 함께 고려해야 한다. 팀은 먼저 학생의 주변 사람들이 얼마나 즉각적으로 교체행동에 반응해야 할지, 그리고 교체행동의 성공적 수행을 위해 어떻게 환경을 조성할지를 논의할 것이다. 도전행동이 교체행동보다 더 신속하고 빈번하게 기능을 달성하게 해 준다

면 학생은 교체행동을 사용할 마음이 들지 않을 것이다.

예를 들어, 읽기 집단 활동을 할 때 소리를 지르는 코리(Corey)의 행동이 읽기 활동에서 신속하고 빈번하게 벗어나는 데 효과적이고 효율적이라고 가정해 보자. 사실, 코리의 소리 지르기 행동은 거의 예외 없이 코리가 원하는 회피 기능을 성공적으로 달성하게 해 주었다. 팀은 코리에게 동일 기능 교체행동으로 휴식 요청하기를 가르치기로 했다. 코리는 구어를 사용하지 않으며, 아직 '휴식(break)'이라는 단어를 모른다. 휴식 카드를 가리키기가 소리 지르기보다 덜 힘든 행동이므로 팀은 코리에게 휴식 카드 가리키기를 지도하기로 했다. 팀은 코리가 휴식 카드를 가리킬 때마다 2분간의 짧은 휴식을 허용하기로 했다. 다음으로 팀은 교실 내 성인이 코리가 휴식 카드를 가리키는 행동을 할 때마다 빠짐없이 알아채고 즉각 반응하여 휴식 시간을 제공할 방법을 논의하였다. 팀은 교사가 항상 코리만 주시하는 것이 현실적으로 불가능할 수도 있음을 인식하고(예: 교사가 등을 돌리고 있거나, 다른 학생과 이야기를 하고 있을 경우), 코리에게 휴식 카드 대신 누르면 '휴식 시간'이라는 소리가 나는 스위치를 제공하기로 했다. 이 방법은 교사가 코리의 교체행동을 소리로 알아채고 즉시 반응하게 해 줄 것이다. 이렇게 함으로써 코리를 위한 강화제는 행동중재계획의 초기 성공에 필수적인 즉시성과 빈도의 원칙에 부합하게 되었다.

팀이 학생을 자주, 신속하게 강화하기를 주저할 때도 있다. 이는 교사에게 매일 부과되는 많은 업무를 고려할 때 이해할 수 있는 일이지만, 도전행동이 교체행동보다 강화를 더 잘 얻게 해 준다면 중재계획은 실패할 가능성이 크다. 학생이 교체행동을 지속적으로 사용하여 도전행동이 더 이상 발생하지 않거나 거의 발생하지 않으면 강화 제공 비율을 조심스럽게 줄여 나가면 된다. 강화의 점진적 소거나 기타 자료기반 의사결정에 대해서는 제6장에서 좀 더 다룰 것이다.

PTR 기능평가 요약표의 **강화** 자료는 학생을 강화하는 그 외의 것들도 찾게 해 준다. 팀은 이 정보를 사용하여 학생이 교체행동(동일 기능 교체행동 또는 대안행동)을 더 많이 수행하도록 추가의 강화를 제공할 수도 있다. 그러나 팀은 도전행동의 기능이 주된 강화제가 되어야 한다는 점과 학생이 교체행동을 할 때마다 원하는 것을 이루는 식으로 강화를 제공받아야 한다는 점을 명심해야 한다. 학생이 새로 배운 바람직한 행동을 하도록 격려하기 위해 추가의 강화가 필요하다면, 여기에 기능까지 삽입할 방법을 고려해야 한다. 예를 들어, 도전행동의 기능이 비선호 과제로부터의 회피인 학생을 강화하기 위해 토큰 경제(token economy)를 사용하기로 한 경우, 학생이 바람직한 행동을 통해 모은 토큰을 사용하여 비선호 과제를 면제받을 수 있다면 토큰은 매우 효과적인 강화제가 될 것이다. 성인이나 또래의 관심을 얻기 위해 도전행동을 보이는 학생의 경우에는 모아 둔 토큰을 자신이 선택한 또래와 함께 짝 활동을 할 수 있는 기회 또는 좋아하는 성인과 함께 선호 활동을 하는 시간과 교환하게 할 수 있다.

PTR 중재 목록을 활용하여 중재 선택하기

다음 단계는 팀이 중재를 선택하도록 안내하는 것이다. 〈표 5-1〉은 세 가지 핵심 영역별로 구성된 PTR 중재 목록이다. 팀은 PTR 중재 목록을 활용하여 학생의 행동중재계획에 포함될 전략을 선택하고 합의한다. 목록에 있는 전략이 다는 아니다. 즉, 이 목록이 사용 가능한 중재 전략을 모두 포함하고 있는 것은 아니다. 따라서 팀이 이 목록에 포함되어 있지 않은 전략을 제안해도 좋다. 그러나 이 경우에도 합의에 이르는 절차는 동일하다. 팀은 또한 추가로 제안된 전략이 가설에 맞는지와 연구를 통해 지지되고 있는지를 확인해야 한다.

중재 목록에 포함된 중재 명칭은 포괄적인 것이므로, 팀은 융통성을 발휘하여 학생의 중재계획을 위해 선택한 전략을 학생에 맞게 개별화하면 된다. 예를 들면, **예방** 중재 중 하나인 교실 관리에는 바른 행동 게임(good behavior game), 학교차원의 긍정적 행동중재 및 지원, 반응 기회 증가와 같은 여러 구체적인 중재 방법이 포함될 수 있다. 중재 목록에서 중재 전략을 선택하는 팀은 그 전략이 가설에 맞는지와 교사가 교실에서 현실적으로 실행할 수 있는 것인지를 반드시 확인해야 한다.

팀은 두 가지 방식으로 전략을 선택할 수 있다. 첫 번째 방식은 각 팀원이 **예방** 및 **교수** 범주에 포함된 2~4가지 중재의 순위를 정하는 것이다. **강화** 범주에는 반드시 실행해야 하는 두 가지 전략만 포함되어 있다. 즉, 팀은 학생이 교체행동을 했을 때 강화를 제공할 방법(교체행동에 대한 강화)과 도전행동이 기능을 달성하는 데 더 이상 효율적이거나 효과적이지 않도록 도전행동에 따른 반응을 바꿀 방법(도전행동에 대한 강화 중단)을 결정하면 된다. 또 다른 유의 사항은 교체행동 지도가 교수 중재에 반드시 포함되어야 한다는 점이다. 교체행동은 동일 기능 교체행동일 수도 있고, 대안행동(즉, 물리적으로 동시에 할 수 없는 행동이나 바람직한 행동)일 수도 있으며, 둘 다일 수도 있다. 각 팀원이 중재의 우선순위를 정하고 나면, 촉진자는 PTR 중재 순위표를 사용하여 선택된 중재별 순위를 나열하게 된다. 〈표 5-3〉은 레이첼을 위해 작성된 중재 순위표의 예시다.

표 5-3 **PTR 중재 순위표: 레이첼 팀의 작성 예시**

가설: 레이첼은 독립적인 쓰기 과제가 주어지면 자리에서 벗어나 교실을 돌아다니거나 친구들과 떠들다가 교사에 의해 행동전문가에게 보내진다. 그 결과로 레이첼은 과제를 회피하고 관심을 획득한다.

예방	순위	교수	순위	강화	순위
선택 기회 제공 (N = 4: 1, 1, 1, 2)	1.3	교체행동 교수 – 동일 기능 교체행동(N=1: 1) – 바람직한 대안행동 (N= 3: 1, 1, 1)	1.0*	교체행동의 강화 – 동일 기능 교체행동(N=1: 1) – 바람직한 대안행동 (N= 3: 1, 1, 1)	1.0*
교육과정 수정 (N = 4: 1, 2, 2, 2)	1.8*	학업참여 증진 전략 교수 (N= 3: 2, 2, 3)	2.3	도전행동에 대한 강화 중단 (N= 3: 2, 2, 3)	2.3
환경적 지원 (N = 3: 3, 3, 4)	3.3	독립적 반응 교수 (N= 3: 2, 3, 3)	2.7		

*는 교사가 1순위로 선택한 중재 전략임

두 번째 방식은 팀이 함께 모여서 **예방** 및 **교수** 범주에서 선택된 중재들의 순위를 정하는 것이다. 촉진자는 순위표를 활용하여 중재의 순위를 정리하고 팀원 간 토의를 이끈다. 팀이 이 두 가지 중 어떤 방식을 취하든 관계없이, 촉진자는 다음 중 한 가지 방법으로 최우선순위의 중재를 결정하게 된다.

1. 촉진자는 선택된 중재의 평균 순위를 계산하고 가장 낮은 평균 점수를 가진 중재를 선택한다(즉, 1로 표시된 중재가 최우선순위이므로, 평균이 낮을수록 선호되는 중재를 의미함).
2. 촉진자는 순위에 관계없이 가장 많은 사람이 선택한 중재를 선택한다(예: 예방 영역에서 4명의 팀원 중 3명이 선택 기회 제공을 1순위로 고른 경우, 모든 구성원이 이를

1순위로 고른 것은 아니지만 가장 많은 선택을 받은 것임).

어떤 방법을 사용하든, 가장 중요한 고려 사항은 선택된 1순위 중재가 기능평가를 통해 작성된 가설과 일관되는지의 여부다. 중재가 가설과 잘 부합할 경우, 팀은 중재를 구체적으로 서술하고 실행 절차를 개발하기 시작하면 된다. 그러나 중재가 가설에 잘 부합하지 않는다면, 촉진자는 팀원들에게 그 중재를 왜 선택했는지 물어보아야 한다. 어떤 팀원은 그 중재를 잘 모르거나 중재에 관한 설명을 읽지 않았을 수도 있고, 촉진자가 팀원들에게 고려해 보라고 강조했던 전략을 간과했을 수도 있다. 촉진자는 가장 많은 팀원이 선택했거나 최우선순위로 평정한 중재가 가설과 맞지 않음을 성급하게 지적하기보다는 그 중재를 왜 선택했는지에 대한 팀의 견해를 파악하여, 가설에 잘 맞으면서도 팀의 선호도를 반영한 중재를 개발해야 한다.

중재계획의 주요 실행자인 교사 이외에 다른 여러 구성원이 팀에 포함된 경우, 교사가 선택한 중재를 확인해야 한다. 이는 중재에 대한 수용과 중재충실도를 위해 매우 중요하다. 팀이 선택한 최우선순위의 중재가 교사가 선택한 최우선순위의 중재와 다르다면, 팀이 선택한 중재를 교사가 기꺼이 실행할 수 있을지를 토의해야 한다. 교사가 그 중재를 실행하기 어렵다고 하면 촉진자는 팀원들에게 교사가 선택한 최우선순위의 중재를 실행해도 될지 물어본다. 어떤 중재가 선택되든 촉진자는 그것이 가설에 맞는지를 확인해야 한다.

TIP	중재는 반드시 가설과 연결되어야 하며, 교실에서 실행할 수 있는 것이어야 한다. 또한 교사에게 "당신이 맡은 다른 모든 업무와 병행하여 이 중재를 실행할 수 있나요?"라고 물어보아야 한다.

〈표 5-3〉은 PTR 중재 순위표의 작성 예시다. 촉진자는 별표(*)를 사용하여 교사가 선택한 중재를 표시하였다. 이 예시에서는 각 팀원이 선택한 중재의 순위를 정할 때 평균 점수를 사용하고 있다. 각 중재명 다음에 나오는 괄호 안의 숫자는 그 중재를 선택한 팀원의 수와 각 팀원이 매긴 순위를 나타낸다. 작성 예시를 살펴보면, 4명의 팀원이 '선택 기회 제공'을 선택했다. ① 3명은 그 중재를 1순위로 선택했고, ② 나머지 1명은 2순위로 선택했다. 순위의 평균은[즉, (1+1+1+2)/4] 1.25이며(1.3으로 반올림), 이 순

위는 다른 두 가지 **예방** 전략의 순위보다 높다. 그러나 선택 기회 제공 순위 옆에 별표 표시가 없는 것은 교사가 이 중재를 최우선 중재로 선택하지 않았음을 의미한다. 팀은 교사가 교실에서 이 중재 전략을 실행하는 것이 가능한지를 교사와 논의해야 한다. 교사가 실행하기 어려운 중재라면, 팀은 교사가 선택한 최우선 중재 전략(즉, 교육과정 수정)을 살펴보고, 이 중재의 실행에 모두가 동의하는지 논의한다. 만약 두 전략이 모두 가설에 잘 연계되는 것이라면 교사가 실행할 가능성이 가장 큰 전략을 최우선 중재로 한다. 또한 교사/팀이 실행 가능하다고 동의할 경우 각 영역에서 두 가지 이상의 전략을 선택하여 실행해도 무방하다(더 권할 만한 일이다).

  마지막으로, 학생의 도전행동이 기술 결손 때문인지 수행 결손 때문인지에 대한 판별이 중요한데, 특히 이는 도전행동의 선행 자극이 학업적 요구와 관련되어 있을 때 더욱 중요하다. 팀은 PTR 기능평가 요약표와 PTR 기능평가의 **예방** 영역 중 학생이 주어진 과제 수행에 필요한 기술을 가지고 있는지 묻는 부분을 검토해야 한다(제4장 참조). 기술 결손이란 학생이 주어진 과제의 수행 방법 자체를 모르는 상태를 말한다. 반면, 어떤 학생은 수행 방법은 알지만 과제를 하지 않으려는 수행 결손을 가지고 있을 수도 있다. 결손의 유형에 따라 각 범주에서 선택된 전략의 개발 방식이 달라지기 때문에 팀 차원에서 학생이 가진 결손의 유형을 논의하고 합의에 이르는 것은 매우 중요하다. 또한 이러한 정보는 팀이 도전행동을 유발하는 선행사건을 좀 더 잘 이해하는 데 도움이 되며, 결국 팀이 더욱 효과적인 행동 계획을 개발하게 해 준다. 예를 들면, 팀이 기술 결손 때문에 도전행동이 발생했다는 데 동의할 경우, **예방** 중재는 학생의 현행 기술에 맞게 학업적 요구를 조절하는 데 중점을 둘 것이다. **교수** 중재에는 학생이 과제를 하는 데 필요한 기술 교수와 도움을 요청해야 하는 시기와 방법의 지도가 포함될 것이다. **강화** 전략에는 학생이 교체행동을 수행한 경우 학생이 원하는 기능을 성취하게 해줄 방법이 포함될 것이다. 반대로 도전행동이 수행 결손에서 비롯된 것이라면, 학생이 도전행동보다 교체행동을 하도록 동기를 부여할 전략을 선택하고 개발해야 한다. 이책의 부록 D에 제시된 사례연구에서는 기술 결손을 가진 앤서니(Anthony)에 대해 설명하고 있다. 부록 E에는 수행 결손을 가진 로건(Logan)의 사례가 제시되어 있다.

행동중재계획 개발하기

　팀이 각 영역별로 최소한 한 가지 이상의 중재를 선택하고 합의한 후에는 각 중재 전략의 구체적인 세부 사항을 논의하게 된다. 행동중재계획 서식은 이 계획을 실행할 교사 또는 기타 인력이 수행해야 하는 각 전략의 구체적 단계나 과제분석을 기록하기 위한 것이다. 또한 이 서식에는 중재 시 사용할 자료, 전략을 적용할 시기와 빈도, 특정 단계를 책임지고 실행할 사람, 학생이 특정 행동을 했을 때 뒤따라야 하는 반응에 대한 설명도 포함된다. 이 논의에는 상당한 시간이 소요될 수 있다. 그러나 팀이 중재계획 실행을 위한 구체적인 절차와 세부 사항을 미리 많이 생각하고 계획할수록, 계획을 정확하고 효과적으로 실행할 가능성이 높아진다.

> **TIP**　행동중재계획에는 중재 전략의 실행 방법을 단계별로 기술해야 한다.

　행동중재계획을 작성하기에 앞서 팀은 중재계획 개발에 도움이 될 다음의 몇 가지 쟁점을 고려해야 한다. 첫째, 중재계획의 실행 후에도 PTR 모델 2단계(자료 수집)에서 개발한 IBRST가 행동을 점검하기에 타당하고 기능적인지 확인해야 한다. 구체적으로 말하자면, 팀은 중재계획을 위해 선택된 교체행동이 IBRST를 이용하여 추적 가능한지를 확인해야 한다. 어떤 팀에서는 IBRST상의 적절한 행동과 중재계획상의 교체행동이 동일할 수도 있다. 만약 **교수** 중재의 일부로 지도할 교체행동을 현재의 IBRST로 점검할 수 없다면, 팀은 계획 실행 후 학생의 수행을 점검하기 위해 그 행동에 대한 평정 척도를 개발할 시간을 따로 마련해야 한다. 이 자료의 수집은 자료기반 의사결정에 매우 중요하다(제6장에서 더 자세히 논의함).

　둘째, 대부분의 PTR 중재는 계획을 개발하고 실행하는 시간 이외의 추가 자원이 필요하지 않다. 그러나 일부 중재를 위해서는 자료를 만들거나 사야 한다. 예를 들면, **예방** 중재 중 환경적 지원을 선택한 경우 시각적 일정표나 체크리스트를 만들어야 할 것이다. **교수** 중재에서는 동일 기능 교체행동의 일부로 사용할 청각적 스위치나 기타 음성 출력장치를 구입해야 할 수도 있고, **교수** 중재로 선택된 자기 관리를 위해 자기 관리 카드를 만들어야 할 수도 있다. **강화** 중재로 토큰 사용을 결정했다면, 학생에게 제공할 충분한 양의 토큰을 만들거나 사야 할 것이다. 선택된 중재를 위해 추가 자료가 필요한 경우, 팀은 계획을 실행하기 전에 그러한 자료를 구하거나 만들기 위한 실행 절차(예: 자료 준비 담당자와 일정)를 결정해야 한다.

셋째, 교체행동은 학생에게 직접적으로 교수되어야 하는데, 여기에는 그 행동을 해야 하는 이유 설명하기, 행동에 대한 시범 보이기, 새롭게 배운 행동을 연습할 기회 조성하기, 교체행동의 바른 수행으로 원하는 기능을 달성하게 하여 교체행동 강화하기, 교체행동을 제대로 수행하지 못했을 때 이를 교정하고 추가의 연습 기회 제공하기가 포함된다. 또한 중재계획에는 교사와 기타 인력이 언제, 어떻게 학생의 교체행동 수행을 촉진할지도 포함된다. 학생은 촉진을 통해 어떤 상황에서 교체행동을 사용하는 것이 적절한지 배우게 될 것이다.

넷째, 교체행동이 수행되자마자 바로 강화가 주어질 때 강화 전략의 효과가 극대화되는데, 특히 중재계획 실행의 초기에는 더욱 그러하다. 팀은 학생이 교체행동을 하면 도전행동을 할 때보다 신속하고 일관되게 선호하는 결과를 얻는다는 사실을 배우기 바랄 것이다. 이를 위해 팀은 새로운 교체행동을 사용할 수 있는 자연스러운 기회를 가능한 한 많이 제공하여 학생이 교체행동과 강화를 결합하게 해야 한다. 교체행동에 대한 강화가 확실히 보장되면, 학생이 도전행동을 멈추고 교체행동을 반복할 가능성이 커진다.

다섯째, 팀이 도전행동에 대한 반응 전략을 개발할 때 학생이 도전행동을 통해 더 이상 강화를 얻지 못하게 하는 동시에 교체행동을 하도록 재지시(redirecting)하거나 촉진(prompting)하는 것은 매우 효과적이다. 팀은 학생을 언제, 어떻게 재지시할지 기술해야 한다. 도전행동의 발생을 예고하는 초기 신호가 보일 때 재지시를 해야 한다는 원칙을 명심해야 한다. 이 장 앞부분에 나왔던 코리의 사례에서 보듯이, 어떤 학생은 강도 높은 도전행동을 하기 전에 전조 증상이나 가벼운 도전행동을 보인다. 예를 들면, 코리는 보통 큰 소리로 비명을 지르기 전에 그리 시끄럽지 않은 짧은 소리를 냈다. 그래서 팀은 코리가 짧고 가벼운 소리를 내면 교사가 즉시 코리에게 동일 기능 교체행동(휴식을 요청하는 스위치 누르기)을 하라고 재지시하는 전략에 동의했다.

팀은 또한 자신이나 타인에게 해를 끼칠 수 있는 행동을 보이는 학생을 위한 안전 계획을 고려한다. 안전 계획의 목적은 모든 사람의 안전을 확보하고 교실을 다시 안정시키는 것임을 기억해야 한다. 따라서 안전 계획은 자주 사용되어서도 안 되고, 핵심적인 중재로 활용되어서도 안 된다. 안전 계획의 과도한 사용이 자료를 통해 확인되면, 팀은 자료를 검토하여 PTR 계획의 다른 요소들이 잘 실행되고 있는지와 안전 계획의 사용 여부를 논의해야 한다. 이때 팀이 논의해야 할 쟁점에는 중재계획이 충실하게 실행되고 있는지, 교사와 기타 인력이 계획을 잘 실행할 수 있도록 자세한 설명이 제공되었는지, 가설이 정확한지 등이 포함된다. 이러한 쟁점은 제6장에서 좀 더 살펴볼 것이다.

PTR 행동중재계획 서식 사용하기

팀은 세부적인 중재 절차를 기술하기 위해 이 장에 수록된 서식을 사용할 수 있다(〈서식 5-3〉 참조). 이 서식에는 3단계에서 개발한 가설문장을 기재하는 칸이 있다. 중재계획에 가설문장을 포함하면, 고안된 중재가 가설과 잘 맞는지를 팀이 확인하기가 쉬워진다.

이 서식에는 각 중재 영역에 대한 칸이 있다. 팀은 첫 번째 열에 팀원이 합의한 중재전략을 나열한다. 예를 들어, 팀이 **예방** 중재로 선택 기회 제공을 골랐다면, 이 중재가 첫 번째 열에 기재된다. 두 번째 열에는 중재의 전반적인 내용과 구체적인 실행 단계를 나열한다. 세 번째 열에는 중재 실행을 위한 준비 사항을 기재하는데, 여기에는 구입하거나 제작해야 할 자료, 전략 실행과 관련된 기타 유의 사항이 포함된다.

행동중재 과제분석하기

각 중재에 대한 과제분석은 실행충실도에 크게 기여하는 PTR의 특징이다. 과제분석이란 선택된 행동 전략을 수행할 성인의 행동을 세분하는 것을 말한다. 즉, 전략을 다루기 쉬운 작은 요소로 나누는 것이다. 과제분석은 실행충실도를 평가하거나 교사를 코칭할 때도 사용된다. 과제분석은 또한 중재가 교실 상황에 대한 맥락적 적합성을 갖게 해 준다. 촉진자는 중재에 대한 과제분석을 할 때, 교사(또는 전략 실행을 담당할 다른 성인)에게 전략의 실행 방식에 초점을 둔 주요 질문을 할 것이다. 촉진자는 과제분석을 효과적으로 수행하기 위해 절차적 단계를 개발할 때 해야 할 핵심 질문과 각 중재를 숙지하고 있어야 한다. 각 중재는 나름의 고유성을 가지고 있지만, 모든 중재에 공통되는 일반적인 질문들이 있는데 여기서는 이를 좀 더 자세히 살펴볼 것이다. 〈표 5-4〉는 모든 질문을 종합한 행동중재계획 과제분석의 예를 보여 준다.

1. 언제(또는 도전행동의 발생 가능성이 큰 일과나 환경에서 어떤 시점에) 중재를 실행할 것인가? 이것은 중요한 질문이며, 중재 실행을 위해 선택한 일과나 활동 그리고 가설에서 주어지는 정보에 따라 결정된다.

- **예방** 중재와 관련하여 팀은 가설문장의 '조건'에 해당하는 부분(예: 도전행동의 선행사건 혹은 유발자극)을 검토하고, 유발자극 직전이나 직후에 중재 전략을 실행한다. 이 질문에 대한 답은 교사의 선호도와 유발자극 후 도전행동이 얼마나 즉시 발생하는지에 달려 있다. 예를 들어, 비선호 과제가 주어진 직후에 토리(Tori)의 행동이 발생한다면, 교사는 이 과제를 제시하기 전에 예방 중재를 실행할 것이다. 이렇게 하여 교사는 유발자극 때문에 발생한 도전행동을 예방할 기회를 갖게 된다.
- **교수** 중재와 관련하여 팀은 교체행동을 상기시키는 촉진이나 단서를 도전행동 발생 전이나 전조행동 초기에 학생에게 전달해야 한다. 그래야 학생이 도전행동 대신 새로운 교체행동을 할 수 있다.
- **강화** 중재와 관련하여 팀은 학생이 교체행동을 하면 강화가 얼마나 즉시 제공될 수 있는지 교사에게 질문한다. 이 질문에 대한 답은 효율성 및 효과성의 원칙에 달려 있다. 즉, 학생이 도전행동을 통해 원하는 결과를 신속하게 성취하고 있다면, 팀은 교체행동이 도전행동보다 더 효과적이고 효율적으로 학생이 원하는 기능을 달성하게 하기 위해 교체행동 직후에 얼마나 신속하게 강화를 제공할 수 있는지 교사에게 물을 것이다.

2. 어떻게 중재를 실행할 것인가? 이 질문은 교사, 성인 또는 다른 실행자의 말과 행동에 대한 스크립트를 포함하여 정확한 중재 절차를 다룬다. 즉, 성인이 수행할 신체적 활동(움직임, 말)과 활동 수행 순서를 말한다. 어떻게 실행할지를 설명할 때 고려할 몇 가지 질문은 다음과 같다.

- 교사는 어디에서 각 단계를 수행하는가? 예를 들어, 교사가 학생에게 걸어가 촉진이
나 단서를 제공하는가, 아니면 학생에게 교사의 책상 앞으로 오라고 할 것인가?

- 각 단계에서 교사가 해야 하는 행동이나 말은 무엇인가? 예를 들어, 교사가 촉진이나
단서를 전달할 때 말로 할 것인가, 시각적 자료를 사용할 것인가? 교사가 말로 하
는 것을 선호할 경우, 정확히 어떤 말을 할 것이며, 중재 흐름의 어느 시점에 그
말을 할 것인가? 교사가 시각적 자료를 사용할 경우, 시각적 단서로 무엇을 쓸 것
이며, 교사는 그것을 어떻게 사용할 것인가? 관심을 끌기 위해 도전행동을 하는
학생이라면 교사는 말을 거의 또는 전혀 하지 않고 시각적 단서만 가리킬 것이다.
그런 경우가 아니라면, 교사는 학생이 단서를 잘 이해하게 하고 언어 이해력도 향
상되도록 시각적 자료와 말을 동시에 사용할 것이다. 어떤 경우에는 말없이 시각
적 단서만 보여 준 후 학생이 특정 시간(예: 3~5초) 내에 반응하지 않을 때만 언어
적 촉진을 제공하는 시간 지연(time delay)을 적용할 수도 있다. 스크립트는 지원
계획을 실행하는 모든 성인이 일관성을 유지하는 데 도움을 준다.

- 전략 절차를 적용해도 학생이 바람직한 반응을 보이지 않을 경우, 교사는 어떻게 할 것인
가? 바라는 방향으로 일이 진행되지 않을 경우를 고려하여 항상 대비책을 마련해
두는 것이 좋다. 예를 들어, 팀이 **예방** 중재로 '선택 기회 제공'을 택한 경우, 촉진
자는 교사나 다른 실행자에게 학생이 주어진 선택지 중 아무것도 고르지 않을 가
능성도 있는지를 질문해야 한다. 학생이 선택하기를 거부하거나 도전행동을 할
가능성이 있다면, 팀은 이러한 상황이 발생했을 때의 대응 전략을 개발해야 한다.
이러한 전략에는 또 다른 촉진 제공하기, 시간 지연 후 선택 기회 다시 제시하기,
학생을 대신하여 선택하기 등과 같은 절차가 포함될 수 있다. 팀은 전략의 효과
를 떨어뜨릴 소지가 있는 문제 상황을 적극적 · 선행적으로 논의하여 전략이 성공
하도록 국면을 전환할 수 있다. 팀은 또한 전략이 특정 학생과 상황에 효과적인지
그리고 실현 가능한지 논의해야 한다. 만약 학생이 아무것도 선택하지 않을 가능
성이 크다면, 팀은 선택 기회 제공(팀이 가설문장의 '조건' 부분과 직결된다고 판단하
여 선택한 중재) 대신 다른 **예방** 중재를 고안해야 한다.

〈표 5-4〉는 레이첼의 중재계획을 과제분석한 예시다. 첫 번째 열에는 팀이 PTR 중
재 목록에서 선택한 전략이 적혀 있다. 팀은 **예방** 중재로 교육과정 수정(교사가 1순위로

선택한 중재)과 선택 기회 제공(팀이 1순위로 선택한 중재)을 선택했다. 동일 기능 교체행동(휴식 요청하기)은 **교수** 중재에서 선택된 교체행동이다. **강화** 중재에는 레이첼이 휴식카드를 사용하여 쉬는 시간을 요구할 때 교사가 어떤 방식으로 2분의 휴식이라는 강화를 제공할지, 레이첼이 도전행동을 할 때는 어떻게 반응할지 등이 설명되어 있다. 이 계획안은 많은 중재 전략을 포함하고 있지는 않지만, 두 번째 열에 교사가 각 중재를 실행하는 단계를 자세히 설명하고 있다. 촉진자는 교사에게 중재를 언제, 어떻게 실행할지와 관련된 핵심 질문을 하면서 각 단계를 개발하였다. 전략별로 교사에게 필수적인 실행 단계를 안내하면 교사가 교실에서 현실적으로 수행할 수 있는 행동으로 구성된 중재절차를 개발할 수 있다. 행동중재계획 추가 예시는 부록 D와 E의 사례연구에 제시되어 있다.

표 5-4 레이첼의 PTR 행동중재계획 과제분석

레이첼의 PTR 행동중재계획 과제분석

학생명: 레이첼   날짜: _____

가설: 레이첼은 독립적인 쓰기 과제가 주어지면 자리에서 벗어나 교실을 돌아다니거나 친구들과 떠들다가 교사에 의해 행동전문가에게 보내진다. 그 결과로 레이첼은 과제를 회피하고 관심을 획득한다.

중재 유형	구체적인 단계	실행을 위한 준비 사항
〈예방 행동중재〉		

교육과정 수정	대문자로 써야 할 글자를 레이첼이 바르게 판별할 수 있도록 대문자로 써야 할 글자와 그 글자가 닿아야 하는 쓰기 노트의 선을 빨간색으로 표시한다.
	
	단계:
	1. 교사는 매주 초 또는 매일 아침 독립적인 쓰기 과제를 검토하고, 수정해야 할 특정 과제가 있는지 찾는다.
	2. 교사는 다음과 같이 쓰기 과제를 수정한다.
	  • 노트에서 대문자가 닿아야 하는 맨 윗선을 빨간색으로 수정한다.
	  • 대문자로 써야 할 글자를 빨간색으로 수정한다.
	3. 교사는 독립적인 쓰기 과제를 하라고 요구하기 직전에 레이첼을 교사 자리로 부르거나 레이첼의 자리로 가서 "우리는 이제 쓰기 과제를 할 거야. 과제를 잘할 수 있도록 선생님과 먼저 한번 살펴보자."라고 말한다.	

〈계속〉

	4. 레이첼에게 수정된 노트와 과제를 제공한다. 5. 처음에는 교사와 레이첼이 수정된 과제의 첫 번째 항목을 함께 살펴보면서 연습한다(빨간색으로 표시된 글자는 노트의 빨간 선에 닿게 써야 한다). 6. 교사는 레이첼이 연습한 항목을 살펴보며 칭찬한다(예: "대문자를 빨간 선에 닿게 썼구나. 잘했어.").
선택 기회 제공	교사는 독립적인 쓰기 과제에 대한 요구가 레이첼에게 너무 혐오적인 것이 되지 않도록 선택 기회를 제공한다. 제공 가능한 옵션은 다음과 같다. ① 어떤 자료로 과제를 할 것인가(과제 내에서의 선택), ② 어떤 순서로 과제를 할 것인가(시간적 선택), ③ 어디서 과제를 할 것인가(장소의 선택) 단계: 1. 교사는 레이첼에게 쓰기 과제를 시킬 때 이 세 가지 중 어떤 선택 기회를 제공할지 결정한다. 2. 교사는 쓰기 과제를 주기 직전에, 그리고 교육과정 수정 중재를 통해 수정된 과제를 레이첼과 함께 검토한 직후에 선택 기회를 제공한다. 3. 선택 기회를 제공할 때 교사는 다음과 같이 말한다. "오늘 쓰기 과제를 할 때 사용할 연필 색깔을 선택할 수 있어. 빨간 연필로 쓸래? 파란 연필로 쓸래?" 4. 레이첼이 옵션 중 하나를 선택하면 교사는 "좋은 선택을 했구나."라고 긍정적인 말을 한다. 5. 교사는 레이첼이 선택한 것을 제공한다. 6. 레이첼이 선택하지 않으면, 교사는 다시 한번 묻는다. "어떤 연필로 쓸래? 파란색 아니면 빨간색?" 7. 레이첼이 두 번째 제안 후에도 선택하지 않으면, 교사는 "오늘은 파란 연필을 쓰기로 하자. 이제 과제를 시작하자."라고 말하며 레이첼 대신 선택을 한다. 8. 레이첼이나 교사 중 누가 선택을 했든 그 선택 이후에 레이첼이 과제를 시작하지 않을 경우, 교사는 레이첼이 휴식을 요청하도록 촉진하여 교체행동 지도를 시작한다.

〈계속〉

〈교수 행동중재〉		
교체행동: 동일 기능 교체행동 (휴식 요청하기)	비선호 과제인 독립적인 쓰기 과제를 해야 할 때 휴식을 요청하는 방법을 레이첼에게 지도한다. 단계: 1. 쓰기 과제를 부여하고, 레이첼과 함께 수정된 과제를 살펴보고, 선택 기회를 제공한 후 교사는 "필요할 때 휴식 카드를 사용하면 쉬는 시간 을 가질 수 있단다."라고 말하면서 레이첼이 휴식을 요청할 수 있음을 상기시킨다. 2. 교사는 처음 며칠간 레이첼과 함께 휴식 요청 절차를 익힌다. 이 절 차는 지원계획에 따른 초기 훈련 때부터 연습해 볼 수 있다. 교사는 레 이첼에게 다음과 같이 말한다. "쉬고 싶을 때는 휴식 카드를 들고 조용 히 선생님 책상으로 와서 선생님에게 건네 주면 돼. 선생님이 책상 에 앉아 있지 않을 때는 선생님이 너를 발견하고 엄지를 들어(교사는 실제로 엄지를 들어 보임) 표시할 때까지 조용히 기다리면 돼. 그러면 쓰기를 잠시 멈추고 2분 동안 쉴 수 있어. 하지만 그 2분 동안에는 반드 시 의자에 앉아서 쉬어야 한단다." 3. 교사는 처음 얼마간 레이첼이 독립적인 쓰기 과제를 하는 동안 10초마다 교실을 둘러보며, 도전행동의 전조행동이 나타나는지 살펴보는 동시에 레 이첼이 휴식 카드를 들고 교사 자리로 가는지를 신속하게 파악해야 한다. 4. 휴식 카드 사용 절차를 익히는 작업은 처음 며칠만 하고 멈춰도 된다. 이후 레이첼이 독립적인 쓰기 과제를 하지 않으려는 조짐이 보이면 교 사는 즉시 휴식 카드를 가리키며 "레이첼, 휴식이 필요하니?"라고 촉 진한다. 5. 레이첼이 교사에게 휴식 카드를 건네면 교사는 타이머를 2분에 맞추 고, "2분 동안 쉬어."라고 말한다.	휴식 카드 만들기 (학교 심리학자)
〈강화 행동중재〉		
교체행동 강화: 동일 기능 교체행동 (휴식 요청하기)	레이첼이 휴식 카드를 사용하여 휴식을 요청할 때마다 2분간 쉬게 해 주 고, 긍정적인 말을 한다. 단계: 1. 레이첼에게 휴식 카드를 받은 후 즉시 "2분간 쉬어도 좋아. 쉬고 싶다 고 말해 줘서 고마워."라고 말한다. 2. 타이머를 2분으로 설정한다. 3. 타이머가 울리면 교사는 레이첼에게 독립적인 쓰기 과제를 하라고 다 시 말한다. 레이첼이 계속 과제를 하지 않으면, 교사는 레이첼에게 휴 식을 요청하라고 촉진한다.	

〈계속〉

| 도전행동에 대한 강화 중단: 교체행동 재지시하기 | 레이첼이 독립적인 쓰기 과제에 참여하지 않으려는 조짐이나 전조행동을 보일 때, 교사는 레이첼에게 휴식 카드를 사용하여 휴식을 취하도록 재지시 한다.

단계:
1. 레이첼이 독립적인 쓰기 과제를 하지 않는 것을 본 직후에 또는 전조행동의 조짐이 보이면, 교사는 레이첼에게 다가가 휴식 카드를 가리키며 "레이첼, 쉬는 시간이 필요해 보이는구나."라고 말하고 레이첼이 휴식 카드를 사용하도록 촉진한다.
2. 레이첼이 휴식 카드를 만지거나 잡는 즉시, 교사는 "2분간 쉬어도 좋아. 쉬고 싶다고 말해 줘서 고마워." 라고 말한다.
3. 교사는 타이머를 2분으로 설정한다.
4. 타이머가 울리면, 교사는 레이첼에게 독립적인 쓰기 과제를 수행하라고 다시 말한다. 레이첼이 과제를 하지 않거나 전조행동의 조짐이 보이면, 교사는 레이첼에게 휴식을 요청하라고 촉진한다. | |

실행, 훈련, 코칭 그리고 지속적인 지원 준비하기

　팀이 PTR 중재를 선택하고 학생의 개별화된 행동중재계획을 개발한 후에는 중재 실행을 위한 훈련과 기술 지원이 제공되어야 한다. 교사의 의견이 중재의 과제분석 절차를 개발하는 데 핵심적으로 작용했다고 해서 교사가 그 절차의 모든 단계를 능숙하게 수행할 수 있는 것은 아니다. 행동계획은 주로 성인의 행동을 바꾸는 것으로, 성인에게는 그런 변화가 불편할 수 있다. PTR 모델에 포함된 훈련과 코칭 활동의 목적은 교사나 그 외 실행자가 교실 환경에서 학생과 함께 계획을 실행하기 위한 준비를 하고 자신감을 가질 수 있도록 지원하는 것이다.

　팀은 훈련을 받을 사람(예: 교사, 보조교사)과 훈련을 제공할 사람(예: 촉진자, 또 다른 팀원)을 정해야 한다. 일반적으로 중재를 실행할 주된 책임이 있는 교육자가 훈련을 받는다. 촉진자 또는 훈련자는 교실에 학생이 없을 때 교사와 기타 실행자가 훈련을 받을 수 있도록 30~90분 정도의 훈련 시간을 잡는다(학생도 훈련을 받게 되지만, 성인이 먼저 훈련을 받아야 한다). 실행, 훈련, 코칭 그리고 지속적인 지원을 위한 준비 절차는 다음과 같다.

1. 촉진자는 중재계획을 검토하고 'PTR 계획 실행평가서(코칭/충실도)'를 개발한다.
2. 촉진자는 교사(또는 계획을 실행할 주된 책임이 있는 다른 팀원)를 훈련한다. 교사가 계획을 실행할 충분한 준비가 될 때까지 훈련을 지속한다.
3. 팀은 계획의 실행에 포함된 다른 사람(예: 대상 학생)을 훈련한다.
4. 촉진자는 계획을 실행하는 동안 적극적인 코칭을 제공할 최선의 방법(관찰, 실행 충실도 점검, 피드백 제공 등)에 대해 교사와 논의한다.
5. 계획의 실행을 시작한다. 촉진자는 관찰, 실행충실도 점검, 피드백 제공을 통해 적극적인 코칭을 제공한다(교사의 실행충실도가 미리 정한 수준에 도달하면 코칭을 줄이거나 종료한다).

각 단계를 자세히 살펴보면 다음과 같다.

1단계: 계획을 검토하고 PTR 계획 실행평가서(코칭/충실도) 개발하기

촉진자는 훈련 일정을 정하기 전에 중재계획이 완료되었는지 확인하고 'PTR 계획 실행평가서(코칭/충실도)'를 개발한다. 〈표 5-5〉는 레이첼의 PTR 계획 실행평가서(코칭/충실도) 작성 예시다(빈 서식은 〈서식 5-4〉에 제시하였다). 이 서식을 개발할 촉진자는 먼저 행동중재계획을 검토하여 각 중재 전략별로 계획이 실행되는 동안 관찰되어야 할 핵심적인 성인의 행동을 판별한다. 이 서식은 훈련 기간 중 교사가 할 수 있는 단계와 할 수 없는 단계를 평가하는 데 사용할 수 있을 뿐 아니라, 중재계획이 시작된 후에는 실행충실도 측정에도 사용할 수 있다. 교사는 또한 PTR 계획 실행평가서(코칭/충실도)에 포함된 목록을 중재계획의 실행을 위한 시각적 단서로 사용할 수도 있다. 대부분의 경우 이 서식은 행동중재계획 원본보다 간략하게 구성되어 있어 손쉽게 참조할 수 있다. 그러나 행동중재계획은 계획의 모든 측면에 대한 교사의 의견과 팀의 신중한 고려를 대표하는 것이므로 PTR 계획 실행평가서(코칭/충실도)를 개발하기 전에 완성되어야 한다. 행동중재계획 원본의 세부 사항이 없다면, PTR 계획 실행평가서(코칭/충실도)를 작성하는 것도, 다른 사람이 중재계획을 실행하도록 훈련하는 것도 어려울 것이다. 실행평가서의 마지막 열에는 중재가 학생 행동에 미치는 영향에 대한 질문이 있다. 이 질문은 교사가 중재 실행을 시작한 이후에 체크하게 되는데, 각 전략의 효과에 대한 교사의 관점뿐 아니라 전략의 실행자인 교사를 관찰하는 사람의 관점도 알게 해 준다. 이러한 자료는 다음 단계에서 점진적으로 축소할 전략을 결정하거나 유지 또는 변경해야 할 전략을 결정하는 데 사용할 수 있다(제6장 참조).

표 5-5 레이첼의 PTR 계획 실행평가서(코칭/충실도) 작성 예시

PTR 계획 실행평가서(코칭/충실도)

교사명: __존스__   학생명: __레이첼__   날짜: __2019. 3. 1.__

일과/활동/교과: 언어

자기 평가 ☐   관찰 ☒   관찰자명: __피터슨__

중재	중재 단계가 실행되었나요? (예/아니요/해당 없음)	이 중재가 행동에 바람직한 영향을 미쳤나요? (1=전혀 아니다 2=약간 그렇다 3=매우 그렇다)
예방		
교육과정 수정:		1 ② 3
1. 독립적인 쓰기 과제에서 대문자로 써야 할 글자와 대문자가 닿아야 할 노트의 맨 윗선을 빨간색으로 수정하기	(예)/아니요/해당 없음	
2. 독립적인 쓰기 과제를 하라고 요구하기 직전에 레이첼과 함께 수정 내용 살펴보기	(예)/아니요/해당 없음	
3. 레이첼이 수정된 과제의 첫 번째 항목을 연습하도록 안내하기	(예)/아니요/해당 없음	
4. 연습한 항목을 살펴보며 긍정적인 말하기	예/(아니요)/해당 없음	
선택 기회 제공:		1 ② 3
1. 쓰기 과제를 주기 직전에, 그리고 수정된 과제를 검토한 직후에 레이첼에게 구두로 두 가지 옵션이 있는 선택 기회 제시하기	(예)/아니요/해당 없음	
2. 레이첼이 선택하면 긍정적인 말하기	예/(아니요)/해당 없음	
3. 즉시 레이첼이 선택한 것 주기	예/(아니요)/해당 없음	
4. 레이첼이 선택하지 않을 경우, 선택 기회 다시 제시하기	예/아니요/(해당 없음)	
5. 레이첼이 선택 기회를 다시 제시해도 선택하지 않을 경우, 레이첼을 대신하여 선택하기	예/아니요/(해당 없음)	

〈계속〉

교수		
교체행동:		1 2 ③
휴식 요청하기		
1. 레이첼의 책상 위에 휴식 카드 놓아 두기	예/아니요/해당 없음	
2. 쓰기 과제를 부여한 직후 레이첼에게 휴식을 요청할 수 있음을 말로 상기시키기	예/아니요/해당 없음	
3. 레이첼과 휴식 요청 절차를 복습하기	예/아니요/해당 없음	
4. 10초마다 교실 둘러보기	예/아니요/해당 없음	
강화		
교체행동에 대한 강화:		1 2 ③
휴식 요청하기		
1. 레이첼이 휴식 카드로 휴식을 요청하면 즉시 타이머를 2분으로 설정하기	예/아니요/해당 없음	
2. 레이첼에게 긍정적인 말하기	예/아니요/해당 없음	
3. 레이첼에게 휴식 시간 주기	예/아니요/해당 없음	
4. 2분이 지나면 다시 쓰기 과제 제시하기	예/아니요/해당 없음	
도전행동에 대한 강화 중단:		1 2 ③
1. 레이첼이 전조행동의 조짐을 보이거나 쓰기 과제를 하지 않을 때 휴식 카드를 사용하도록 촉진하기	예/아니요/해당 없음	
2. 타이머를 2분으로 설정하기	예/아니요/해당 없음	
3. 휴식 카드 사용에 대한 긍정적인 말하기	예/아니요/해당 없음	
4. 레이첼에게 휴식 시간 주기	예/아니요/해당 없음	
5. 2분이 지나면 다시 쓰기 과제 제시하기	예/아니요/해당 없음	
PTR 계획 실행평가 점수: '예'의 개수 / ('예'의 개수+'아니요'의 개수)	13/15 = 87%	예방 = 2.0 교수 = 3.0 강화 = 3.0 전체 평균 = 2.6

2단계: 계획 실행을 위해 교사를 포함한 실행자 훈련하기

중재계획에 대한 훈련은 적극적인 연습기반의 코칭(Snyder, Hemmeter, & Fox, 2015) 또는 행동기술훈련(behavior skills training; Himle & Miltenberger, 2004)의 특징을 활용하여 실시한다. 촉진자가 교사나 다른 실행자와 함께 진행하게 될 주요 활동은, ① 전략에 대한 안내나 설명, ② 전략에 대한 시범 보이기, ③ 시연 또는 역할극, ④ 피드백이다. 훈련 중에는 행동중재계획과 PTR 계획 실행평가서(코칭/충실도)를 2부씩 복사해 둔다(1부는 촉진자, 1부는 교사를 위한 것임).

훈련을 시작할 때 촉진자는 교사나 다른 실행자와 함께 중재계획을 검토해야 한다. 촉진자는 먼저 교사에게 중재계획의 주요 특징과 단계에 대한 이해도를 확인하기 위한 핵심 질문을 하면서 교사가 각 전략을 묘사하거나 설명해 보게 한다. 전략에 대한 전반적인 검토나 설명이 끝난 후 촉진자는 교사가 특히 설명하기 어려워했던 중재 단계를 모델링하거나, 중재계획 또는 특정 전략을 편안하고 능숙하게 실행하지 못할 것 같다고 느끼는 교사를 위해 모델링을 제공한다. 모델링은 촉진자가 교사 역할을 하고 교사가 학생 역할을 하는 역할극 방식으로 실시할 수 있다. 교사가 계획 실행을 연습해 볼 수 있도록 역할을 바꾸어 촉진자가 학생 역할을 할 수도 있다. 교사가 중재 단계를 수행하는 이 두 번째 역할극에서 촉진자는 교사가 잘 수행하는 단계와 잘 수행하지 못하는 단계를 기록한다. 역할극에 대한 피드백에는 교사 스스로 느낀 점, 교사가 잘 수행했던 단계에 대한 촉진자의 긍정적인 평, 그리고 교사가 어려워했던 단계에 대한 평이 포함된다. 피드백을 시작할 때 역할극이 어땠는지에 대한 교사의 생각을 질문하면, 교사 스스로 자신이 잘한 단계와 어렵게 느꼈던 단계를 이야기할 수 있다. 촉진자는 교사가 수행을 잘했다고 말한 단계에 동의하면서 이에 대한 긍정적 의견을 제시하고 교사가 어렵게 느꼈다고 말한 단계에 대해서도 동의를 표한다. 촉진자는 또한 교사가 일부 단계를 제대로 수행하지 못했던 것이 중재의 어떤 특징 때문이라고 생각하는지를 질문할 수도 있다. 촉진자와 교사는 피드백과 토론을 통해 발견한 문제에 따라 다음 중 한 가지 이상을 해 보기로 결정할 수 있다.

1. 필요한 경우, 특히 중재 단계의 20% 이상이 부정확하게 실행되고 있을 경우, 추가의 훈련 회기를 실시하기
2. 교사가 좀 더 쉽게 수행할 수 있도록 전략을 수정하기
3. 교사가 좀 더 쉽고 편안하게 수행할 수 있는 다른 전략을 선택하기
4. 다음 단계(학생 훈련하기, 교실에서의 첫 실행일 결정하기 등)로 진행하기

교사와 촉진자가 1~3에 해당하는 결정 중 하나를 선택한 경우, 추가 훈련 회기가

필요할 수 있다. 훈련을 받은 대부분의 교사는 80% 이상의 점수를 받는다.

〈표 5-5〉는 촉진자가 PTR 계획 실행평가서(코칭/충실도)를 사용하여 교사를 훈련하고 평가한 방법을 보여 준다. 특정 중재 전략의 실행에 필요한 핵심적인 성인의 행동은 각 중재별로 나열되어 있다. 역할극을 하는 동안 교사는 예방 중재에서 긍정적인 말하기 단계를 두 번 모두 빠뜨렸다. 역할극에 대한 소감을 말하는 시간이 되자 교사는 역할극 도중에 그 단계를 빠뜨린 것을 깨달았다고 하면서 실제 중재를 실행할 때 이를 잊지 않도록 자신의 PTR 계획 실행평가서에 표시를 해 두겠다고 하였다. 역할극에서 교사의 실행평가 점수 92%는 다음 단계로 이행하기에 충분하다고 판단되었다. PTR 계획 실행평가서의 세 번째 열은 훈련 중에는 사용되지 않는다.

3단계: 계획 실행을 위해 실행자 이외의 사람들을 훈련하기

교사(실행자)가 훈련 후 중재를 능숙하게 실행할 수 있게 되면 그다음 단계는 교실에서 중재 실행을 시작하기 전에 훈련이 필요한 다른 사람이 있는지 확인하는 것이다. 거의 모든 경우에 학생은 훈련이 필요하다. 학생을 훈련하기 전에 누가 학생을 훈련할지에 대한 교사의 선호도를 물어보아야 한다. 교사가 직접 학생을 훈련하겠다고 선택하는 경우도 있고, 학생과 긍정적인 관계를 가진 촉진자나 또 다른 성인이 훈련을 할 수도 있으며, 이들이 교사와 함께 학생을 훈련할 수도 있다. 학생 훈련 절차는 교사 훈련 절차와 유사하다. 훈련을 맡게 된 사람은 먼저 중재를 설명하고 그 중재를 사용하는 이유를 제시한다. 그다음 순서로, 훈련자는 중재계획에 포함된 성인의 행동을 모델링하고, 그러한 성인의 행동 후 학생이 수행해야 할 행동을 모델링한다. 다음으로, 훈련자는 역할극을 실시하여 학생이 중재계획을 연습할 기회를 제공한다. 이때 중재가 실행될 일과와 매우 유사한 상황을 조성하는 것이 좋다. 예를 들면, 레이첼의 훈련을 맡은 촉진자는 레이첼을 훈련할 때 교사도 그 장면에 머물면서 관찰하게 하였다. 촉진자는 레이첼에게 중재를 설명하고 시범을 보인 뒤 연습 기회를 주었다. 촉진자는 레이첼에게 수정된 쓰기 과제와 휴식 카드를 제시하였다. 교사와 레이첼은 각 전략을 시연해 보았고, 중재계획에 설명된 대로 레이첼의 행동에 대한 촉진도 제공하였다. 이와 같은 모의 활동은 학생이 앞으로 교실에서 중재계획이 어떻게 실행될지 미리 알게 해 주며, 중재 시작일 전부터 강화받을 기회를 제공한다.

4단계: 적극적인 코칭을 제공할 최선의 방법 결정하기

모든 훈련이 완료되면 촉진자는 교사와 함께 적극적인 코칭을 제공할 계획을 논의한다. 적극적인 코칭은 관찰, 피드백 제공, 추가 관찰계획 수립을 포함하는 지속적인 과정으로, 종종 현장에서 즉각적으로 이루어지는 지원이다. 그러나 테크놀로지를 활용하여 현장 밖에서 코칭을 제공할 수도 있다. 코칭 전달 방법은 촉진자와 교사가 결정한다.

코칭을 제공할 때는 교사에게 어떤 형태로 코칭이 이루어지기를 원하는지 물어보아야 한다. 관찰은 코칭을 위해 중요한 것이지만 교사에게 방해가 될 수 있으므로 촉진자는 학급 및 학생에 대한 방해를 어떻게 최소화할지를 교사와 논의해야 한다. 논의해야 할 주요 내용은, ① 학급의 모든 학생이나 중재 대상 학생에게 코치가 오는 것을 설명해야 할지, ② 관찰하는 동안 촉진자가 어느 위치에 있어야 할지, ③ 촉진자가 중재 대상 학생 및 다른 학생과 어느 정도로 상호작용할지 등이다. 추가 논의와 계획은 교사가 촉진자의 어떤 관찰 방식을 선호하는지에 중점을 두고 진행해야 한다. 어떤 교사는 촉진자가 관찰하는 동안 학생이나 교사와 상호작용하지 않는 것을 선호할 수 있다. 다른 교사는 촉진자가 관찰하는 동안 언어적·시각적 촉진/단서를 제공하여 교사가 수행해야 할 행동을 알려 주기를 바랄 수 있다. 또 다른 교사는 촉진자가 학생에게 중재하는 장면을 직접 보여 주기를 원할 수도 있다.

촉진자와 교사는 적극적인 코칭 계획을 세울 때 언제 어떻게 피드백을 주고받을지 협의해야 한다. 관찰 직후에 피드백을 하는 것이 이상적이지만, 교사의 일정상 그것이 어렵다면 조금 지나서 피드백을 하거나 다음날 또는 며칠 후에 할 수도 있다. 코칭 초반에는 보통 직접 만나서 피드백을 하는 것이 좋다. 그러나 일정상 직접 만남을 통한 피드백이 어렵다면, 테크놀로지(예: 페이스타임이나 스카이프 같은 웹 기반 회의 플랫폼, 전화, 이메일)를 이용하여 피드백을 주고받을 수도 있다. 피드백의 목표는 관찰에 대해 논의하고, 계획이 충실하게 실행되고 있는지, 교사가 실행하는 것이 현실적으로 가능한지, 학생의 행동에 효과적으로 영향을 미치는지에 대해 확인하는 것임을 유념해야 한다. 피드백 회기를 통해 실행하기가 너무 어렵거나 예상했던 효과를 내지 못하는 전략을 수정하거나 교체하면, 교사가 계획 실행 중에 직면하는 모든 문제를 해결할 수 있다.

5단계: 적극적인 코칭과 함께 계획 실행 시작하기

이제 교사(혹은 지정된 다른 팀원)는 행동중재계획을 실행할 수 있다. 촉진자는 실행 기간 내내 4단계(적극적인 코칭을 제공할 최선의 방법 결정하기)에서 내린 결정에 따라 피드백을 포함한 적극적인 코칭을 제공할 것이다.

교사에게 피드백을 제공할 때는 교사의 계획 실행에 대한 긍정적인 평으로 시작하는 것이 가장 좋다. 예를 들면, 촉진자는 다음과 같이 말할 수 있다. "레이첼에게 독립 과제를 제시한 직후 휴식 카드를 사용하라는 촉진을 정말 잘하셨네요. 레이첼은 휴식 카드 사용법을 잘 배우고 있는 것 같고, 도전행동도 보이지 않았어요. 그렇죠?" 피드백을 시작하는 또 다른 방법은 촉진자가 관찰하는 동안 상황이 어떻게 흘러갔다고 생각하는지 교사에게 묻는 것이다. 교사의 답변에 따라 촉진자는 긍정적인 의견을 전달하고, 교사가 적절하게 진행되었다고 언급한 사건을 확인해 줄 수도 있다. 이렇게 함으로써 촉진자는 교사가 계획대로 실행하지 못했다고 언급한 내용을 바탕으로 실행충실도가 낮은 전략과 관련된 문제를 다룰 수 있다.

전략이 충실하게 실행되지 않을 때 촉진자는 상황에 따라 몇 가지 다른 방식으로 피드백을 제공한다. 학생의 도전행동이 감소하고 교체행동은 증가하는 상황이라면, 교사가 그 전략을 계속 실행하려고 애쓸 필요는 없다. 이 경우 촉진자와 교사는 며칠간 전략의 사용을 중단한 후, 다음 코칭 회기에서 학생의 긍정적인 행동이 유지되는지 확인해 보기로 결정할 수 있다. 전략을 사용하지 않았는데도 학생의 긍정적인 행동이 유지된다면, 충실하게 실행되지 않는 전략을 계획에서 삭제한다. 전략 사용 중단 후 도전행동이 재발했다면, 교사는 그 전략을 다시 실행하면서 행동에 영향을 미치는지 확인하면 된다. 그러나 전략이 정확하게 실행되지 못하고 있고 학생의 도전행동이 중재 전과 별 차이 없이 지속되고 있다면, 교사와 촉진자는 교사의 실행을 어렵게 만드는 전략의 특징이 무엇인지 논의해야 한다. 이들은 전략을 복습하기 위해 역할극을 해 볼 수도 있고, 촉진자가 학생을 대상으로 다시 한번 시범을 보일 수도 있다. 만약 교사가 전략을 실행하는 것이 너무 어렵거나 불가능하다면 전략을 쉽고 효율적으로 수정하는 데 중점을 두고 논의한다. 상황에 따라 촉진자와 교사는 충실하게 실행되지 않는 전략을 다른 전략으로 교체하는 것이 더 효과적이고 효율적이라고 판단할 수도 있다. 이런 경우에는 PTR 중재 목록을 다시 살펴보며 동일한 영역에서 팀이 선택했던 다른 전략으로 교체하는 방안을 검토한다. 자료기반 의사결정의 유형에 대해서는 제6장에서 좀 더 자세히 다룬다.

　적극적인 코칭이 어느 정도 필요할지를 미리 정할 수는 없지만, 중재 초반에는 코칭을 빈번하게 제공하고 교사가 중재계획을 정확히 실행하게 되면 점진적으로 줄여 나간다. 일반적으로 80%의 정확도가 수용 가능한 실행충실도 목표지만, 이 책의 출간 시점까지는 학생 행동 변화에 필요한 실행충실도의 구체적 기준이 연구를 통해 수립되지 않았다. 경우에 따라 80% 미만의 실행충실도를 보인 교사가 성공적인 성과를 달성하기도 한다. 어떤 팀은 실행충실도의 목표를 90%로 높이는 것이 좋겠다고 판단할 수도 있다. 팀이 이러한 문제를 함께 논의하고 합의하는 것은 매우 중요하다.

충실도 점검하기

　앞에서 설명한 대부분의 코칭 지원에는 충실도 점검이 포함된다. 실행충실도는 행동중재계획 단계와 자료기반의 의사결정 단계에 필수적이다. 학생의 행동이 개선되지 않았어도, 계획이 충실하게 실행되지 않았다면 팀은 그 계획을 비효과적이라고 단정할 수 없다. 코칭은 교사가 계획을 정확하게 수행할 가능성을 높인다. 팀은 충실도 측정 계획을 세워야 한다. 촉진자가 코칭을 위한 관찰을 하면서 충실도를 측정할 수도 있고, 교사 스스로 충실도를 평가할 수도 있다. 두 방법을 모두 사용하는 것이 좋은데, 즉 교사는 주기적이고 빈번하게 충실도를 스스로 점검하고, 촉진자는 중재계획 실행 초기일 경우 최소한 주 2회씩 충실도를 측정하는 것이 좋다.

　PTR 계획 실행평가서(코칭/충실도)는 충실도 측정에도 사용할 수 있다(〈서식 5-4〉 참조). 서식 상단에는 충실도의 측정 방법이 자기 평가인지 타인의 관찰인지 여부를 표시하게 되어있다. 이 서식을 사용하여 충실도를 측정하는 교사나 관찰자는 해당 전략이 학생의 행동에 영향을 미쳤는지를 묻는 세 번째 열을 완성해야 한다. 이 평정은 모든 전략에 대해 실시한다.

　〈표 5-5〉는 세 번째 열의 평정을 포함하여 레이첼에 대한 충실도 평정을 완성한 예시다. 촉진자는 중재를 실행하기로 한 언어 시간에 관찰을 실시하여 충실도를 측정했

다. 일부 전략은 '해당 없음'으로 표시되어 있다. 이는 '선택 기회 제공'의 경우, 레이첼이 앞 단계에서 이미 선택을 하여 4, 5단계가 불필요해졌기 때문이다. 또한 '도전행동에 대한 강화 중단'의 경우 관찰 중 레이첼의 도전행동이 발생하지 않아서 교사가 그 전략을 실행할 필요가 없었다. 촉진자는 교사가 이 단계들을 수행하지 않았다고 0으로 평정하는 것이 아니라, 그 단계를 실행할 필요가 없었기 때문에 '해당 없음'으로 표시한 것이다. '해당 없음'으로 표시된 단계는 점수 계산에 포함되지 않는다. 충실도 점수는 '예'로 표시된 단계의 수를 '예'와 '아니요'로 표시된 단계의 총합으로 나누어 계산한다. 계산 결과 교사의 충실도 점수는 87%였다. 세 번째 열의 자료는 각 중재 영역별로 평균값을 계산하거나 모든 전략에 대한 전체 평균을 계산한다. 관찰자는 **교수** 및 **강화** 중재가 레이첼의 행동에 매우 긍정적인 영향을 미치는 것으로 평가했고, **예방** 중재도 어느 정도 영향을 미친다고 평가했다. 중재의 영향에 대한 전체 평균은 2.6점이었다. 촉진자는 교사에게 피드백을 제공할 때 이 서식을 참조할 수 있다. 중재가 학생의 행동에 미친 영향에 대한 평정 결과는 교사와 촉진자에게 그리고 이후에는 팀 전체에게 소거 또는 감소시킬 전략과 계속 적용할 전략을 결정할 안내 자료가 되어 줄 것이다. 또한 교사와 촉진자의 평정 결과를 비교하여 두 사람의 일치도를 살펴보는 것도 도움이 된다.

요약 | 4단계: PTR 행동중재계획

행동중재계획은 중재가 어떻게 실행되어야 하는지를 설명하는 핵심 문서다. 행동중재계획은 주요 팀원들이 합의한 기능평가의 가설문장과 연계되고, **예방 · 교수 · 강화**에 해당하는 연구기반의 전략을 포함할 때 효과적이다. 도전행동이 복잡하고 오래된 것일수록, 행동중재계획을 정확하고 상세하게 준비하고 높은 실행충실도를 위해 훈련과 코칭, 감독을 충분히 제공해야 한다.

4단계에서 촉진자의 역할

이 단계에서 촉진자의 역할은 매우 중요하다. 이 단계는 교사가 학생과 상호작용하는 방식을 바꾸어야 하고 전략을 실행해야 하는 중요한 단계다. 촉진자의 역할은 다음과 같다.

- 팀이 적절한 선택을 할 수 있도록 PTR 중재 목록에 포함된 행동중재를 잘 설명하기
- 중재에 대한 팀원들의 우선순위를 종합하고, 최고 순위로 선택한 중재가 기능평가 가설과 연결되는지 확인하기
- 교사에게 적절한 질문을 하여 선택된 중재 절차를 교사가 잘 이해하도록 안내하기
- 교사가 교실 환경에서 중재 단계를 현실적으로 실행할 수 있는지 확인하기
- 교사가 중재를 수행할 수 있도록 교사 훈련 일정 잡기
- 관찰과 피드백을 포함한 지속적인 코칭 제공하기
- 중재계획의 실행충실도 측정을 준비하기

중재계획이 학생의 행동에 미치는 영향을 점검하는 것은 이 과정의 다음 단계다. 팀은 충실도 자료와 학생의 성과 자료를 검토하기 위해 계획 실행 3주 이내에 회의를 하게 된다. 이 단계는 다음 장에서 설명할 것이다.

서식 5-1

PTR 중재 목록

학생명: _____ 날짜: _____

예방 중재	교수 중재	강화 중재
☐ 선택 기회 제공	* 교체행동 교수 ☐ 동일 기능 교체행동 교수 ☐ 바람직한 대안행동 교수	* 교체행동에 대한 강화 ☐ *동일 기능 교체행동 강화 ☐ 바람직한 대안행동 강화
☐ 전이 지원	☐ 구체적인 학업기술 교수	* ☐ 도전행동에 대한 강화 중단
☐ 환경적 지원 (독립성, 참여, 예측성의 향상)	☐ 문제해결 전략 교수	
☐ 교육과정 수정	☐ 일반적인 대처 전략 교수	
☐ 비유관 관심 제공(긍정적이고 친절한 말, 긍정적 제스처)	☐ 구체적인 사회성 기술 교수	
☐ 교실 관리(학급 전체)	☐ 학업참여 증진 전략 교수	
☐ 배경사건 수정	☐ 자기 관리 교수	
☐ 반응 기회 증가	☐ 독립적 반응 교수	
☐ 또래 모델링 및 또래 지원		

도전행동의 심각성이나 강도가 학생 자신이나 다른 사람의 안전에 위협이 되나요?
☐ 예   ☐ 아니요
만약 그렇다면, 위기 계획 혹은 안전 계획이 필요한가요? ☐ 예   ☐ 아니요

* 표시된 요소는 PTR 중재계획에 필수적으로 포함되어야 함

이 서식은 학지사 홈페이지(hakjisa.co.kr)의 『학교에서의 예방·교수·강화 모델』도서 상세정보에서 내려받을 수 있다.

PTR 중재 순위표

학생명: _____   날짜: _____

가설: _____

_____

_____

예방	순위	교수	순위	강화	순위

교사가 1순위로 선택한 중재 전략에 * 표시하세요.

이 서식은 학지사 홈페이지(hakjisa.co.kr)의 『학교에서의 예방·교수·강화 모델』도서 상세정보에서 내려받을 수 있다.

서식 5-3

PTR 행동중재계획 과제분석

학생명: _____   날짜: _____

가설: _____

_____

_____

중재 유형	구체적인 단계	실행을 위한 준비 사항
〈예방 행동중재〉		
〈교수 행동중재〉		
교체행동:		

〈계속〉

중재 유형	구체적인 단계	실행을 위한 준비 사항
〈강화 행동중재〉		
교체행동 강화:		
도전행동에 대한 강화 중단:		

이 서식은 학지사 홈페이지(hakjisa.co.kr)의 『학교에서의 예방·교수·강화 모델』 도서 상세정보에서 내려받을 수 있다.

서식 5-4

PTR 계획 실행평가서(코칭/충실도)

교사명: _____ 학생명: _____ 날짜: _____

일과/활동/교과: _____

자기 평가 ☐   관찰 ☐   관찰자: _____

중재	중재 단계가 실행되었나요? (예/아니요/해당 없음)	이 중재가 행동에 바람직한 영향을 미쳤나요? (1=전혀 아니다 2=약간 그렇다 3=매우 그렇다)
예방		
	예/아니요/해당 없음	1 2 3
	예/아니요/해당 없음	
	예/아니요/해당 없음	
	예/아니요/해당 없음	
교수		
교체행동:	예/아니요/해당 없음	1 2 3
	예/아니요/해당 없음	
	예/아니요/해당 없음	
	예/아니요/해당 없음	

〈계속〉

강화		
교체행동 강화:		1　　2　　3
	예/아니요/해당 없음	
	예/아니요/해당 없음	
	예/아니요/해당 없음	
	예/아니요/해당 없음	
도전행동에 대한 강화 중단:		1　　2　　3
	예/아니요/해당 없음	
	예/아니요/해당 없음	
	예/아니요/해당 없음	
	예/아니요/해당 없음	
PTR 계획 실행평가 점수: '예'의 개수 / ('예'의 개수+'아니요'의 개수)		예방 = 교수 = 강화 = 전체 평균 =

이 서식은 학지사 홈페이지(hakjisa.co.kr)의 『학교에서의 예방·교수·강화 모델』 도서 상세정보에서 내려받을 수 있다.

진보의 점검과
자료기반 의사결정

진보 점검 단계의 목적은 PTR 행동중재계획의 성과를 평가하고 다음 단계에 대한 결정을 내리는 것이다. PTR 행동중재계획을 수립하고 교실에서 이를 실행한 후에는 학생의 성과 자료를 지속적으로 수집하여 중재가 효과적인지 확인하고 중재의 실행충실도 평가 계획을 수립해야 한다. 팀은 진보 점검 과정에서 수집된 정보를 통해 중재계획에 필요한 잠재적인 변경 사항이나 추가 사항에 대한 자료기반의 의사결정을 할 수 있으며, 학생 또는 교사에게 추가로 발생할 수 있는 문제나 상황을 효과적으로 해결할 수 있다.

목표

이 장을 읽고 나면,
- PTR 팀은 중재 실행을 점검할 방법을 결정할 수 있다.
- PTR 팀은 학생 행동 변화에 대한 평가 체계를 결정할 수 있다.
- PTR 팀은 자료기반 의사결정을 위한 절차를 수립할 수 있다.

학생 성과 자료에 대한 점검과 평가

중재계획이 학생의 행동을 효과적이고 적절하게 변화시켰는지 판단하려면 학생의 성과 자료를 수집하는 것이 매우 중요하다. IBRST는 원래 PTR 모델에서 기초선 자료를 수집하기 위해 사용되지만(제2, 3장 참조), 평가 단계에서 중재 적용 후 자료(즉, 성과 자료)를 수집하기 위해 지속적으로 학생 행동을 평정할 때도 사용할 수 있다. 팀은 기초선과 중재 이후 자료를 비교하여 목표행동이 개선되었는지, 중재 전과 차이가 없는지 또는 악화되었는지의 여부를 판단할 수 있다. 팀은 IBRST 성과 자료를 활용하여 중재계획의 효과를 결정해야 하며, 이 정보를 PTR 계획 실행평가서(코칭/충실도) 점수와 함께 고려하여 중재 전 과정에 대한 가장 정확하고 적절한 결정을 내려야 한다. 이 장에서는 팀이 성과 자료를 측정 · 검토 · 평가하는 방법을 이해하는 데 도움을 주기 위해 먼저 한 학생의 사례를 제시한 후, 그 학생에게 나타날 수 있는 다양한 중재 성과의 유형을 보여 주는 세 가지의 IBRST 사례 예시와 실행충실도 결과를 제시하였다.

> **TIP** 교직원들은 종종 평가 및 자료 요구를 부담스러워한다. 따라서 IBRST 자료가 PTR 절차 이외의 목적으로도 사용 가능하다는 점을 강조하는 것이 중요하다. 이 자료는 IEP 교수, 가정-학교 의사소통 및 교사 효능감 증진에도 활용될 수 있다.

사례: 타이론에 대한 진보 점검과 자료기반 의사결정

타이론(Tyron)은 귀청이 찢어질 듯한 날카로운 괴성을 내는 4학년 학생으로, 이 소리는 학습 환경을 심각하게 방해하고 있다. 팀은 이 괴성 지르기 행동이 타이론의 가장 심각한 도전행동이라는 데 합의하였다. 또한 팀은 타이론의 심각한 과제 이탈 행동 때문에 학업이 뒤처지고 있다는 점을 걱정하였다. 팀은 PTR 단계에 따라 타이론을 위한 목표를 설정한 후, IBRST를 활용하여 타이론의 도전행동인 괴성 지르기 자료와 대안행동 자료(학업참여 또는 과제집중 시간)의 수집을 위한 최선의 방법을 논의하였다. 팀은 두 유형의 행동에 대한 IBRST 점수 체계를 수립하고 기초선 자료 수집을 시작하였다. 다음으로, 팀은 PTR 기능평가를 실시하고 타이론의 도전행동에 대한 가설을 설정하였다. 팀은 가설을 바탕으로 괴성 지르기 행동을 감소시키고 학업참여행동을 교수하고 강화하기 위한 적절한 중재를 선택하고, 선택한 전략을 상세히 기술한 중재계획을 작성하였다. 교사와 다른 핵심 팀원은 중재 전략을 충실하게 실행하는 방법에 대한 훈련을 받았다. 중재 실행 이후에도 팀은 계속 IBRST 자료를 수집하여 전략의 효과를 파악하고 다음 단계를 위한 자료기반의 의사결정을 지속하였다. 실행충실도는 주 2회 교사의 자기 평가로 측정되었고, 모든 자료를 검토하기 위한 회의가 소집되기 전 2주 동안 두 번에 걸친 외부자 관찰을 통해서도 측정되었다. 다음에 제시한 시나리오들은 진보 점검 단계에서 발생 가능한 세 가지의 서로 다른 상황에서 팀이 자료를 활용하여 절차를 진행하는 방법을 보여 준다. 이 세 가지의 시나리오는, ① 수집된 자료에서 타이론의 긍정적 행동성과가 나타난 경우, ② 수집된 자료에서 아무런 행동 변화가 나타나지 않는 경우, ③ 수집된 자료에서 타이론의 행동이 악화된 것으로 나타난 경우다.

시나리오 1: 긍정적인 성과가 나타났을 때

다음의 IBRST는 타이론의 괴성 지르기 및 학업참여행동과 관련하여 긍정적인 성과가 나타난 예시를 보여 준다([그림 6-1] 참조). 실행충실도 점수는 IBRST 자료 아래에 제공된다. PTR 진보 점검을 위해서는 실행충실도 점수와 IBRST 자료가 모두 필요하다. 타이론의 팀은 IBRST를 보면서 중재 이후 자료를 기초선 자료(중재계획을 실행하기 이전 점수)와 비교하였다. 타이론의 IBRST 기초선 자료는 타이론이 '평소 정도의 심각한 날'(즉, '보통 정도의 날'이나 '좋은 날'이 아닌 상태, 제3장 참조)을 보내고 있었음을 보여 준다. 타이론의 IBRST 기초선 점수의 평균은 4.2점으로, 타이론이 하루 16회 이상 괴성을 지르는 상태가 지속되고 있었다. 학업참여에 대한 기초선 자료를 보면 참여 점수의 평균이 1.8점으로, 이는 타이론의 학업참여 시간이 전체 시간의 30%도 채 되지 않음을 나타내기 때문에 타이론이 '평소 정도의 심각한 날' 또는 '매우 심각한 날'들을 보냈음을 뜻한다.

다음으로, 팀은 타이론에게 중재 전략을 실행한 후에 수집한 자료를 살펴보았다(10/5와 10/8 사이에 그려진 세로 구분선은 기초선 단계가 끝나고 중재가 시작된 시점을 뜻

행동	평정	기초선 자료					중재/성과 자료									
		10/1	10/2	10/3	10/4	10/5	10/8	10/9	10/10	10/11	10/12	10/15	10/16	10/17	10/18	10/19
괴성 지르기	하루 20회 초과	5	5	5	5	5	5	5	5	5	5	5	5	5	5	5
	16~20회	4	4	4	4	4	4	4	4	4	4	4	4	4	4	4
	11~15회	3	3	3	3	3	3	3	3	3	3	3	3	3	3	3
	6~10회	2	2	2	2	2	2	2	2	2	2	2	2	2	2	2
	0~5회	1	1	1	1	1	1	1	1	1	1	1	1	1	1	1
학업 참여	전체 50% 이상	5	5	5	5	5	5	5	5	5	5	5	5	5	5	5
	40~49%	4	4	4	4	4	4	4	4	4	4	4	4	4	4	4
	30~39%	3	3	3	3	3	3	3	3	3	3	3	3	3	3	3
	20~29%	2	2	2	2	2	2	2	2	2	2	2	2	2	2	2
	20% 미만	1	1	1	1	1	1	1	1	1	1	1	1	1	1	1

그림 6-1 학생에게 긍정적인 성과가 나타난 경우를 보여 주는 IBRST 자료 예시

함). IBRST에서 타이론의 중재 이후 자료를 살펴보면 팀이 설정한 목표(즉, 2점 또는 1점)에 가깝게 괴성 지르기 행동이 감소하고 있으며, 학업참여행동은 꾸준히 증가하고 있다. 기초선 중에는 타이론의 괴성 지르기 행동이 하루 16회 이상 나타났지만, 2주간의 중재 실행이 끝날 무렵에는 하루 5회 이하(IBRST 평균 = 2.6)로 감소하였다. 타이론의 학업참여(즉, 과제집중 행동) 평균 점수는 1.8점에서 3.4점으로 증가하였으며, 이는 기초선 기간의 학업참여 시간은 전체 시간의 30% 미만이었으나 중재 후에는 전체 시간 중 40% 이상 학업에 참여하고 있음을 의미한다. 충실도 자료는 교사가 90% 이상의 충실도로 계획을 실행하였음을 나타낸다. 2주간의 중재가 끝나갈 무렵 교사는 100%의 충실도를 보여 주기 시작했는데, 이러한 충실도의 향상은 모든 목표 영역에서 타이론의 지속적인 행동 개선에 기여할 것이다.

IBRST에서 학생 행동의 지속적인 개선과 높은 교사 충실도가 나타났으므로 팀은 다음 단계를 논의할 것이다. 팀은 중재계획을 변경하기 전에 개선된 행동이 유지되고 있는지 확인하기 위해 1~2주 동안에는 기존의 계획을 계속 실행하기로 결정할 수도 있다. 팀은 또한 IBRST의 평정 기준을 조정할지를 논의할 수 있다. 예를 들면, 타이론의 학업참여가 향상되고 있으므로 '환상적으로 좋은 날'(5점)을 70% 이상의 참여로 조정하고, '좋은 날'(4점)을 55~69%로 조정할 수 있다. 학생 행동의 긍정적인 변화에 따라 내릴 수 있는 결정은 이 장의 후반부에서 자세히 논의할 것이다.

이 시나리오에서 IBRST 기초선 자료점과 중재 이후의 자료점을 비교해 보면, 각 목표행동이 팀이 바라는 목표를 향해 긍정적으로 변화하고 있음을 명확하게 확인할 수 있다. 타이론의 괴성 지르기 행동에 대한 자료는 하향 또는 감소 경향(5점에서 1점)을 보이는 반면, 학업참여행동에 대한 자료는 상향 또는 증가 경향(1점에서 5점)을 보인다. 날이 갈수록 타이론은 괴성을 덜 지르고 학업에 더 오래 참여하고 있다. 이를 통해 두 가지 목표 영역에서 타이론의 행동이 개선되고 있으며, 선택된 중재 전략이 도전행동을 다루는 데 효과적이었음을 확인할 수 있다.

TIP 자료를 통해 행동의 개선이 확인될 때 교직원의 노력을 강화하는 것은 매우 중요하다. 교직원의 노고를 치하하라!

시나리오 2: 행동 변화가 나타나지 않는 경우

　IBRST 자료가 항상 긍정적인 행동 변화를 보여 주는 것은 아니다. 자료의 변화가 거의 또는 전혀 없는 패턴이 나타날 수 있는데, 이는 학생의 목표행동이 개선되고 있지 않음을 의미한다. 타이론의 IBRST 자료가 [그림 6-2]와 같은 패턴을 보였다고 가정해 보자.

행동	평정	기초선 자료					중재/성과 자료									
		10/1	10/2	10/3	10/4	10/5	10/8	10/9	10/10	10/11	10/12	10/15	10/16	10/17	10/18	10/19
괴성 지르기	하루 20회 초과	5	5	5	5	5	5	5	5	5	5	5	5	5	5	5
	16~20회	4	4	4	4	4	4	4	4	4	4	4	4	4	4	4
	11~15회	3	3	3	3	3	3	3	3	3	3	3	3	3	3	3
	6~10회	2	2	2	2	2	2	2	2	2	2	2	2	2	2	2
	0~5회	1	1	1	1	1	1	1	1	1	1	1	1	1	1	1
학업 참여	전체 50% 이상	5	5	5	5	5	5	5	5	5	5	5	5	5	5	5
	40~49%	4	4	4	4	4	4	4	4	4	4	4	4	4	4	4
	30~39%	3	3	3	3	3	3	3	3	3	3	3	3	3	3	3
	20~29%	2	2	2	2	2	2	2	2	2	2	2	2	2	2	2
	20% 미만	1	1	1	1	1	1	1	1	1	1	1	1	1	1	1

그림 6-2　학생에게 아무 성과가 나타나지 않는 경우를 보여 주는 IBRST 자료 예시

　이 IBRST 자료를 검토한 팀은 타이론의 괴성 지르기 및 학업참여행동의 기초선과 중재 이후의 자료점이 거의 같은 수준으로 유지되고 있음을 발견하였다. 타이론의 IBRST 점수는 평균 4.2점으로 타이론은 기초선 기간 중 하루 16~20회의 괴성 지르기 행동을 보였는데, 팀이 중재 전략을 실행한 후의 성과 자료에서도 괴성 지르기 행동의 IBRST 점수가 평균 4.3점으로 나타나 기초선 시기의 빈도와 큰 차이가 없었다. 타이론의 학업참여행동도 마찬가지였다. 타이론의 IBRST 평균 점수는 1.8점으로, 기초선 기간의 학업참여행동 발생률이 29% 이하였다. 중재계획을 실행한 후에도 타이론의 학업

참여행동의 IBRST 평균 점수는 1.9점으로 기초선과 거의 비슷하였다.

이 자료는 두 가지 목표행동이 원하는 방향으로 변화하지 못하고 제자리걸음을 하는 상황을 보여 주는 예시다. 팀은 IBRST 기초선과 중재 이후의 자료점을 비교한 후 타이론의 행동이 두 가지 목표 영역에서 전혀 개선되고 있지 않다고 판단할 것이다. 긍정적인 행동 변화가 나타나지 않아 계획을 수정하기로 결정하기 전에 팀은 먼저 실행충실도 점수를 살펴보며 중재계획이 충실하게 실행되었는지를 판단한다. 이 시나리오에서 실행충실도 점수 범위는 60~75%였는데, 이는 일부 전략이나 단계가 실행되지 않았음을 의미한다. 팀은 우선 어떤 전략이 실행되지 않았는지 확인한 후 이것이 행동 개선이 나타나지 않았던 이유인지를 판단해야 한다. 진보가 나타나지 않은 가장 중요한 이유가 낮은 실행충실도라면, 팀은 교사와 함께 충실도를 저해한 요인이 무엇인지 논의한다(다양한 원인과 그에 따른 결정 방법은 이 장 후반부에서 더 자세히 다룰 것이다). IBRST와 실행충실도 자료를 평가하면 적절한 다음 단계를 잘 결정할 수 있다.

시나리오 3: 부정적인 성과가 나타났을 때

마지막으로, IBRST 자료가 도전행동이 유지되거나 개선되는 것이 아니라 더 나빠지고 있음을 보여 줄 수도 있다. 이 경우, 자료는 원하는 목표와 반대 방향의 경향성을 보일 것이다. [그림 6-3]은 악화되고 있는 타이론의 행동 패턴을 보여 준다.

이러한 IBRST 자료를 검토한 팀은 타이론의 목표행동이 개선되거나 유지되는 것이 아니라 점점 나빠지고 있음을 발견할 것이다. 기초선 자료에 따르면, 타이론의 괴성 지르기 행동은 높은 비율(IBRST 평균 = 4.2, 하루에 16~20회 행동 발생)로 발생했다. 중재 이후 괴성 지르기의 IBRST 평균은 4.8점이었는데, 이는 이 행동이 하루 20회 넘게 발생하고 있음을 나타낸다. 학업참여에 대한 중재 이후 자료도 유사한 악화 경향을 보이는데, 중재 이후 평균 점수 1.2점은 기초선 평균 점수인 1.8점보다 낮다. 이러한 자료는 타이론의 행동이 목표를 향한 바람직한 방향과는 반대 방향으로 퇴보하고 있음을 분명하게 보여 준다. 한편, 실행충실도 점수를 살펴본 결과 교사는 중재계획을 매우 충실하게 실행한 것으로 나타났다. 이제 팀은 중재계획을 변경할지, 또는 타이론의 괴성 지르기 행동에 대한 PTR 기능평가 자료와 가설을 검토하여 팀이 합의했던 가설의 정확성을 평가할지 결정해야 한다. 다음 절에서는 학생 자료를 바탕으로 다음 단계

행동	평정	기초선 자료					중재/성과 자료									
		10/1	10/2	10/3	10/4	10/5	10/8	10/9	10/10	10/11	10/12	10/15	10/16	10/17	10/18	10/19
괴성 지르기	하루 20회 초과	5	5	5	5	5	5	5	5	5	5	5	5	5	5	5
	16~20회	4	4	4	4	4	4	4	4	4	4	4	4	4	4	4
	11~15회	3	3	3	3	3	3	3	3	3	3	3	3	3	3	3
	6~10회	2	2	2	2	2	2	2	2	2	2	2	2	2	2	2
	0~5회	1	1	1	1	1	1	1	1	1	1	1	1	1	1	1
학업 참여	전제 50% 이상	5	5	5	5	5	5	5	5	5	5	5	5	5	5	5
	40~49%	4	4	4	4	4	4	4	4	4	4	4	4	4	4	4
	30~39%	3	3	3	3	3	3	3	3	3	3	3	3	3	3	3
	20~29%	2	2	2	2	2	2	2	2	2	2	2	2	2	2	2
	20% 미만	1	1	1	1	1	1	1	1	1	1	1	1	1	1	1

그림 6-3 학생의 성과가 악화되고 있는 경우를 보여 주는 IBRST 자료 예시

를 결정하는 방법을 논의한다.

TIP 팀은 PTR 행동중재계획을 실행한 첫날로부터 3주 이내에 회의를 소집하여 자료를 검토하고 의사결정을 하는 것이 좋다.

긍정적인 진보가 나타났을 때의 다음 단계

[그림 6-1]에 나타난 타이론의 변화처럼 도전행동이 감소하고 교체행동 또는 바람직한 대안행동이 증가하는 등의 목표행동 개선은 팀이 자축할 좋은 이유가 된다. 그러나 행동이 개선되었다고 해서 중재계획의 실행을 멈춰야 하는 것은 아니다. IBRST 자료상에서 학생 행동이 개선되고 학생이 바람직한 목표를 향해 변화하고 있다 해도, 팀의 다음 단계는 학업 목표와 기술을 학습할 때와 마찬가지로 학생이 습득 단계에서 숙

달, 그리고 최종적으로는 유지 단계까지 도달하게 할 전략을 수립하는 것이다. 팀은 중재의 범위와 정도를 고려하여 목표의 숙달과 유지를 위한 다양한 방법을 고려해야 하는데 그중 대표적인 것은 중재계획의 확장과 일반화 지도, 새로운 목표 설정/행동 기준 변경, 중재의 점진적 소거, 새로운 기술 교수다.

> **TIP** 행동의 개선이 중재계획의 종료를 의미하는 것은 아니다. 학업기술과 마찬가지로 행동도 습득, 숙달, 유지의 단계를 거쳐야 한다. 중재계획은 절대 종결되는 것이 아니다. 팀은 개선된 행동이 유지될 때까지 계속 계획을 조정해 나가야 한다.

중재계획의 확장 및 일반화 지도

학생이 습득한 행동이 숙달과 유지 단계에 이르게 하는 한 가지 방법은 중재계획의 범위를 확장하는 것이다. 만약 중재가 하나의 일과나 환경에서 실행되었다면, 팀은 이 중재계획을 확장하여 새롭게 배운 바람직한 기술의 일반화를 촉진하고 학생이 이 기술에 숙달되게 하고 싶을 것이다. 중재의 확장이란 또 다른 일과나 환경에서 중재를 실행하는 것 또는 새로운 중재자(예: 다른 교사, 보조원, 부모/양육자)가 전략을 실행하는 것을 포함한다. 팀은 이 책의 제2~5장에 설명된 절차와 동일한 과정을 거쳐 중재계획의 범위를 확장하고, 중재 확장의 목표를 정하며, 적절한 IBRST 점수 체계를 설정하고, 새로운 전략을 실행할 인력에게 훈련을 제공한다. 마지막으로, 팀은 기술 지원과 점검 계획을 수립하여 실행을 지원하고 자료를 검토하여 중재의 확장을 통해 행동이 계속 개선되고 있는지를 판단한다.

새로운 목표 설정/행동 기준 변경

초기에는 바람직한 행동 수행에 약간 못미치는 정도의 행동을 목표로 정했더라도 팀은 점차 목표행동이 명확하게 수행되도록 IBRST 점수 체계를 변경할 수 있다. 이러한 변경은 초기에 정한 적절한 목표가 팀이 궁극적으로 원하는 수준보다 낮게 설정된 상황에서 가능하다. 예를 들어, 중재 전 타이론이 보인 괴성 지르기 행동의 고질적인 성격과 지속성 때문에, 팀은 이 행동이 하루 0~5회로 감소하면 '환상적으로 좋은 날'(즉, IBRST에서 1점)이라고 결정하였다. 중재 후 3주간 수집된 자료를 살펴보면, 타이론의 괴성 지르기 행동의 IBRST 평균 점수는 2.1점으로 감소하였으며, 마지막 7개의 자료점의 점수는 1점(환상적으로 좋은 날)이었다. 자료에 따르면, 타이론의 괴성 지르기 행동이 크게 개선된 것으로 보이지만, 어떤 날에는 여전히 괴성 지르기 행동이 나타난다. 팀은 이제 괴성 지르기 행동이 하루에 한 번도 나타나지 않는 것을 목표로 삼는 것이 적절하다고 판단하고, '환상적으로 좋은 날'을 괴성을 한 번도 지르지 않는 것(즉, IBRST의 1점은 괴성 지르기 행동이 나타나지 않는 것)으로 설정한 후, 다른 평정 기준도 이에 맞추어 수정하였다.

팀이 IBRST 점수 체계를 변경할 때는 중재계획을 살펴보면서 학생이 변경된 기준에 이르려면 어떻게 중재해야 할지 결정해야 한다. 이를 위해서는 먼저 중재계획의 실행 측면에서 학생이 특정 도전행동을 하는 이유를 논의해야 한다. 예를 들어, 전조행동이 발생했을 때 교체행동을 사용하도록 촉진하는 것이 중재계획인 경우를 가정해 보자. 이때 단서나 촉진을 제공하는 시점을 전조행동 발생 전으로 바꾸면 도전행동이 더 잘 줄어드는 동시에 바람직한 행동이 증가될 수 있다. 계획을 조정하는 또 다른 방법에는 적절한 행동 후 강화를 더 효율적으로 또는 더 자주 제공하도록 중재계획을 보강하기, PTR 영역 중 하나에서 전략을 추가로 선택하기 등이 있다. 팀에서 IBRST 점수 체계를 변경하거나 중재계획을 확대할 경우 IBRST상에서 변경이 적용되는 첫 번째 날짜 앞에 세로선을 그어 이러한 변화가 타이론의 목표행동에 미치는 영향을 정확하게 비교하고 평가할 수 있도록 해야 한다.

중재의 점진적 소거

행동이 개선되었을 때 팀이 고려할 수 있는 또 다른 방법은 중재계획에 포함된 요소나 강화제 제공을 점진적으로 줄여 나갈 방안을 체계적으로 계획하는 것이다. 만약 팀이 강화제의 즉시성이나 빈도를 감소하기로 했다면, 팀은 자료를 검토하여 학생이 새로운 행동이나 기술(교수 중재)을 지속적으로 사용하고 있는지, 그리고 도전행동이 없어지거나 수용 가능한 수준으로 감소했는지를 확인해야 한다. 자료를 통해 이 두 가지가 확인되면 팀은 강화의 점진적 소거 계획을 수립할 수 있다. 팀은 강화의 점진적 소거를 위한 방법으로 강화제의 제공 빈도를 감소시키기로 결정할 수 있다. 예를 들어,

교사는 학생이 바람직한 행동을 보일 때마다 강화제를 제공하는 대신 한 번은 제공하고 다음 한 번은 건너뛰는 방식으로 강화를 제공할 수 있다(즉, 연속적 강화 일정 대신 간헐적 강화 일정을 적용). 강화의 점진적 소거를 위한 또 다른 방법으로는 '지연된 만족(delayed gratification)'이 있는데, 이것은 학생이 얼마간의 시간을 기다리거나 일정량의 과제를 하거나 정해진 횟수만큼 바람직한 행동을 수행한 후 강화제를 받을 수 있음을 학생에게 가르치는 것이다. 어떤 방법으로든 강화제를 점진적으로 소거하기로 결정했다면, IBRST상에서 이러한 변화가 적용되는 첫날 바로 앞에 세로선을 그려 둔다. 이렇게 하면 팀이 자료를 검토할 때 강화제를 줄여도 학생 성과가 계속 좋아지는지를 판단할 수 있다.

팀은 중재계획의 일부를 소거하는 방식을 택할 수도 있다. 예를 들어, 기존의 PTR 중재계획에는 교사가 매일 아침 바람직한 목표행동을 모델링하고 이 행동을 학생들과 함께 연습하기로 했다면, 이러한 행동 복습을 이틀에 한 번만 하는 것으로 축소할 수 있다. 그렇게 해도 학생의 행동이 계속 개선된다면, 팀은 행동 복습의 주기를 일주일에 한 번, 격주에 한 번, 그리고 이후에는 한 달에 한 번으로 줄여 나갈 수 있다. 바람직한 행동 수행이 자료를 통해 확인되는 한, 팀은 계획의 구성요소를 계속 줄여 나갈 수 있다. 만약 중재 요소가 점진적으로 소거됨에 따라 학생의 도전행동이 증가하기 시작한다면, 팀이 점진적 소거를 너무 많이 또는 너무 빠르게 한 탓일 수 있다. 이 경우, 팀은 소거된 중재 요소를 재투입한 후 자료를 살펴보며 행동이 다시 개선되고 있는지 알아보아야 한다.

개선된 행동성과가 유지되고 있는지를 확인하기 위해 팀은 중재 요소를 소거하기 시작한 때로부터 2~3주 이내에 모여 자료를 검토해야 한다. 이러한 검토 과정이 없으면, 학생은 다시 도전행동을 보일 수 있고, 학생의 퇴보된 행동을 해결하는 데 팀이 많은 시간을 끌게 될수록 교사와 학생이 긍정적인 궤도에 머물기가 점점 더 어려워진다.

새로운 기술 교수

학생의 행동이 개선되면 팀은 더 많은 교체행동이나 대안행동을 지도하고 싶을 것이다. 예를 들어, 기존의 계획에서는 비선호 과제를 받았을 때 바닥에 교재를 팽개치고 욕을 하는 학생에게 휴식 요청하기를 지도하기로 결정했다고 가정해 보자. 학생의 욕하기가 감소하고 휴식 요청하기가 어느 정도 증가했다면 이제 팀은 학생이 일정 시간 동안 비선호 과제를 수행하도록 지도할 수 있다. 팀은 추가로 지도할 기술을 결정할 때 제5장에 설명된 절차를 참고하여 이 기술을 가르칠 전략을 선택하고 이 전략을 실행할 때 교사가 수행해야 할 구체적인 순서도 작성할 것이다. 팀은 또한 휴식 요청하기를 가르치기 위한 전략과 추가로 지도할 새로운 기술을 가르치기 위한 전략을 함께 실행할 방법도 논의해야 한다. 팀은 이전의 계획대로 진행하기로 결정할 수도 있고, 휴식 요청하기에 대한 반응을 체계적으로 소거하기로(예: 지연된 만족) 결정할 수도 있다. 팀은 변화가 시작된 시점을 누구나 알 수 있도록 IBRST상에서 기존 계획의 변경 시점 직전에 구분선을 그려야 한다.

학생은 흔히 여러 가지 도전행동을 보인다. 2단계(자료 수집)에서 팀은 도전행동의 우선순위를 정하고, 가장 우선순위가 높은 행동에 대해 행동의 기능에 연계된 중재계획을 수립하였다. 이 행동이 줄어들고 있다면 이제 팀은 여전히 남아 있는 또 다른 도전행동에 PTR 과정을 적용할지를 논의한다. 이를 위해서는 또 다른 도전행동에 대한 IBRST 작성, PTR 기능평가 실시, 가설 수립, 가설과 연계된 PTR 중재계획 수립이 이루어져야 한다.

실행충실도가 낮아 진보가 부족할 때의 다음 단계

도전행동의 감소와 긍정적인 행동의 증가가 자료를 통해 확인되지 않을 경우, 팀은 계획을 변경하기 전에 실행충실도 점수를 검토하여 중재가 정확하게 실행되고 있는지 파악해야 한다. 만약 충실도가 낮다면, 팀은 충실하지 못한 실행에 원인을 제공한 요소를 논의해야 한다. 원인이 될 만한 요인들은 다음과 같다.

- 예상보다 중재가 실행하기 어려움
- 교사가 중재 전략을 계획, 준비 및 실행할 시간이 부족함
- 지원이나 자원이 더 필요함
- 행동 표류(즉, 교사가 초기에는 매우 충실하게 계획을 실행하다가 점차 그렇게 하지 않음)

팀은 충실도를 낮춘 원인에 따라 몇 가지 조치 중 하나를 선택할 수 있다. 만약 교사가 중재계획이 실현 가능하고 실행하기 쉽다는 점에 여전히 동의하지만, 일관성 있고 충실하게 실행하기를 잊어버린 경우라면(예: 행동 표류가 나타남), 교사를 재교육한다. 교사에게 실행충실도 목록을 시각적 단서로 활용하게 하여 계획 실행을 기억하게 할 촉진을 제공하는 것도 도움이 된다. 촉진자는 또한 이메일, 문자 또는 전화로 교사와 교신하면서 계획의 실행을 상기시키고, 그날의 경과를 물어보는 방법도 고려할 수 있다.

만약 교사가 계획의 실행에 너무 오랜 시간이 소요되거나 계획을 실행하기가 어려워서 충실도가 낮았다고 말한다면, 팀은 중재계획을 더 쉽고 시간적 효율성을 갖도록 수정할 수 있다. 팀은 중재계획을 수립할 때 효과적인 실제를 반영해야 한다는 점과 교사가 현실적으로 실행할 수 있어야 한다는 점 사이에서 세심한 균형을 유지해야 한다. 예를 들어, 기존 계획에서는 학생이 자신의 감정을 말로 표현한 후(예: "나는 마음을 가라앉혀야 해."), 자신에게 필요한 것을 요청(예: "쉬고 싶어요." "도와주세요.")하는 순서로 휴식 요청하기를 지도하기로 했다고 가정해 보자. 이때 팀은 이 두 단계를 한 단계로 줄여서 학생이 자신의 감정을 말로 표현하는 단계를 생략하고 바로 필요한 것을 요청하도록 지도함으로써 중재계획을 좀 더 쉽고 효율적이 되게 할 수 있다. 또 다른 방법으로 팀은 단 하나의 요구(휴식 요청과 관심 획득 중 하나)에만 초점을 맞출 수도 있는데, 그렇게 하면 도전행동과 동일한 기능의 교체행동을 지도한다는 원칙을 지키면서도 교사가 중재를 실행하기가 쉬워진다. 행동중재계획을 수정했다면 수정사항을 과제분석한 후 교사가 수정된 전략을 실행할 수 있도록 교육해야 한다. IBRST에는 교사가 수정된 중재를 실행하기 시작한 시점을 나타내는 구분선을 표시해야 한다.

교사가 중재 전략을 수용할 수 없어서 실행충실도가 낮아진 경우에는 중재 전략을 바꿀 수 있다. 4단계에서 팀은 **예방** 및 **교수** 영역에 포함되는 전략들의 순위를 정했다. 팀은 그 목록으로 돌아가 순위가 높으면서 가설과도 일치하는 대체전략을 찾는다. 그런 다음, 팀은 교사와 협력하여 전략을 과제분석하고, 새로운 중재의 실행을 위해 교사를 교육하며, 새로운 PTR 계획 실행평가서(코칭/충실도)를 개발하고, IBRST에 수정된 계획의 실행 날짜를 표시하는 구분선을 그려 넣는다.

실행충실도가 적절한데도 진보가 부족할 때의 다음 단계

PTR에 관한 연구 자료에 따르면, PTR이 충실하게 실행될 때 학생은 긍정적인 반응을 보인다. 그러나 수립된 계획이 매우 충실하게 실행되었는데도 학생의 행동에 변화가 없는 경우도 발생할 수 있다. 이러한 상황이 발생한다면 팀은 미진한 행동 변화를 설명할 수 있는 개연성 있는 원인을 찾고 싶을 것이다.

이러한 상황에 대한 설명 중 하나는 도전행동이 교체행동보다 기능적 결과를 달성하는 데 더욱 효과적이고 효율적인데도 중재계획은 이를 해결할 만큼 강력하거나 집중적이지 않았다는 것이다. 만약 학생이 도전행동을 통해 비선호 과제를 지연시키거나 빠르고 일관되게 회피하고 있다면, 팀은 PTR 중재계획을 검토하여 교체행동을 통해 주어지는 강화제가 학생이 원하는 결과를 얻을 수 있는 유일한 수단이 되게 하고, 도전행동만큼 신속하고 일관성 있게 교체행동을 강화해야 한다.

예를 들어, 타이론의 괴성 지르기 행동이 매번 비선호 과제를 지연시키거나 회피하게 해 준다면, 괴성 지르기 행동은 효과적일 뿐만 아니라 효율적이다. 타이론의 팀은 동일 기능 교체행동을 선택하지 않는 대신 대안행동인 학업참여를 선택하였다. 타이론이 일정 시간 학업에 참여하거나 일정량의 과제를 하면, 비선호 활동에 대한 면제권을 받아 두었다가 나중에 사용할 수 있었다. 면제권, 즉 지연된 회피가 강력한 동기부여가 되기는 하겠지만, 즉각적인 회피를 위해서는 괴성 지르기가 훨씬 신속하고 효과적이다. 팀은 중재 요소를 추가하여 과제를 즉시 벗어나게(예: 1~2분 정도 지나서 과제 시작) 해 줄 휴식 요청하기를 지도하기로 결정할 수 있다. 이때 팀은 타이론이 잠시 과제에서 벗어날 수 있는 방안을 마련해 주는 동시에 학업참여에 대한 동기부여가 충분히 이루어지도록 학업참여에 대한 강화제는 그대로 유지할 것이다. 팀은 새롭게 추가된 중재 요소를 과제분석하고 이에 대한 교사 교육을 진행하며 이를 실행충실도 목록에 추가한 다음, IBRST에 이 중재를 추가한 시점을 표시할 것이다.

복잡한 행동 요구를 가진 학생의 경우 PTR 과정만으로는 충분하지 않을 수 있다. 매우 심각하고 빈번한 여러 가지의 도전행동을 다양한 상황에서 보이는 학생에게는 좀 더 포괄적인 기능평가 과정이 필요하다. 이러한 학생의 행동에 대한 매우 구체적인 가설에 대해 팀이 합의하려면 행동 관찰이나 면담도 더 많이 필요하다. 만약 행동이 극도로 심각하고 복잡하다면, 팀은 다른 전문성을 가진 전문가를 팀에 투입하는 방안을 고려할 수 있다. 팀은 가설의 확인을 위해 직접 변인을 조정하는 기능분석을 실시할 수도 있다. 팀은 불안, 약물 남용 또는 우울증 등의 조건을 동시에 가지고 있는 일부 학생들의 필요를 해결할 지원 방안을 개발하기 위해 추가의 전문 지식이 필요할 수도 있다. 어떤 학생들의 행동은 노숙 상황, 가족 해체 등과 같은 학교 이외의 조건에 영향을 받기 때문에 사회복지사의 개입이나 랩어라운드(wrap-around) 지원이 필요한데, 이는 이 책의 범위를 벗어난다.

이 외에도 실행충실도가 적절한데 진보가 부족한 경우 고려할 사항은 다음과 같다.

- 행동의 기능을 바르게 파악했는가?
- 중재 전략이 행동의 기능에 맞는가?
- 예방 전략을 통해 선행사건이 확실히 수정되었으며, 예방 전략이 도전행동 발생 전에 실행되었는가?
- 강화제가 적절하고, 학생이 좋아하는 것이며, 제공하기 쉬운가?
- 교체행동이 명확하게 정의되었는가?
- 학생이 교체행동을 수행하는 데 필요한 기술을 갖고 있는가?
- 교체행동을 학생에게 직접 교수하고 있는가?

팀은 PTR 과정 전반에 걸쳐 지속적으로 IBRST 자료와 PTR 계획 실행평가서(코칭/충실도) 점수를 검토해야 한다. 이 정보를 통해 팀은 문제 영역과 진보 영역에 대한 자료기반 의사결정을 내릴 수 있다. 이 자료를 활용하여 팀은 중재계획의 약점을 파악하고, 목표를 향한 학생의 진보 정도를 측정하며, 교사가 중재를 더 정확하게 실행하도록 돕기 위해 보충 교육이나 기술 지원이 필요한 부분을 파악하고, 기술의 숙달과 유지를 위한 다음 단계를 계획할 수 있다. [그림 6-4]는 PTR 자료에 따른 의사결정의 간결한 순서도다.

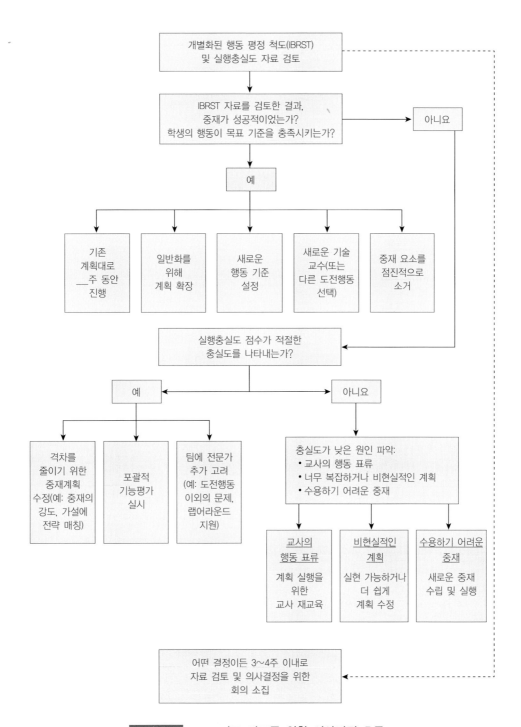

그림 6-4　PTR 자료 검토를 위한 의사결정 흐름도

추가로 고려해야 할 자료

중재의 또 다른 두 측면은 너무나 중요하기 때문에 팀이 추가로 자료를 수집하고 분석할 필요가 있는데, 그중 하나는 사회적 타당도(social validity)고, 다른 하나는 PTR 촉진자와 중재계획 실행자 간의 협력이다. 이 두 가지를 좀 더 자세히 논의하면 다음과 같다.

사회적 타당도

교사가 중재계획을 수용할 만하고 효과적이라고(즉, 사회적으로 타당하다고) 생각하는지 파악하는 것은 중재가 학생에게 미치는 영향을 점검하는 것 못지않게 중요하다. 사회적 타당도가 높은 중재는 교사가 계속 사용할 가능성이 크다. Reimers와 Wacker(1988)의 중재 수용도 평정 서식-개정판(Treatment Acceptability Rating Form-Revised)을 비롯하여 팀이 활용할 수 있는 많은 사회적 타당도 평가도구가 있다. 유용성 평정 프로파일-평가(Usage Rating Profile-Assessment)(Chafouleas, Miller, Briesch, Neugebauer, & Riley-Tillman, 2012)는 또 다른 사회적 타당도 평가도구로, 중재를 실행하는 데 필요한 자원과 체계에 대한 교사의 인식을 파악할 수 있으며, 개별 척도를 만들거나 교사에게 직접 질문하는 것도 가능하다. 사회적 타당도 평가도구들은 PTR 과정의 어느 시점에서든지 교사의 수용도와 효과성에 대한 인식을 측정하는 데 사용될 수 있다. 촉진자나 팀은 PTR 중재계획을 교사가 이전에 실행했던 중재계획과 비교할 수도 있다. 팀원들이 이러한 중재계획 간의 비교에 관심이 있다면, 교사가 PTR을 실행하기 전과 후에 평가 서식을 작성하게 할 것이다. 사회적 타당도 평가 결과는 진행중인 절차의 타당성을 팀에게 알릴 자료와 수용할 수 없거나 효과적이지 않다고 평가된 요소를 개선할 수 있는 자료를 제공한다.

협력

PTR 팀은 교사나 기타 중재계획 실행자와 PTR 촉진자 사이의 관계에 대한 자료를 수집할 수 있다. 협력에 대한 측정은 지원을 제공하는 전문가(예: 자문가, 촉진자)와 지원을 받는 소비자 또는 이용자(예: 교사, 자녀, 부모) 사이의 관계 또는 업무상 협력을 진단하는 것이다. 이러한 측정을 통해 PTR 촉진자와 교사 간 의사소통의 질과 촉진자가 교사에게 도움이 되는 정도를 알 수 있다. 협력 척도의 결과를 통해 협력의 강점 영역과 개선이 필요한 영역을 파악할 수도 있다.

요약	**5단계: 진보의 점검과 자료기반 의사결정**

결론적으로, 팀이 중재계획의 실행을 계속 점검하고 모든 가능한 자료를 평가하는 과정을 통해 중재계획의 효과를 파악하고 중재 전략에 대한 학생의 반응을 평가하며 교사의 실행충실도를 검토하여 수정해야 할 영역을 확인하는 것은 매우 중요하다. IBRST 및 PTR 계획 실행평가서(코칭/충실도)는 지속적인 자료 점검과 평가에 유용한 도구다. 이러한 도구들을 이용하여 수집된 자료는 팀이 적절한 질문을 하게 해 주고, 자료기반의 타당한 의사결정을 하도록 안내해 준다.

5단계에서 촉진자의 역할

촉진자는 PTR 팀이 IBRST 및 PTR 계획 실행평가서(코칭/충실도) 자료를 수집하고 검토하도록 안내할 책임이 있다. PTR 촉진자는 자료에 나타난 성과에 근거하여 팀이 결정을 내리도록 안내한다. 이를 위해 촉진자는 자료의 경향성에 관련된 구체적인 질문을 할 수 있어야 한다. 학생의 변화된 행동이 유지단계에 이르기까지 팀이 의사결정을 하고 그 결정을 실행할 때 PTR 절차의 이전 단계로 돌아가야 할지의 여부를 고려하는 것은 촉진자가 해야 할 매우 중요한 역할이다.

어떤 학생은 행동지원이 항상 필요할 수도 있음을 유념해야 한다. 촉진자는 또한 중요한 시기에는 좀 더 많은 지원을 해야 한다고 팀에게 신호를 줄 수도 있다. 예를 들어, 학생의 학교나 교사가 바뀌는 경우에 촉진자는 팀이 이러한 변화가 중재계획의 실행에 어떤 영향을 미칠지 고려해 보게 해야 한다. 만약 중재계획이 점진적으로 소거되는 중이어서 최소한으로만 실행되고 있다면, 촉진자는 팀이 잠시 원래의 중재계획으로 돌아가기 위한 계획을 수립하도록 안내한다. 촉진자는 또한 학생의 삶에 영향을 미치는 학교 안팎의 복잡한 요인 때문에 중재계획이 성과를 거두지 못할 경우 팀이 추가의 전문가를 찾도록 안내할 것이다.

부록

·
·
·
·
·
·

부록 A

예방 중재

다음은 PTR 중재 목록에 포함된 **예방** 중재에 대한 설명이다. 이 중재들은 학생의 도전행동을 유발하는 배경사건과 선행사건을 직접적으로 수정하거나 조정하기 위한 전략으로 사용될 수 있다. **예방** 중재의 목적은 맥락이나 유발자극을 수정하여 도전행동이 학생에게 중요하거나 필요하지 않게 만드는 것이다.

1. 선택 기회 제공

1) 개요

(1) 정의
'선택 기회 제공'은 학생에게 두 가지 이상의 선택지 중 하나를 선택하게 하는 것이다.

(2) 전략에 대한 설명
이 전략은 학생에게 두 가지 이상의 선택지를 주고 선택할 수 있는 기회를 제공하는 것이다. 이 전략을 예방 중재로 사용할 팀은 도전행동을 유발하는 선행사건과 거의 동시에 제시할 수 있는 유효한 선택지를 정해야 한다. 이 전략의 주요 구성요소는, ① 학생에게 제시할 선택지, ② 선택지를 제시할 시기, ③ 선택지를 제시할 방법, ④ 학생이 선택한 것을 제공할 방법 등이다.

(3) 이 전략을 사용하는 이유
선택하기는 비선호 일과나 활동 중에 도전행동을 보이는 학생에게 과제 수행방식에 대한 자율권을 제공한다. 이는 다른 말로 '통제권 공유(shared control)'(즉, 교사는 교실과 과제 맥락에서 허용되는 선택지를 제시하고, 학생은 그중 가장 선호하는 옵션을 선택하는 것)라고도 한다. 이 전략은 또한 학생의 관심이 과제를 해야 한다는 압박에서 과제 수행과 관련된 두 가지 선택지로 옮겨 가게 하여 학생의 주의를 환기하는 역할을 한다.

(4) 활용

PTR 평가를 통해 얻은 정보가 다음과 같을 때 이 전략의 사용을 고려한다.

- 학생에게 교수적 요구를 하면 도전행동이 발생한다.
- 선호 활동에서 비선호 활동으로 전이할 때 도전행동이 발생한다.
- 주어진 요구를 지연시키거나 회피하기 위해 학생이 도전행동을 한다.

(5) 예시

선택지의 예는 다음과 같다.

- 과제를 할 때 사용할 재료 선택: 펜 색깔 고르기
- 여러 과제 중 하나를 선택: 수학 또는 쓰기 과제 중 하나를 선택하기
- 과제를 할 장소 선택: 개별 책상 또는 대형 테이블 중 하나를 선택하기
- 과제를 할 순서 선택: 쓰기와 수학 중 무엇을 먼저 할지 선택하기
- 과제를 함께할 사람 선택: 맥스(Max) 또는 수(Sue) 중 한 명 선택하기
- 활동의 종료 선택: 언제 그리기 활동을 마치고 저널 쓰기를 시작할지 선택하기
- 거부하기를 선택지 중 하나로 제공: 간식 시간에 특정 음식 거절하기

2) 실행 단계

이 전략을 실행하기 위한 절차는 다음과 같다.

① 학생이 도전행동을 하는 상황이나 사건을 규정한다(예: 필기를 요하는 과제가 요구될 때, 비선호 활동을 시작해야 해서 선호 활동을 멈추라는 요구를 받을 때).

② 그 시간 동안 제시할 수 있는 적절하고 유효한 선택지를 결정한다. 선택을 돕기 위해 앞에서 열거한 선택지 예시를 사용할 수 있다. 예를 들어, 학생에게 과제를 주면 도전행동이 발생할 경우 과제에 사용할 도구를 선택지로 제시하여 '과제 내' 선택 기회를 제공할 수 있다. 일례로, 학생이 수학 학습지를 풀어야 한다면 연필 또는 네임펜 중 하나를 고르는 기회를 줄 수 있다. 두 가지 선택지는 모두 제공 가능한 것이어야 하고, 학생이 선택할 경우 실제로 제공되어야 한다.

③ 선택 기회 제공 중재를 실행할 구체적인 상황과 시간을 정한다. PTR 기능평가를 통해 수립된 가설에는 행동을 유발하는 선행사건이 포함되어 있을 것이다. 예를 들어, 학생이 독립 과제와 전이 시간에 도전행동을 보인다면 하루 중 해당 일과가 발생할 때마다 선택 기회를 제시할 수도 있고, 학생에게 이 전략을 소개하기 위해 독립 과제를 해야 하는 일과 중 하나에서만 선택 기회를 제시할 수도 있다.

④ 정해진 일정에 따라 학생에게 선택 기회를 제시한다. 선행사건이 발생하는 시간을 고려하여 선택 기회를 제공할 정확한 시점을 결정하는 논의는 매우 중요하다. 예를 들어, 팀이 쓰기가 포함된 비선호 과제를 학생에게 부여할 때 선택 기회를 제공하기로 결정한 경우, 팀은 이러한 선택 기회를 과제를 지시하기 전에 제공할지 또는 지시한 후에 제공할지를 결정해야 한다. 이 결정은 선행사건 발생 시 대상 학생이 얼마나 빨리 도전행동을 시작하는지와 교사에게 현실적으로 가능한 선택이 무엇인지에 달려 있다.

⑤ 학생이 선택을 할 때 시간 지연이 필요한지를 고려한다. 어떤 학생은 선택을 해 본 경험이 적거나, 선택하는 데 상당한 시간이 걸릴 수도 있다.

⑥ 학생이 선택한 것을 실제로 제공한다. 예를 들어, 학생이 수학 학습지를 풀 필기구로 네임펜을 골랐다면, 즉시 학생에게 네임펜을 준다.

⑦ 학생의 선택하기 행동에 대해 칭찬과 정적 강화를 제공한다. 선택하기는 다른 일과와 환경으로 일반화될 수 있는 사회적으로 중요한 행동이므로 대상 학생이 꼭 배워야 하는 기술이다. 학생의 선택하기 행동에 대한 칭찬은 학생에게 추가의 강화가 되며, 향후 선택하기 행동을 반복하게 하는 격려가 될 수 있다.

3) 실행 관련 유의점

이 전략을 실행할 때 기억해야 할 유의점은 다음과 같다.

- 선택지는 도전행동을 유발하는 선행사건 직전 또는 직후에 제시해야 한다. 선택 기회 제공 시점은 학생이 도전행동을 보이기 전이어야 한다.
- 모든 선택지는 적절하고 실제로 줄 수 있는 것이어야 하며, 선택을 했을 때 바로 제공되어야 한다. 또한 모든 옵션은 학생이 수용할 수 있고 좋아하는 것이어야 한다. 각 옵션에 대한 학생의 선호도가 다르거나 학생이 선택을 해도 실제로 줄 수 없는 것이라면 이 전략은 실패할 가능성이 크다.
- 선택지는 학생이 가장 잘 이해할 수 있는 의사소통 방식으로 제시해야 한다. 구어로 의사소통을 하지 못하는 학생에게는 그림이나 사진으로 선택지를 제시할 수 있다. 학생이 그림이나 사진으로 잘 이해하지 못할 경우 실물로 제시할 수도 있다 (예: 볼펜과 네임펜을 실물로 보여 주기).

학생이 주어진 선택지 중 어느 것도 선택하지 않을 가능성이 있다면 팀은 이 상황을 어떻게 해결해야 할지에 대한 전략도 중재에 포함해야 한다. 예를 들면, 학생이 선택할 수 있도록 5초간 기다린 후 교사가 대신 선택할 수도 있고, 선택을 권하는 말을 일정 횟수만큼 한 후 교사가 학생을 대신하여 선택하기로 할 수도 있다. 교사가 학생을 대신하여 선택하는 전략이 추가될 경우, 학생에게 긍정적인 말로 설명해야 한다[예: "선생님이 선택을 도와줄게. (매직펜을 학생에게 건네면서) 매직펜으로 하면 어떨까?"].

4) 이 전략을 지지하는 연구

이 전략을 지지하는 문헌들은 다음과 같다.

- Carlson, Luiselli, Slyman, & Markowski (2008)
- Dunlap et al. (1994)
- Dyer, Dunlap, & Winterling (1990)

- Kern et al. (1998)

- Patall, Cooper, & Wynn (2010)

- Ulke-Kurkcuoglu & Kircaali-Iftar (2010)

2. 전이 지원

1) 개요

(1) 정의
'전이 지원'이란 학생이 활동, 환경 또는 일과의 변경에 잘 적응하도록 돕는 것을 말한다. 전이 지원은 언어로 이루어질 수도 있고, 시각적·청각적으로 이루어질 수도 있다.

(2) 전략에 대한 설명
전이 지원은 하루의 활동 순서를 예측하게 해 주고, 전이가 일어나기 전, 전이 중 그리고 전이가 일어난 후의 일과를 순조롭게 해 준다. 전이를 위해 단서를 사용하면 동일한 물리적 환경 내에서 다른 활동을 하게 되거나, 새로운 장소로 이동하여 다른 활동을 하게 되거나, 어떤 사람을 처음으로 만나야 하는 학생을 지원할 수 있다. 단서는 시각적·청각적인 것일 수 있고 신체 움직임으로 제공될 수도 있으며, 이들의 조합으로 제공될 수도 있다. 전이 지원은 개별화(즉, 개인의 일정에 포함되어 해당 학생에게만 적용됨)할 수도 있고, 학급 전체에 적용할 수도 있다. 전이 시간에 학생이 해야 할 기대행동과 학생이 이러한 기대행동을 할 때 받게 될 강화를 기록한 단서나 목록도 전이 지원의 한 유형이다.

(3) 이 전략을 사용하는 이유
전이는 학교생활에서 상당 부분을 차지한다. 전이 전에 단서를 제시하면 학생은 활동의 순서를 예측할 수 있고 새로운 활동에 대비할 수 있다. 전이 지원은 활동이나 물리적 장소가 바뀌는 것을 어려워하는 학생을 위해 도전행동을 유발하는 전이의 특징을 수정하여 도전행동이 더 이상 필요하지 않게 만든다. 예를 들어, 학생이 지금 하는 활동을 마무리하지 못했는데 다음 활동으로 전이해야 할 때 어려움을 보인다면 이때의 전이 지원은 전이 전에 학생이 과제를 마칠 수 있도록 충분한 시간을 두고 전이 예고를 하는 것일 수도 있고, 나중에 과제를 완성할 시간을 주겠다고 알리는 것일 수도 있다.

(4) 활용
PTR에서 수립된 가설이 다음과 같을 때 이 전략의 사용을 고려한다.

- 전이 직전 또는 전이 중에 도전행동을 한다.
- 전이 중에 해야 할 기대행동을 모르고 있다.
- 하나의 활동을 마치고 다른 활동을 위해 물리적으로 이동하는 데 어려움이 있다.
- 선호하는 활동을 계속하려고 한다.
- 전이를 지연 · 중단 · 회피하려고 도전행동을 보인다.

(5) 예시
전이 지원의 예는 다음과 같다.

- 청각적 지원(auditory supports): 노래 들려주기, 구호 반복하기, 청각적 단서(종소리, 신호음) 제공하기
- 시각적 지원(visual supports): 기호 · 그림 제시하기, 표지판 뒤집기, 시각적 타이머 가리키기
- 신체적 지원(motor supports): 다가오는 활동 변경과 관련된 율동이나 신체 동작하기
- 전이 행동의 시각적 목록: 전이 시간별로 학생이 수행해야 할 행동 목록을 만든 후, 전이 시 학생이 그 행동을 할 때마다 스스로 목록에 표시하게 하여 이에 대한 강화 제공하기. 이는 전이 단서(시각적 목록)를 적용하는 중재와 바람직한 대안행동을 지도하는 중재를 결합한 예시임
- 동영상: 전이가 일어나기 전에 동영상을 통해 전이 행동의 모델 제공하기. 이 동

영상은 컴퓨터나 가상 기술뿐만 아니라 스마트폰이나 태블릿을 통해서도 볼 수 있으며, 대상 학생이나 또래 학생이 적절한 전이 행동을 보이는 장면을 담고 있음 [비디오 프라이밍(video priming) 또는 시뮬레이션이라고도 부름]

2) 실행 단계

이 전략을 실행하기 위한 절차는 다음과 같다.

① PTR 기능평가 정보와 가설을 검토하여 학생이 도전행동을 보이는 전이 상황을 결정한다. 전이 직전이나 전이 중 또는 학생이 다음 활동을 시작할 때 도전행동이 발생하는지 여부를 평가한다. 도전행동은 전이 절차 내내 나타날 수도 있다. 전이가 학생의 도전행동을 유발하는 구체적인 이유를 파악한다.

② 전이를 위한 구체적인 행동(예: 자료 정리하기, 다음 활동을 위한 준비물 가져오기, 줄 서기, 한 장소에서 다른 장소로 물리적으로 이동하기)을 확인하고 정의한다. 대부분의 경우 전이 지원은 학생에게 전이에 대비하라는 신호를 주는 형태로 제공되지만, 전이 중에 학생이 해야 하는 특정 행동을 지도하는 것도 전이 지원이라 할 수 있다. 교사는 구체적인 기대행동을 정의하고 이를 전이 단서에 포함하여 학생에게 지도한 후 이를 수행한 학생을 강화한다.

③ 전이가 도전행동을 유발하는 이유를 가장 잘 해결할 수 있는 전이 지원 방법을 개발한다. 이러한 전이 지원은 시각적ㆍ청각적인 것일 수도 있고 신체적인 것일 수도 있으며, '전이 2분 전 예고하기'일 수도 있다. 학생이 전이를 예상하고 준비하게 하는 단서를 고안한다.

④ 문제의 전이 시간이 다가오기 전에 전이 지원을 실행한다. 초기에는 교사가 학생과 함께 모델링과 역할극을 통해 전이 지원 중재를 연습해 두어야 한다. 학생에게 곧 전이 지원이 주어질 거라고 상기시킬 때 쓸 단서가 필요할 수도 있다. 전이 지원이 일상생활의 일부가 되면 연습과 단서 제공은 점차 줄여 나갈 수 있다.

3) 실행 관련 유의점

이 전략을 실행할 때 기억해야 할 유의점은 다음과 같다.

- 전이 지원을 위해서는 일관된 일과나 의식을 제공하는 것이 중요하다. 일상적인 단서는 학생이 곧 일어날 변화를 신속하게 예측하게 해 준다.
- 학생의 일정표에 전이 시간이 포함되면, 학생은 전이가 일어날 시간을 예측하게 해 줄 또 하나의 단서를 갖게 된다.
- 전이가 일어나는 동안 학생이 수행해야 할 특정 행동(예: 줄 서기, 복도 걷기)은 학생에게 직접 교수해야 하며, 적절한 행동을 하면 강화를 제공해야 한다.

4) 이 전략을 지지하는 연구

이 전략을 지지하는 문헌들은 다음과 같다.

- Cihak, Fahrenkrog, Ayres, & Smith (2009)
- Cote, Thompson, & McKerchar (2005)
- Sainato, Strain, Lefebvre, & Rapp (1987)
- Schreibman, Whalen, & Stahmer (2000)

3. 환경적 지원

1) 개요

(1) 정의
'환경적 지원'은 환경에 대한 학생의 이해를 돕는 명확하고 세부적인 단서를 제공하는 것이다.

(2) 전략에 대한 설명

환경적 지원은 학생이 주변 환경에서 현재 일어나고 있는 일, 하루 동안 일어날 일, 또는 미리 계획된 일과 변경을 이해할 수 있게 해 주는 시각적 또는 청각적 단서로 구성된다. 환경적 지원은 학생들의 활동 참여를 촉진하고 학생과의 소통을 향상시킨다. 환경적 지원은 사물, 사진, 단어 카드, 녹화자료나 음성자료, 또는 상징의 형태로 제공될 수 있다. 환경적 지원은 학생에게 먼저 자세히 지도를 한 후 체계적으로 적용해야 한다.

(3) 이 전략을 사용하는 이유

환경적 지원은 사건을 구체적으로 보여 주어 불안이나 불확실성을 감소시키는 동시에 일과와 사건을 예측하게 해 준다. 환경적 지원은 학생의 하루를 구조화해 주며, 활동 참여 및 자립성 증진과 관련된 동기를 부여한다. 또한 특정 일과에서 학생이 해야 할 행동을 명확하고 일관성 있게 알려 준다.

(4) 활용

PTR 평가를 통해 얻은 정보가 다음과 같을 때 이 전략의 사용을 고려한다.

- 학생이 주변 환경에서 일어나는 일을 잘 이해하지 못하여 도전행동이 발생한다.
- 학생의 일과나 일정이 변경될 때 도전행동이 발생한다.
- 학생이 기대행동을 이해하지 못할 때, 또는 기대행동이 명확하고 일관성 있게 정의되지 않은 상태일 때 도전행동이 발생한다.

(5) 예시

환경적 지원의 예는 다음과 같다.

- 시각적 일과표 · 일정표: 그 날의 활동을 시각적으로 표현한 순서도
- 과제카드(task cards): 일정표보다 작은 크기(예: 색인 카드나 명함 크기)로 만들어진 단서카드. 학생이 특정 일과, 사회적 상황 또는 활동에서 수행해야 할 기대행동이나 의사소통을 시작할 말을 기억하게 도와줌

- 비디오 모델링: 학생에게 새로운 환경에 대한 정보를 제공하거나 주어진 환경에서 수행해야 할 기대행동의 예를 제공하는 녹화 자료
- 선택판: 학생이 선택할 활동이나 강화를 시각적으로 제시한 판
- 영역 표시: 영역을 표시하는 상징물. 이름이 적힌 사각형 카펫을 이용하여 각 학생이 앉을 자리를 알려 주는 것, 같은 테이블을 쓰더라도 간식 시간에는 체크 무늬 테이블보를 덮고 미술 시간에는 줄무늬 테이블보를 덮는 것 등을 말함
- 라벨: 사물과 영역에 붙이는 사진, 그림 또는 단어 카드
- 활동 종료: 완료 폴더를 마련하여 특정 일과를 마치면 넣게 하거나 타이머를 설정하는 등 활동의 종료를 알리는 시각적 · 청각적 상징

2) 실행 단계

이 전략을 실행하기 위한 절차는 다음과 같다.

① 학생이 도전행동을 보일 때 그에 앞서 일어나는 사건을 판별하고, 그 선행사건이 도전행동을 유발하는 이유를 파악한다.
② 선행사건을 직접적으로 수정하고 도전행동을 예방할 최선의 환경적 지원이 무엇일지 논의한다.
③ 환경적 지원을 개발한다. 환경적 지원으로 제공될 정보를 가장 잘 표현할 방법을 정한다. 첫 번째로 고려할 사항은 지원을 정상화하는 것이다(즉, 이 지원으로 인해 대상 학생이 같은 나이, 같은 학년의 또래와 달라 보이면 안 된다). 예를 들어, 대부분의 학생이 수첩을 이용하여 하루 일정을 정리한다면, 대상 학생의 도전행동 직전에 발생하는 선행사건을 다루기 위해 사용할 시각적 일정표를 그 학생의 수첩에 붙여 주는 방안을 고려하는 것이 좋다. 두 번째 고려 사항은 대상 학생의 의사소통 수준과 형식을 파악하는 것이다. 예를 들어, 학생이 글을 읽지 못한다면 일정표에 글씨뿐 아니라 그림이나 사진을 포함하도록 조정해야 한다. 또한 학생이 모델링을 필요로 하거나, 설명을 읽고 듣기보다 동영상 시청하기를 선호한다면 동영상 자료를 제작해야 한다.
④ 환경적 지원을 실행할 시기를 결정한다. 예를 들어, 학생이 독립적인 쓰기 활동

을 시작하게 하려고 특정 일과 동안 학생이 해야 할 행동을 시각적 목록으로 제
시하는 전략을 활용하기로 했다면, 학생과 함께 선행사건과 관련하여 그 시각적
목록을 살펴볼 시점을 정해야 한다. 그 시점은 하루의 시작 시기 또는 선행사건
의 직전이나 직후로 할 수 있다.

⑤ 학생에게 환경적 지원을 사용하도록 가르친다. 일반적인 교수 단계는 다음과
같다.

- 학생에게 환경적 지원을 설명한다. 학생에게 환경적 지원 자료를 보여 주고,
  이를 사용하는 이유를 설명한다. 학생에게 이 환경적 지원이 주는 유익을 강조
  한다.

- 환경적 지원을 사용하는 시범(모델링)을 보인다. 도전행동의 선행사건이 되는
  상황을 모델링을 보여 줄 일과로 사용할 수 있다. 모델링은 모의 상황 또는 교
  실에서 발생한 실제 상황에서 진행될 수 있다. 예를 들어, 선행사건이 여러 단
  계로 구성된 쓰기 활동을 하라는 요구이고 시각적 목록을 환경적 지원으로 사
  용하는 경우라면, 다른 학생이 없는 시간에 학생에게 평소처럼 쓰기 활동을 요
  구하는 상황을 설정하여 모델링을 실행할 수 있다. 교사는 모델링을 하는 동안
  시각적 목록에 포함된 각 단계를 수행할 것이다. 각 단계를 수행하기 전에 교
  사는 그 단계를 설명하고, "선생님이 하는 것을 잘 봐."라고 말할 것이다.

- 역할극을 통해 학생에게 환경적 지원의 사용을 연습시킨다. 환경적 지원을 사
  용하는 시범을 보인 후, 교사는 학생에게 연습 기회를 제공한다. 먼저, 교사는
  학생에게 역할극을 할 것이라고 설명한다. 교사는 선행사건(예: 여러 단계로 구
  성된 쓰기 활동을 하라는 요구)을 제시하고 학생이 환경적 지원을 사용하여 각
  단계를 수행하도록 촉진한다. 교사는 학생이 각 단계를 수행할 때 피드백을 제
  공한다. 교사는 학생이 정확하게 단계를 수행하면 칭찬을 해 준다. 학생이 단
  계를 정확하게 수행하지 않을 경우, 교사는 긍정적인 방식으로 교정 피드백을
  제공하고 학생이 해당 단계를 다시 해 보게 한다(예: "잠깐만. 그 단계를 어떻게
  하는지 보여 줄게. 먼저 선생님이 하는 것을 봐. 한 번 더 기회를 줄게.").

- 실제 상황에서 환경적 지원 전략을 사용하도록 학생을 준비시킨다. 역할극이
  끝나면 학생에게 환경적 지원을 사용할 시기와 일과(선행사건)를 설명한다. 지
  원을 사용하도록 학생을 촉진할 방법을 결정하고, 언제 학생이 지원을 사용해

야 할지 상기시킨다. 이러한 단서는 학생이 환경적 지원을 스스로 사용하게 됨에 따라 점차 소거할 수 있다.

⑥ 판별된 일과(들)에서 환경적 지원을 실행한다.

3) 실행 관련 유의점

이 전략을 실행할 때 기억해야 할 유의점은 다음과 같다.

- 특정 지원의 적절한 사용을 가르치기 위해 종종 직접 교수가 필요하다.
- 이 전략은 일관성 있게 실행해야 하며, 촉진은 서서히 그리고 체계적으로 소거해야 한다. 환경적 지원은 소거하지 않는 것이 바람직할 수도 있다. 성인은 학생에게 더 이상 지원이 필요하지 않다고 생각할 수 있지만, 대부분의 사람은 일상생활에 환경적 지원이 필요하다. 예를 들어, 식사를 주문하기 위해 걸어서 또는 차를 운전하여 맥도날드에 들어갔을 때 가게 안 벽면이나 드라이브스루(drive-through) 통로에 부착된 메뉴판이 없다면 어떨지 생각해 보자. 대부분의 사람은 주문하고 싶은 음식이나 가격을 정확히 알 수 없을 것이다. 그러나 학생의 자립 정도를 높이려면 환경적 지원을 사용하라는 촉진은 점차 소거되어야 한다.
- 학생이 무발화(nonverbal)이고 보조 공학(assistive technology)을 사용하고 있다면, 환경적 지원을 보조 공학 기기에 넣을 수 있는지 고려한다.

4) 이 전략을 지지하는 연구

이 전략을 지지하는 문헌들은 다음과 같다.

- Clarke, Dunlap, & Vaughn (1999)
- Koyama & Wang (2011)
- Mesibov, Browder, & Kirkland (2002)
- Murdock & Hobbs (2011)
- Pierce, Spriggs, Gast, & Luscre (2013)

4. 과제 요구 및 교육과정 수정

1) 개요

(1) 정의

'과제 요구 및 교육과정 수정'은 내용, 제시 방법, 학생 성과 등과 같은 교수적 과제의 구성요소를 수정하는 것이다.

(2) 전략에 대한 설명

과제 요구 및 교육과정 수정에는 과제 제시 방법의 수정과 과제 내용의 수정이라는 두 가지의 핵심 범주가 있다.

(3) 이 전략을 사용하는 이유

학생의 도전행동과 학업기술은 종종 밀접하게 관련되어 있다. 학업과제 요구의 많은 특징이 행동 삽화를 유발할 수 있다. 예를 들면, 과제가 학생에게 너무 어렵거나 길수 있다. 또는 과제가 너무 쉽거나 지루할 수도 있다. 과제 수행 방식이 학생이 선호하는 학습 방법(예: 학습지 풀이 또는 조작 활동, 혼자 공부하기, 또래와 함께 공부하기)이 아닐수도 있다. 과제 유형이나 주제에 대한 학생의 흥미 역시 행동 삽화를 유발할 수 있는 또 다른 특성이다. 이러한 다양한 과제 특성은 학생이 과제를 회피하거나 지연시키기위해 또는 과제를 하는 데 도움을 얻기 위해 도전행동을 하게 만든다. 기능평가를 통해 확인된 특징에 맞게 학업과제를 수정·조정하면 도전행동의 발생을 예방할 수 있을 뿐만 아니라 학생의 과제 참여와 기술의 숙달을 촉진할 수 있다.

(4) 활용

PTR 평가를 통해 얻은 정보가 다음과 같을 때 이 전략의 사용을 고려한다.

- 학생에게 학업과제를 하라고 요구했을 때, 특히 과제가 어렵고 시간이 오래 걸리거나 비선호 과제일 때 도전행동이 발생한다.

- 학생이 쉽고 단조로운 학업과제를 할 때 도전행동이 발생한다.
- 학생이 과제의 형태나 과제 참여 방법을 좋아하지 않을 때 도전행동이 발생한다.
- 학업과제를 하라는 요구를 회피하기 위해 도전행동이 발생한다.
- 학생이 학업과제를 거부한다.

(5) 예시

과제 요구의 수정에는 ① 과제 제시 방법의 수정과 ② 과제 내용의 수정이 포함되며, 다음은 그 예시다.

① 과제 제시 방법의 수정: 학생이 활동에 대해 거부감을 덜 느끼고, 과제를 할 가능성을 높이는 방식으로 과제를 제시하는 것을 말하며 그 예는 다음과 같다.
   - 새로운 것에서 친숙한 활동으로, 유지에서 습득으로, 비선호 과제에서 선호 과제로, 교사 주도에서 자기주도적으로, 강의식에서 양방향 활동으로 과제에 변화를 주기
   - 과제 분할, 즉 과제를 더 작은 단위로 나누기
   - 과제를 하는 방식과 관련된 선택 기회(예: 혼자 하기, 친구와 하기) 제공하기
   - 과제에 사용할 자료를 수정하기

과제 분할의 예는 다음과 같다. 수학 문제가 네 줄에 걸쳐 제시된 문제지를 한 줄씩 잘라서 제시한다. 학생은 한 번에 한 줄의 문제를 받게 되므로 문제지를 부담스러워하지 않게 된다. 학생이 한 줄을 마칠 때마다 교사에게 검사를 받을 수 있고, 교사는 적절하게 과제를 한 행동에 대해 강화를 제공할 수 있다.

② 과제 내용의 수정: 다음의 사항을 수정하면 학업 활동을 좀 더 의미 있게 만들 수 있다.
   - 과제 난이도: 과제 난이도를 줄여 과제를 학생의 기술 수준에 맞추기, 무오류 학습 기회 제공하기, 교체기술 가르치기, 짧은 과제에서 시작하여 길이나 분량을 점차 늘리기
   - 과제 선호도: 과제에 학생이 좋아하는 것을 포함하기

– 과제 중요도: 학생에게 실용적이고 중요한 과제를 부여하기

활동지에서 분류 문제를 푸는 대신 '점심 급식 전에 초콜릿 우유와 흰 우유를 분류하기'는 과제 중요도를 수정한 예다.

2) 실행 단계

이 전략을 실행하기 위한 절차는 다음과 같다.

① 도전행동을 유발하는 과제의 구체적 특징을 파악한다. 예를 들면, 어려운 읽기 이해 문제를 포함한 학습지를 혼자 풀라고 했을 때 도전행동이 발생하는가, 아니면 혼자 풀어야 하는 과제가 주어지면 늘 도전행동이 발생하는가? 이러한 정보는 PTR 기능평가를 통해 얻을 수 있다.

② 학생이 주어진 과제를 해낼 기술이 있는지 확인한다. 만약 학생의 기술 수준이 적절하지 않다면 팀은 과제 요구의 수정과 함께 기술 결손을 해결할 교수 계획을 마련해야 한다.

③ 행동 삽화를 유발하는 과제 요구의 구체적 특징을 바탕으로 적절한 과제 수정을 선택한다. 예를 들어, 과제 요구의 유발자극이 어려운 수학 과제를 혼자 하는 것이라면, 팀은 과제 난이도 조정하기, 독립 과제 대신 팀 과제로 제시하기, 또는 과제 수행 방식과 관련된 선택 기회 제시하기(예: 혼자서 하기와 도움 받아서 하기 중 선택하기, 10개의 문제 중 풀고 싶은 것 5개 고르기) 등을 선택할 수 있다.

④ 과제 수정 방법을 결정한다. 예를 들면, 교사는 주초에 과제 요구를 검토하여 미리 필요한 수정을 해 둘 수도 있고 매일 아침 과제를 검토하고 조정할 수도 있다.

⑤ 학생이 변화에 대비하게 한다. 전략을 실행하기 전에 앞으로 일어날 변화와 그 이유를 학생에게 설명한다. 설명하는 동안 연습 기회를 제공하여 학생이 전략을 경험하게 하고 피드백을 제공한다.

⑥ 과제의 제시 과정 중 어느 시점에 학생에게 전략을 적용할지 결정한다. 예를 들어, 교사는 아침에 미리 학생과 함께 과제 수정을 살펴볼 수도 있고, 과제 제시와 동시에 학생과 함께 과제 수정을 살펴볼 수도 있으며, 과제를 주기 직전에 과제

의 수정을 예고할 수도 있다.

⑦ 전략을 실행하는 학생의 노력을 점검하고, 학생이 수정된 과제에 잘 참여할 때 교사가 어떤 긍정적인 말을 해 줄지 결정한다.

⑧ 과제 수정이 도전행동 예방과 과제 참여 증진에 영향을 미쳤는지 평가한다.

3) 실행 관련 유의점

이 전략을 실행할 때 기억해야 할 유의점은 다음과 같다.

- 도전행동을 유발하는 과제의 구체적인 특징을 파악하는 것이 중요하다. 단순히 과제를 주면 도전행동이 나타난다고 말하는 것으로는 충분치 않다. 오히려 기능 평가를 통해 과제를 주면 왜 도전행동이 나타나는지 살펴보아야 한다. 이러한 세부 정보는 팀이 효과적으로 과제 요구를 수정하게 해 준다.
- 학생이 과제 요구를 수행할 기술을 갖추었는지 확인한다. 도전행동을 유발하는 특정 학업 영역에서 학생의 기술에 대한 정보를 제공하는 교수적 검사 결과를 검토한다. 학생이 과제를 수행할 기술을 갖추고 있지 않다면, 팀은 과제 요구의 난이도를 조정하는 동시에 기술을 지도해야 한다.
- 활동을 좀 더 신나고 흥미롭게 만들 방법을 찾는다. 학생이 선호하는 관심사를 활동에 통합하면 학생이 도전행동 없이 활동에 참여하게 할 수 있다.
- '반응 기회 증가' 전략을 검토한 후 교실 내 교수 전달 방식의 수정을 이 전략과 함께 사용하면 어떨지 고려해 본다.

4) 이 전략을 지지하는 연구

이 전략을 지지하는 문헌들은 다음과 같다.

- Dunlap, Kern-Dunlap, Clarke, & Robbins (1991)
- Filter & Horner (2009)
- Haydon et al. (2012)

- Lambert, Cartledge, Heward, & Lo (2006)

- McIntosh, Horner, Chard, Dickey, & Braun (2008)

- Sanford & Horner (2013)

- Simonsen, Little, & Fairbanks (2010)

5. 비유관 관심과 긍정적인 말 제공

1) 개요

(1) 정의

'비유관 관심(Noncontingent attention)'은 도전행동의 발생과 관계없이 제공되는 관심으로, 학생이 성인과 긍정적인 관계를 맺게 하고 학생에게 사회적 관심을 제공한다. 교사는 학생이 하는 일에 대해 긍정적인 관심(예: 긍정적인 말)을 표현하거나 긍정적인 비구어 행동(예: 미소 짓기, 학생의 말 경청하기)을 보여 준다. 이러한 관심은 학생이 특정 행동을 수행했는지와 무관하게 주어진다.

(2) 전략에 대한 설명

비유관 관심은 사랑과 공감을 제공하고 긍정적인 말을 해 주는 성인이 존재하는, 긍정적이고 안전하며 친절한 환경을 조성한다. 비유관 관심은 고정 일정(예: 교사가 4분마다 긍정적인 사회적 관심을 제공함) 또는 변동 일정(예: 교사는 하루 종일 약 4~6회 사회적 관심을 제공하되 정기적이거나 예측 가능한 간격으로 제공하지 않음)으로 제공할 수 있다.

(3) 이 전략을 사용하는 이유

긍정적인 사회적 관심은 학생에게 사용할 수 있는 가장 효과적인 강화 도구 중 하나다. 이 전략은 모든 학생에게 효과가 있으며 일상생활에서 매우 자연스럽게 발생한다. 예를 들어, 함께 길을 걷던 배우자가 당신을 안아 주거나 손을 잡는다면, 당신은 행복하다고 느낄 것이다. 배우자는 당신이 특정 행동을 했기 때문에 이런 행동을 한 것이 아니라 그저 자발적으로 그렇게 한 것이다. 이러한 행동은 당신의 행동에 영향을 미칠 수 있다. 당신은 미소 짓거나 즐거운 대화를 시작할 것이다. 성인의 관심을 얻기 위해 도전행동을 하는 학생의 경우, 도전행동을 하기 전에 긍정적 관심을 제공하면 이러한 도전행동을 예방할 수 있다. 이렇게 하면 학생이 긍정적 관심을 얻기 위해 도전행동에 의존할 필요가 없게 되며, 적절한 사회적·학업적 행동을 할 가능성이 커진다. 긍정적 관심이 충분하지 않을 때 학생은 성인의 관심을 끌 수 있는 가장 효율적이고 효과적인 방법(즉, 도전행동을 하는 것)을 배우곤 하는데, 도전행동을 이미 보이고 있던 학생의 경우에는 더욱 그러하다. 비유관 관심을 사용하면 학생은 성인이 자신을 아낀다는 것과 성인의 관심을 얻기 위해 도전행동을 할 필요가 없음을 깨닫게 될 것이다.

(4) 활용

PTR 평가를 통해 얻은 정보가 다음과 같을 때 이 전략의 사용을 고려한다.

- 혼자 있거나 성인의 관심이 없는 상황에서 도전행동이 발생한다.
- 학생은 성인의 관심을 얻기 위해 도전행동을 한다.
- 학생은 교사의 칭찬이나 인정에 긍정적으로 반응한다.
- 학생은 또래의 관심을 얻기 위해 도전행동을 한다.

(5) 예시

비유관 관심의 예는 다음과 같다.

- 학생이 교실에 들어올 때 긍정적인 말이나 몸짓으로 환영하기, 미소 짓기, 눈맞춤 하기. 예를 들어, 교사는 도전행동을 유발하는 요구를 하기 전에 학생에게 가까이 다가가서 인사를 건넬 수 있다. 학생이 인사에 반응하면 교사는 개방형 질문, 긍정적인 말, 적절한 표정이나 몸짓을 함께 사용할 수 있다.
- 시간을 정해두고 학생과 긍정적으로 상호작용하기(예: 30초마다 상호작용)
- 학생이 과제를 하는 동안 긍정적·중립적 언급 제공하기(예: "잘하고 있니?" "열심히 하고 있구나.")
- 학생과 물리적으로 가까이 있기(예: 장소 이동 시 학생과 긍정적 상호작용이나 비언어적 행동을 하며 학생과 함께 걷기, 유치원생의 경우 반 전체에게 이야기를 읽어 주는 시간

에 유아를 무릎에 앉히기)

- 성인과 학생이 함께 활동에 참여하기(가급적 학업 외 활동)
- '예' '아니요' 또는 '모르겠다'로 답하게 되는 질문보다는 상호 간의 대화를 시작하고 지속할 수 있는 질문하기(예: "무엇을?" "누가?" "어떻게?" "언제?" "어디서?").
- 학생을 지도할 때 '요구하기'보다 '언급하기'를 더 많이 하기. 예를 들어, "좀 더 빨리 해."라고 말하는 것은 도전행동을 유발할 수 있지만, "완성하기 위해 열심히 하고 있구나."와 같은 말은 학생이 더 열심히 하도록 촉진할 수 있다.
- 학생에게 활동을 하게 할 때 명확하고 구체적인 언어 사용하기
- 또래와 짝을 이루어 협력 과제를 하게 하고, 또래를 훈련하여 비유관 관심을 제공하게 하기

2) 실행 단계

이 전략을 실행하기 위한 절차는 다음과 같다.

① 성인의 관심을 받으려고 도전행동을 하는 학생의 경우, PTR 기능평가의 선행사건 자료를 통해 비유관 관심 전략을 적용할 일과 및 맥락을 확인한다(예: 도전행동이 전형적으로 발생하는 일과).

② 일과 내에서 사용할 수 있고 관심 기능을 충족할 수 있으며 교사의 스타일에 맞는 긍정적인 말, 비언어적 행동 또는 사회적 관심을 받을 기회의 목록을 작성한다. 이 목록에는 교사나 기타 성인을 위한 스크립트가 포함될 수 있다.

③ 비유관 관심을 제공할 때 교사가 학생에게 어느 정도 가까이 다가갈지 결정한다.

④ 비유관 관심을 얼마나 자주 제공할지 결정한다. 비유관 관심 제공 빈도의 옵션으로는 고정 일정(fixed schedule), 변동 일정(variable schedule), 또는 긍정적 비유관 관심과 부정적 비유관 관심의 특정 비율 등이 있다. 예를 들어, 교사가 고정 일정을 선택했다면, 비유관 관심이 제공될 일과의 길이를 파악한 후 실행 가능한 제공 일정을 정한다(예: 15분의 일과 중 3분마다 비유관 관심을 제공하기로 함).

⑤ 교사가 비유관 관심 제공을 잊지 않도록 촉진할 방법(예: 소리 나는 타이머, 무성 진동 타이머, 교실 곳곳에 있는 스마일 스티커)을 결정하고, 타이머를 사용하기로 한 경

우 교실의 어느 위치에 타이머를 둘지 결정한다.

⑥ 학생이 도전행동을 할 때 교사가 어떻게 행동할지 기술한다. 비유관 관심을 제공하는 성인은 도전행동을 언급하거나 학생이 부적절하게 행동하고 있음을 지적하지 않는다.

⑦ 비유관 관심이 제공되는 일정을 변경할 때 적용할 기준을 정한다. 예를 들어, 15분의 일과 중 3분마다 비유관 관심을 제공하는 일정을 5일간 지속한 후 학생의 도전행동이 특정 수준으로 감소했다면 5분마다 제공하는 것으로 바꿀 수 있다(또는 교사와 학생에게 맞는 또 다른 간격으로 바꿀 수 있다). 이러한 절차를 통해 비유관 관심을 서서히 줄여 나가야 학생이 사회적 관심을 얻기 위해 도전행동으로 되돌아가려는 상황을 방지할 수 있다.

3) 실행 관련 유의점

이 전략을 실행할 때 기억해야 할 유의점은 다음과 같다.

- 비유관 관심이 기능(즉, 관심 얻기)에 맞는지 확인한다. 학생의 도전행동이 관심이나 과제를 회피하려는 목적이라면, 비유관 관심은 효과적이지 않을 것이다.
- 전략 단계를 수립할 때 학생이 특정 행동을 수행했는지와 무관하게 비유관 관심이 제공되어야 한다는 점에 유의한다. 교사가 비유관 관심을 제공할 빈도와 기간을 미리 정해 두면 이 문제를 잘 해결할 수 있다.
- 표정과 비언어적 행동에도 주의를 기울여야 한다. 표정과 비언어적 행동은 학생에게 주어질 긍정적 관심이나 긍정적인 말과 조화되어야 한다.
- 현재 학생에게 전달되는 긍정적인 말과 부정적인 말의 비율을 평가한 후, 그 비율을 높여 간다. 긍정적인 말과 부정적인 말의 비율이 최소한 4:1이 되어야 한다. 교사는 이 비율을 맞추기 위해 교실 곳곳에 스마일 스티커를 배치할 수 있다. 교사는 스마일 스티커를 볼 때마다 긍정적인 말을 해야 한다는 촉진을 받게 된다. 하루에 해야 할 긍정적인 말의 횟수를 정해 두는 것도 한 방법이다. 교사는 미리 정해 둔 횟수만큼의 클립을 오른쪽 주머니에 넣어 두고, 긍정적인 말을 할 때마다 오른쪽 주머니에서 왼쪽 주머니로 클립을 옮기면 된다.

4) 이 전략을 지지하는 연구

이 전략을 지지하는 문헌들은 다음과 같다.

- Austin & Soeda (2008)
- Banda & Sokolosky (2012)
- Enloe & Rapp (2014)
- González, Rubio, & Taylor (2014)

6. 교실 관리

1) 개요

(1) 정의
'교실 관리(classroom management)'는 교사가 학생의 적절한 행동과 학습 활동 참여를 높이기 위해 사용하는 절차, 전략 및 교수 방법을 말한다.

(2) 전략에 대한 설명
교실 관리는 교수 활동, 행동 절차, 일과의 묘사를 포함한 환경의 구성과 구조화에 대한 명확한 설명을 말한다. 교실 관리를 위해서는 교실을 운영하고 일상적 활동을 영위할 명확하고 종합적인 체계를 수립하여 적절한 행동이 격려와 보상을 받게 해야 한다. 효과적인 교실 관리의 특징(Simonsen, Fairbanks, Briesch, Myers, & Sugai, 2008)은, ① 교실을 고도로 구조화하기, ② 기대행동을 게시하고, 가르치고, 복습하고, 점검하고, 강화하기, ③ 학생을 수업에 참여시킬 명확한 전략 사용하기, ④ 적절한 행동에 대한 반응을 체계화하여 적용하기, ⑤ 반응과 전략을 체계화하여 부적절한 행동에 일관성 있게 대처하기 등이다. 교실 관리 전략은 학급 전체에 적용하려고 개발하는 것이지만, PTR 중재 대상 학생의 도전행동 예방을 위해 전략 단계를 추가할 수도 있다. 일부 상황에서는 특정 학생의 도전행동을 다루기 위해 집단강화를 교실 관리 계획의 일부로 사용할 수도 있다.

(3) 이 전략을 사용하는 이유

교실에서 적절한 행동에 대한 명확한 규칙을 일관성 있게 교육하고 강화할 때 교사는 도전행동을 다루느라 소비되는 시간을 줄일 수 있고 교수 활동에 더 많은 시간을 할애할 수 있다.

(4) 활용

PTR 평가를 통해 얻은 정보가 다음과 같을 때 이 전략의 사용을 고려한다.

- 학생은 일관성이 없거나 모호한 행동관리 절차로 인해 도전행동을 보인다.
- 교실 관리가 부정적인 방식으로 이루어질 때 도전행동이 나타난다.
- 교실의 다른 학생들도 비슷한 맥락에서 행동문제를 나타내는 것으로 보인다.
- 학급 체계가 학교 환경의 다른 성인들에게 명확하지 않다.

(5) 예시

교실 관리의 예로는, ① 구조화하기, ② 기대행동을 게시·교수·복습·점검·강화하기, ③ 학생을 적극적으로 참여시키기, ④ 적절한 행동에 대한 반응을 체계화하여 적용하기, ⑤ 부적절한 행동에 대한 반응을 체계화하여 적용하기 등이 있다. 다음은 이 각각에 대한 자세한 설명이다.

① 구조화하기는 다음과 같은 방식으로 실천할 수 있다.
- 전이 시간과 자유 시간을 포함하여 학교에서의 하루가 어떻게 진행되는지에 대한 일정을 수립하고 이 일정을 일관성 있게 따른다.
- 일정표를 시각적으로 게시하여 학생이 볼 수 있게 한다.
- 학생이 일과를 배우고 예측할 수 있도록 하루 내내 일정표를 언급한다.
- 교실에 여러 명의 성인이 있다면, 각 성인이 하루 일과에서 어떤 역할을 하는지를 일정별로 제시한다.
- 물리적으로 교실 배치를 할 때 성인이 모든 학생을 볼 수 있고, 학생도 성인을 볼

수 있게 한다. 학생들은 친구를 방해하지 않고 교실 안을 움직여 다닐 수 있어야
한다.

- 시각적 소품이나 게시물을 사용하여 교실 내 절차와 일과를 표시한다(예: 컴퓨터 사용을 허용하지 않는 시간에는 컴퓨터에 사용 금지 표지판 부착).

② 기대행동 게시 · 교수 · 복습 · 점검 · 강화하기는 다음과 같은 방식으로 실천할 수 있다.

- 학교차원의 기대행동에 일관되는 규칙을 수립하고 게시하며 일상적으로 가르친다.
- 학생이 적절하게 규칙을 따르는 행동을 보일 기회를 제공한다.
- 학생이 부적절한 행동을 보이기 전에 적절한 행동을 하도록 촉진한다.
- 매일의 수업과 활동에 학급 규칙을 삽입한다. 주별로 특정 행동에 초점을 둘 수 있다. 예를 들어, '다른 사람에게 친절하게 말하기'가 그 주의 교수 활동 주제가 될 수 있다. 학생은 (학급의 나머지 학생들과 함께) 탐정 놀이를 하면서 특정 학생과 다른 또래 학생이 친절하게 말하는 장면을 포착하여 횟수를 센다. 다른 사람에게 불친절하게 말하는 인물이 등장하는 책을 그 주 내내 읽어 줄 수도 있다.
- 학생들이 서로에게 교실 내 기대행동을 가르칠 기회를 제공한다(PTR 중재 대상인 학생을 위한 추가 전략이 될 수 있음).
- 주별로 그 주에 학급 규칙을 지키는 장면이 가장 자주 포착된 학생에게 상을 주는 시상식을 계획한다(PTR 중재 대상인 학생을 위한 추가 전략이 될 수 있음).
- 학생을 적극적으로 감독하면서 적절한 행동을 놓치지 않고 포착하여 반응한다.

③ 학생을 적극적으로 참여시키기는 다음과 같은 방식으로 실천할 수 있다.

- 수업을 할 때 학생에게 응답할 기회를 제공하는 빈도를 높인다. 예를 들면, 강의식으로 학생들에게 내용을 전달할 때 적어도 2~3분에 한 번씩 학생들이 응답할 기회를 제공한다.
- 학생 개인을 지목하기보다는 학급 전체가 질문에 답할 수 있는 다양한 방법을 활용한다. 반응카드, 답안 작성용 화이트보드, 투표(예: 사전에 준비된 질문에 응답하기 위해 학생이 컴퓨터나 태블릿의 링크로 들어가서 하는 온라인 투표) 등의 전략이 있다. 투표는 학생의 참여를 높일 뿐 아니라 학생들의 응답과 정답의 비율을 즉시

보여 주는 훌륭한 방법이다.

- 필기를 요하는 강의를 하거나 과제를 줄 때는 안내된 노트 전략(guided note strategies)을 사용한다. 이러한 전략은 과제의 양을 줄여 줄 뿐만 아니라 학생에게 핵심 개념과 사실에 초점을 두고 필기하는 방법의 모델을 제공한다. 예를 들면, 학생들(또는 특정 학생)에게 수업 내용을 요약한 노트 사본이나 중요한 사실이나 개념을 적어야 할 곳을 빈칸으로 둔 읽기 자료 사본을 줄 수 있다. 학생은 과제나 수업을 하면서 안내된 노트의 빈칸에 답을 쓴다.

④ 적절한 행동에 대한 반응을 체계화하여 적용하기는 다음과 같은 방식으로 실천할 수 있다.

- 기대행동을 보이는 학생을 구체적으로 칭찬한다.
- 토큰 경제를 도입하되, 가급적 학교차원의 보상 체계와 일관되게 만드는 것이 좋다.
- 집단강화를 제공한다. 이 강화는 학생 개개인의 행동에 따라 보상 제공하기, 집단이나 팀에 속한 한 학생 또는 소수의 학생들이 보이는 행동에 따라 보상 제공하기, 또는 집단이나 팀 전체의 행동이 특정 기준에 도달하면 보상 제공하기의 방식 중 선택할 수 있다.

⑤ 부적절한 행동에 대한 반응을 체계화하여 적용하기는 다음과 같은 방식으로 실천할 수 있다.

- 부적절한 행동에는 오류 교정 절차(error correction procedures)를 적용한다. 예를 들어, 학생이 존중하는 행동(다른 사람에게 긍정적으로 말하기)에 어긋나게 행동하면, 교사는 즉시 학생이 보인 행동과 학생이 따르지 않은 기대행동을 언급한다. 다음으로, 교사는 기대행동을 시범 보이고, 그 학생에게 시범 보인 적절한 행동을 따라 하게 한다.
- 교실에서 다룰 행동과 훈육실에서 다룰 행동 등 부적절한 행동에 대한 반응의 위계와 각 반응을 적용할 조건을 명확히 정한다. 파괴적 행동에 대한 반응의 위계에는 오류 교정, 행동 계약, 학부모에게 연락, 차별 강화, 학생 상담 등이 포함될 수 있다.

2) 실행 단계

이 전략을 실행하기 위한 절차는 다음과 같다.

① 교실 관리의 문제로 발생하는 도전행동의 구체적 특징과 발생 일과를 파악한다. 예를 들면, 도전행동이 발생했을 때 학생이 어떤 활동을 해야 했던 상황인지, 다른 학생들은 무엇을 하고 있었는지, 교사와 다른 성인들은 무엇을 하고 있었는지 등을 파악해야 한다.

② 효과적인 교실 관리의 다섯 가지 특징(즉, 구조화하기, 기대행동을 게시·교수·복습·점검·강화하기, 학생을 적극적으로 참여시키기, 적절한 행동에 대한 반응을 체계화하여 적용하기, 부적절한 행동에 대한 반응을 체계화하여 적용하기) 중 현재 교실에서 실행되고 있지 않은 것이 있는지 알아본다.

③ 실행되고 있지 않다고 판별된 특징을 교실 구조화 과정에 포함시킬 방법을 결정한다. 각 특징을 매우 자세하게 설명하여 동일한 환경에 있는 모든 성인이 그 체계를 실행하고 가르칠 수 있도록 한다. 예를 들어, 학업참여를 높이기 위해 안내된 노트 전략을 실행하기로 했다면 그 절차에는 ⓐ 안내된 노트를 필요로 하는 수업이나 과제인지를 판단하여 선택하는 방법, ⓑ 학생이 주요 사실 및 개념과 관련하여 해야 할 일(강조하기, 밑줄 긋기, 몸짓으로 표현하기)을 결정하여 수업(과제) 전에 안내된 노트를 준비하는 방법, ⓒ 학생이 해야 할 일에 대한 정보를 포함한 안내된 노트를 학생과 함께 살펴볼 방법, ⓓ 안내된 노트 사용의 초기 교육과 모델링[예: 교사가 컴퓨터/LCD 또는 기타 기술을 통해 안내된 노트를 띄우고 내용이 나오면 빈칸을 채우는 시범을 보임]을 제공할 방법, ⓔ모델링을 점진적으로 줄여 나가는 방법에 대한 설명이 포함될 것이다.

④ 교실 관리를 위한 원칙을 정할 때 학생에게 선택할 기회를 준다. 예를 들어, 학급 모두가 지키기를 바라는 기대행동 중 최우선적인 행동 세 가지를 선정하기 위해 학생 투표를 실시한다.

⑤ 교실 관리 체계를 학생에게 직접 가르치는 수업을 계획한다. 각 구성요소, 기대행동의 모델, 부적절한 행동의 모델, 적절한 행동과 부적절한 행동에 대한 반응을 다루는 역할극, 학생이 연습할 기회를 제공한다. 초기에는 학생의 적절한 행

동과 부적절한 행동을 포착하여 언급하는 동시에 학생이 기대행동을 연습할 기회를 자주 제공해야 한다. 학생이 체계를 익히고 행동이 개선됨에 따라 빈도는 점진적으로 줄어 나갈 수 있다.

3) 실행 관련 유의점

이 전략을 실행할 때 기억해야 할 유의점은 다음과 같다.

- 교실 관리 방식을 특정 학생의 예방 전략으로 활용할 때는 추가의 중재가 필요한지 검토해야 한다. 예를 들어, 교사는 다른 학생들보다 해당 학생의 적절한 행동을 더 자주 인정해 주기로 할 수도 있고, 도전행동을 줄이면서 적절한 행동에 대한 목표와 강화를 설정하는 행동 계약서를 개발할 수도 있다.
- 교실 관리 절차는 자주 바뀌지 않아야 하며, 교사가 이 절차를 일관성 있게 가르쳐야 한다. 대개 학생들은 교실 관리 절차가 실행되면 얼마 지나지 않아 관리 절차대로 배워 간다. 그러나 가끔은 특정한 하루를 한 가지 기대행동에 집중하는 날로 정하고 그 행동을 수행하면 인정해 주거나, 학생들이 예상하지 못한 날에 뜻밖의 강화를 제공할 수도 있다.

4) 이 전략을 지지하는 연구

이 전략을 지지하는 문헌들은 다음과 같다.

- Conklin, Kamps, & Wills (2017)
- Floress & Jacoby (2017)
- Simonsen et al. (2008)
- Sy, Gratz, & Donaldson (2016)
- Trussell, Lewis, & Raynor (2016)

7. 배경사건 수정

1) 개요

(1) 정의

'배경사건'은 선행사건 이전에 일어나는 변동적인 환경적 사건으로, 도전행동보다 훨씬 전에 발생하지만 도전행동의 발생 가능성을 높인다. 배경사건은 적절한 행동 또는 도전행동에 대한 강화의 효력에 일시적으로 영향을 미친다. 즉, 배경사건이 발생한 날에는 적절한 행동에 대해 제공되는 강화보다 도전행동을 통해 얻게 되는 기능적 강화(예: 회피, 관심)가 더 효과적일 수 있다. 배경사건은 신체적·생물학적인 것(예: 학생이 비염으로 고생 중이라면 그렇지 않을 때보다 어려운 학업과제를 회피하기 위해 욕을 할 가능성이 큼)일 수도 있고 사회적인 것(예: 남자친구와 다툰 여학생은 과제를 회피하기 위해 불순응 행동을 보일 가능성이 큼)일 수도 있다.

(2) 전략에 대한 설명

'배경사건 수정'이란 특정 배경사건이 존재할 때 사용하는 전략으로, 배경사건이 도전행동을 유발할 가능성을 줄이기 위한 것이다. 배경사건 수정 전략에는 네 가지 핵심 범주, ① 배경사건을 최소화하거나 제거하기, ② 배경사건 중립화하기, ③ 일시적으로 강화제의 효력 높이기, ④ 대안기술 가르치기가 있다.

(3) 이 전략을 사용하는 이유

배경사건이 도전행동의 유발자극으로 확인된 경우, 이러한 배경사건이 발생했을 때 실행할 중재 전략을 개발해 두는 것은 도전행동의 발생을 하루 내내 예방할 수 있는 강력한 방법이다. 배경사건 중재가 포함되지 않은 중재계획은 도전행동 감소와 적절한 행동 증가에 효과적이지 않을 수 있다.

(4) 활용

PTR 평가 결과, 배경사건이 발생한 날 학생의 도전행동이 더 많이 발생한다면 이 중재의 사용을 고려한다.

(5) 예시

배경사건 수정의 예로는, ① 원만한 의사소통 유지하기, ② 배경사건 최소화하거나 제거하기, ③ 배경사건 중립화하기, ④ 일시적으로 강화제의 효력 높이기, ⑤ 배경사건 이 발생할 때 사용할 대안기술 가르치기 등이 있다. 다음은 이 각각에 대한 설명이다.

① 원만한 의사소통 유지하기란 배경사건의 발생 여부 확인을 위해 가정과 학교(또는 학생과 학교) 간의 지속적인 의사소통 체계를 개발하는 것을 말한다.

② 배경사건 최소화하거나 제거하기는 다음과 같은 방식으로 실천할 수 있다.
- 배경사건이지만 매일 발생하지는 않는 의학적 상태(예: 편두통, 계절적·상황적 알레르기)를 치료하는 데 필요한 자원을 판별하고 제공하기 위해 랩어라운드 지원을 활용한다.
- 학생이 복용하는 약을 학교에도 상비해 놓고, 학생에게 의학적 문제가 생겼을 때 보건교사가 적정량을 복용하게 한다.
- 배경사건의 진행을 막기 위해 일정이나 맥락을 변경한다. 예를 들어, 조이(Joey)는 부모가 등굣길에 택한 경로에서 차가 20번 이상 가다 서기를 반복하자 그 날 하루 동안 심각한 도전행동을 매우 자주 보였다. 이 경우 가다 서기 횟수가 더 적은 경로를 선택하면 배경사건이 제거될 것이다. 만약 학교로 가는 다른 경로가 없다면, 조이가 가장 좋아하는 TV 쇼나 영화를 보여 주거나 조이가 좋아하는 음악을 들을 수 있는 헤드폰을 제공하여 배경사건을 최소화할 수 있다.
- 전날 저녁 식사나 등교 전 아침 식사를 하지 않았다는 배경사건이 있을 경우 등교 시 학생에게 아침 식사나 음식을 제공한다. 학생이 학교에 늦게 도착하여 학교에서 제공하는 아침을 놓친 경우 도착 시간에 관계없이 아침 식사와 먹을 장소를 제공한다.
- 학생이 전날 밤 해야 할 숙제를 끝내지 못한 것이 배경사건일 경우, 수업 중 특정 시간에 숙제를 완료할 수 있는 옵션을 준다.

③ 배경사건 중립화하기는 다음과 같은 방식으로 실천할 수 있다.

• 배경사건이 일어난 날 아침에 선호하는 성인과의 대화 시간을 제공한다. 예를 들어, 토니(Toni)는 외할머니와 함께 살고 있는데, 주말에 어머니가 자신을 보러 오는 약속을 지키지 않으면 월요일에 소리 지르기 행동을 더 많이 보인다. 교사는 월요일 아침 토니의 할머니에게 전화를 걸어 배경사건이 있었는지 확인한다. 토니가 등교하면 상담교사와 15분 동안 상담하기를 원하는지 물어본다.

• 피곤하거나 밤에 잠을 잘 못자서 도전행동이 예견될 경우, 직접적인 유발자극이 발생하기 전에 짧게 수면을 취할 장소와 시간을 제공한다. 또 다른 방법으로, 하루를 시작하는 시간이나 피로감이 도전행동을 유발하는 시간에 선호하는 성인과 학교 주변을 산책하거나 손으로 조작하는 활동을 15분 정도 하기 등과 같이 주의를 환기하는 활동을 제공한다.

④ 일시적으로 강화물의 효력 높이기는 배경사건이 발생한 날에 강화를 더 높은 빈도로 제공하는 것을 의미한다. 예를 들면, 회피를 더 오래 하게 해 주거나 관심을 더 오래 주기, 강화제를 좀 더 쉽게 얻을 수 있게 하기 등을 통해 회피하거나 관심 받을 기회를 더 많이 제공하는 것을 말한다.

⑤ 대안기술 가르치기는 다음과 같은 방식으로 실천할 수 있다.

• 배경사건이 발생했다는 것과 배경사건의 최소화를 위해 대안행동이 필요함을 교사에게 알리도록 학생을 지도한다. 예를 들면, 타니샤(Tanisha)에게 등교 전 어머니와 다툰 사실을 교사에게 미리 알리게 하고, 과제를 하다가 휴식이 필요할 때 엄지손가락을 들어 신호를 보내겠다고 교사에게 말하도록 지도할 수 있다.

• 배경사건이 발생한 경우 사용할 대처 전략이나 기술을 가르친다. 예를 들어, 조앤(Joanne)은 친구들 앞에서 말을 해야 하는 날(예: 보고서 발표, 토론 참여)이면 심신이 괴롭다고 불평한다. 이때 조앤에게 자신의 불안 신호를 인식하도록 지도하고, 자신에게 긍정적인 말을 하도록 지도할 수 있다("나는 잘 말할 수 있어." "나는 잘 해낼 거야."). 또한 심호흡 기술이나 기타 자기 이완 전략도 지도할 수 있다.

2) 실행 단계

이 전략을 실행하기 위한 절차는 다음과 같다.

① 배경사건이 발생했을 때 도전행동을 가장 잘 예방해 줄 배경사건의 특징과 중재 유형을 파악한다.
② 배경사건의 발생 여부를 파악하기 위한 가장 좋은 방법을 기술한다. 이는 보호자와 의사소통하거나(배경사건이 학교 수업 밖에서 일어날 경우) 학생과 의사소통하는 방식으로 이루어질 수 있다. 이때 배경사건을 파악할 시기(예: 학생이 등교하자마자, 학생이 등교하기 전 가족에게 전화)도 함께 기술해야 한다.
③ 중재를 실행할 시기(등교 시, 선행사건 직전, 도전행동이 발생할 가능성이 큰 특정 맥락에서)와 구체적으로 제공될 중재(예: 언어적 선택, 대처 전략을 사용하라는 촉진, 의학적 중재, 음식 섭취 기회)를 포함하여 전략을 기술한다. 성인(교사 또는 다른 교육자들)이 전략을 실행할 때 수행할 행동을 구체적인 순서로 기술해야 한다. 실행 초기에는 학생에게 배경사건 수정이 어떻게 이루어지는지 알려 주기 위해 교사가 추가의 촉진이나 시범을 제공해야 할 수도 있다.

3) 실행 관련 유의점

이 전략을 실행할 때 기억해야 할 유의점은 다음과 같다.

• 배경사건은 복잡하기 때문에 이 전략에서는 배경사건을 제대로 파악하는 것이 가장 중요하다. 기능평가를 통해 약물 복용이나 가정 내 갈등과 같은 배경사건을 파악하더라도 이러한 사건이 발생하는 날 도전행동을 유발하는 패턴이 어떻게 형성되는지에 관한 자세한 내용까지는 알기가 어려울 수 있다. 배경사건이 도전행동에 앞서 발생하는 것이 확실한 경우, 특히 도전행동을 감소시키고 교체행동을 증가시킬 전략이 필요한 경우에는 배경사건이 가설에 포함되어야 한다.
• 배경사건 수정을 실행하려면 배경사건의 발생 시기를 파악할 수 있는 체계를 구축해야 한다.

4) 이 전략을 지지하는 연구

이 전략을 지지하는 문헌들은 다음과 같다.

- Iovannone et al. (2017)
- McGill, Teer, Rye, & Hughes (2003)
- McLaughlin & Carr (2005)
- Smith, Carr, & Moskowitz (2016)
- Stichter, Hudson, & Sasso (2005)

8. 반응 기회 증가

1) 개요

(1) 정의
'반응 기회(opportunities to respond)'는 교사 질문, 학생 응답, 교사 피드백을 통해 높은 수준의 학생-교사 상호작용을 형성하는 직접 교수 전달 방식이다.

(2) 전략에 대한 설명
반응 기회 제공 방식에는 여러 유형이 있다. 하나는 교사가 직접 질문하거나 특정 학생에게 과제를 주어 학생이 구두 또는 신체적으로 반응하도록 요구하는 교사 주도의 '개별 반응하기(individual responding)'다. 또 다른 하나는 교사가 직접 질문하고 과제를 제시한 후 전체 학생에게 동시에 반응 기회를 주는 교사 주도의 '일제히 반응하기(unison responding)'인데, 이때 교사는 학급 전체에 피드백을 제공한다. 세 번째는 '학생 간 반응하기(student-to-student responding)'로, 학생들이 짝 또는 팀을 이루어 협력하고 서로에게 반응하며 피드백을 할 기회를 주는 것이다.

(3) 이 전략을 사용하는 이유

반응 기회는 학생이 수업 내용에 집중하고 모든 학생이 수업에 기여하도록 동기를 부여하여 학생의 수업참여를 높인다. 이 전략은 다른 교수 방법보다 높은 비율로 교사가 학생에게 피드백을 제공하게 해 준다. 이 전략은 교사가 학생이 내용을 얼마나 습득했는지도 대략 알게 해 준다. 학생의 참여를 높이면 학생이 도전행동에 관여할 기회가 줄어들고, 이는 교사가 도전행동을 다루는 데 할애하는 시간을 줄여 주는 동시에 교수 활동에 쓸 수 있는 시간을 늘려 준다.

(4) 활용

PTR 평가를 통해 얻은 정보가 다음과 같을 때 이 전략의 사용을 고려한다.

- 학생이 교사나 또래의 관심을 얻기 위해 도전행동을 지속한다.
- 학생이 선호하지 않는 과제, 특히 독립 과제나 강의식 수업, 오래 걸리거나 난이도가 높은 과제를 해야 할 때 도전행동을 보인다.

(5) 예시

반응 기회 증가의 예는 다음과 같다.

- 모든 학생이 반응 기회를 가질 수 있도록 한 사람씩 돌아가며 답하는 절차를 사용한다.
- 모든 학생에게 직접 질문과 과제를 제시하고 모두가 함께 반응할 기회를 제공한다. 짧은 답(1~3단어)을 요구하는 질문이나 정답이 하나뿐인 질문에 가장 적절한 방법이다. 일제히 반응하기의 예는 다음과 같다.
  - 손을 들어 투표하기
  - 엄지손가락을 위 또는 아래로 움직이기, 특정 개수의 손가락을 들어 응답하기
  - 동시에 정답 말하기
  - 정답이 적힌 반응카드 들어올리기(예: 예/아니요, 정확한 선다형 응답을 나타내는 숫자 또는 문자)
  - 화이트보드에 정답을 적고 교사의 신호에 맞춰 들어올리기

- 교사가 학급 전체를 대상으로 하는 수업 자료에 미리 준비된 투표 사이트를 링크하여 온라인 투표 실시하기(학생들은 교사가 응답을 입력하라고 지시하면 컴퓨터나 태블릿을 이용하여 투표를 실시함).
- 학생들이 짝 또는 팀을 이루어 협력하고, 생각하기-짝 이루기-생각 나누기(think-pair-share) 또는 반응카드를 통해 서로에게 반응하고 피드백할 기회를 제공하는 '학생 간 반응하기' 전략을 적용한다.

주의 앞에서 제시한 각 예시에서 교사는 학생들이 반응한 후 피드백을 제공해야 한다.

2) 실행 단계

이 전략을 실행하기 위한 절차는 다음과 같다.

① 도전행동이 발생하는 학업적 맥락을 파악한다.
② PTR 가설을 검토한 후, 도전행동의 기능에 맞으면서도 교수 내용 전달과 반응 기회 증가에 가장 잘 맞는 반응 기회의 유형을 선택한다. 이 전략을 실행하려는 교사의 의도가 반응 기회 증가를 통해 다른 학생들을 먼저 변화시키고 그 결과로 대상 학생이 다른 학생들과 교사의 관심으로 강화받게 하려는 것이라면 '일제히 반응하기'가 가장 적절할 것이다. 또래의 관심이 대상 학생의 가장 큰 동기부여 요인일 경우에는 '학생 간 반응하기'가 최선이다. 교사의 직접적인 관심이 가장 큰 동기부여 요인일 경우에는 '개별 반응하기' 유형을 선택하는 것이 좋다.
③ 선택한 유형 내에서 반응 기회를 증가시키기 위한 구체적인 방법을 결정하고 기술한다. 학생들에게 추가 자료를 제공해야 하는지, 또는 이미 주어진 자료로 중재를 개발할지 결정한다. 예를 들어, 교사가 화이트보드와 마커펜을 사용하고 싶은데 당장 화이트보드가 없다면, 이를 마련할 계획이 필요하다.
④ 각각의 반응 기회에 주어질 피드백의 유형을 결정한다.
⑤ 반응 기회의 목표를 수립한다. 수업 내용에 따른 분당 적절한 반응 기회 횟수의 예시에 대해서는 다음의 '실행 관련 유의점'을 참고하기 바란다.
⑥ 학생들이 반응 기회 전략에 준비될 수 있도록 사전 교육이 필요한지 결정한다. 예를 들어, 교사가 태블릿을 이용하여 투표를 하기로 결정한 경우, 그 전에 연습

회기를 준비해야 할 수도 있다.

3) 실행 관련 유의점

이 전략을 실행할 때 기억해야 할 유의점은 다음과 같다.

- 교사는 수업 중 제공할 반응 기회의 평균 횟수에 대한 목표를 세우고 싶을 것이다. 연구에 따르면, 일반 학생의 경우 1분에 3회의 반응 기회를 제공하는 것이 바람직하다(Whitney, Cooper, & Lingo, 2015). 새로운 내용을 배울 때의 반응 기회는 1분에 4~6회로 증가되어야 한다. 배운 내용을 복습할 때는 분당 8~12회의 반응 기회가 적당하다.
- 반응 기회를 증가시킬 때 다양한 방법을 활용하면 학생의 참여 동기를 유지할 수 있다. 예를 들면, 하루는 반응카드를 사용하고, 다음날은 투표하기를 활용할 수 있다.
- 이 전략은 무발화 학생에게 효과적으로 사용될 수 있다. 언어 이외의 시각적인 방법이나 기타 방법을 사용하는 반응 기회를 개발하면 학생은 더 많은 학업 기회에 의미 있게 참여할 수 있다.

4) 이 전략을 지지하는 연구

이 전략을 지지하는 문헌들은 다음과 같다.

- Cakiroglu (2014)
- Cuticelli, Collier-Meek, & Coyne (2016)
- Harbour, Evanovich, Sweigart, & Hughes (2015)
- Haydon et al. (2010)
- Lamella & Tincani (2012)
- McComas et al. (2017)
- Partin, Robertson, Maggin, Oliver, & Wehby (2009)

- Skinner, Pappas, & Davis (2005)
- Whitney et al. (2015)

9. 또래 모델링 및 또래 지원

1) 개요

(1) 정의
'또래 모델링 및 또래 지원'은 같은 연령의 또래가 대상 학생을 돕는 전략으로, 또래가 대상 학생에게 적절한 학업적·사회적 반응의 시범을 보이거나 대상 학생이 도전행동을 보이는 과제나 활동에 잘 참여하도록 지원하는 것을 말한다.

(2) 전략에 대한 설명
또래 모델링 및 또래 지원 전략에는 몇 가지 유형이 있다. 첫 번째는 비디오 모델링으로, 적절한 행동을 보이는 또래의 동영상을 대상 학생에게 교체행동을 가르치는 데 사용하는 것이다. 두 번째는 면대면 또래 모델링으로, 또래를 훈련하여 상황에 맞는 적절한 행동의 시범을 보이게 하고 대상 학생이 그 행동을 따라 하도록 촉진하는 것이다. 또래 지원이란 대상 학생이 과제에 참여하도록 또래가 안내하는 것이다. 또래가 제공하는 안내에는 과제를 수행하는 방법의 예나 시범을 보여 주는 것, 대상 학생에게 과제를 하라고 격려하는 것, 피드백을 제공하는 것 등이 있다.

(3) 이 전략을 사용하는 이유
또래가 직접 제공하는 모델링과 동영상으로 제공한 모델링은 적절한 행동을 증가시키고 도전행동을 감소시키는 것으로 나타났는데, 특히 또래의 관심을 얻기 위해 도전행동을 하는 학생에게 효과적이었다. 이 중재는 학업참여와 기술 습득을 향상시키는 데도 효과적이다. 또래의 관심과 또래 모델링은 많은 학생에게 강력한 동기부여 요소다.

(4) 활용

PTR 평가를 통해 얻은 정보가 다음과 같을 때 이 전략의 사용을 고려한다.

- 학생은 또래의 관심을 얻기 위해 도전행동을 보인다.
- 학생의 사회성 기술이 부족하다.
- 학생이 혼자 과제를 해야 하는 수업에는 참여하지 않지만, 짝과 함께하는 활동일 때는 잘 참여한다.

(5) 예시

또래 모델링 및 또래 지원의 예는 다음과 같다.

- 또래 모델링: 학생의 도전행동이 발생하는 맥락에서 또래가 특정 행동을 적절하게 시범 보이는 모습을 녹화한다.
- 또래 지원: 독립 과제보다는 또래끼리 협력적인 활동을 하도록 수업을 준비한다. 협력 활동은 모든 학생이 기여하고 참여하여 성공적인 결과를 얻을 수 있도록 각 또래의 기술을 고려하여 역할과 책임을 부여해야 한다.

2) 실행 단계

이 전략을 실행하기 위한 절차는 다음과 같다.

① PTR 가설을 참조하여 또래의 관심을 얻기 위한 도전행동의 발생 맥락을 파악한다.
② 그 맥락에서 사용할 또래 모델링 및 지원 방법을 결정한다. 이러한 방법에는 또래가 바람직한 행동을 하는 동영상 보여 주기, 실시간 또래 모델링(예: 또래 파트너 배정) 제공하기, 또는 또래와 협력하여 학업적·행동적 도움을 주고받기 등이 있다.
③ 시범 보일 행동을 결정하고 또래가 사용할 스크립트를 작성한다. 실시간 또래 모델링을 위한 스크립트에는 구체적인 행동, 또래가 모델링을 할 시기(도전행동이

발생했을 때와 대상 학생이 도전행동을 하기 전), 모델링을 할 때 또래가 해야 할 말과 행동, 모델링 후 대상 학생이 반응하지 않을 때 또래가 모방을 촉진할 방법, 피드백과 강화를 제공하는 방법이 포함된다. 동영상에서 또래 모델이 시범 보이는 행동을 강화하기 위해 교사가 등장할 수도 있다[예: "조지(George)가 연필을 바르게 쥐었구나."].

④ 도전행동이 발생하는 맥락에 대한 PTR 평가 내용과 가장 잘 맞는 또래 협력/또래 지원의 특징을 파악하고 이를 바탕으로 또래가 지원을 제공할 때 따라야 할 스크립트/계획서를 작성한다.

⑤ 모델/지원자 역할을 할 또래를 선정한다. 또래는 대상 학생이 좋아하는 아동인 동시에 배려와 공감 능력이 풍부한 아동이어야 한다.

⑥ 또래에게 스크립트/계획서를 직접 가르칠 시간을 마련한다. 초기 교육은 대상 학생 없이 진행한다. 또래 교육 회기에서는 이 전략에 대한 설명과 이 전략을 사용하는 이유, 모델링, 역할극 및 피드백 등이 제공된다. 또래의 연령에 따라 여러 번의 교육이 필요할 수도 있다. 어린 아동(예: 유치원~2학년)을 대상으로 한 교육 회기는 짧아야 하며(예: 5~15분), 두세 번 반복해야 할 수도 있다.

⑦ 대상 학생과 연습할 시간을 마련한다. 모델링/지원이 제공될 맥락(즉, 도전행동이 발생하는 맥락)과 유사한 상황을 조성하여 연습하는 것이 가장 효과적이다. 대상 학생과 또래가 중재를 연습하는 동안 피드백을 제공해야 한다. 비디오 모델링을 활용할 경우, 학생이 동영상에서 배운 행동을 해야 하는 활동이 시작될 때 교사도 그 자리에 있어야 한다. 학생이 모델링을 통해 배운 행동을 모방하도록 촉진할 때 할 말도 정해 둔다[예: "동영상에서 안나(Anna)가 했던 것처럼 너도 과제를 끝까지 할 수 있을 거야."]

⑧ 실행의 시작일을 정한다. 중재 초기에는 교사가 또래 모델 곁에 머물면서 또래가 적절한 시점에 전략을 사용하도록 촉진한다.

⑨ 비디오 모델링을 사용할 경우, 학생이 동영상을 시청할 시기와 방법을 정한다. 동영상 시청을 위한 이상적인 시간은 행동이 발생하는 환경적 사건이나 맥락 이전이다. 학생은 헤드폰을 쓴 채 컴퓨터나 태블릿으로 동영상을 볼 수 있다. 학생이 동영상을 여러 번 시청하기 위해 정기적인 시청 시간을 정할 수도 있는데, 그 횟수는 시간이 지남에 따라 점진적으로 줄여 나갈 수 있다.

3) 실행 관련 유의점

이 전략을 실행할 때 기억해야 할 유의점은 다음과 같다.

- 중재 실행자인 또래를 스크립트 작성에 참여시킨다. 이렇게 하면 시범을 보일 언어적 · 신체적 행동이 또래의 연령에 적합하고 자연스러워진다.
- 또래 선정은 이 전략의 성공과 대상 학생의 참여 유도에 매우 중요하다.
- 동영상은 길면 안 된다. 이 중재를 위해서는 3~4분 정도가 이상적이다.
- 모델링 또는 지원을 제공하는 또래에게 보상을 제공한다.

4) 이 전략을 지지하는 연구

이 전략을 지지하는 문헌들은 다음과 같다.

- Kourassanis, Jones, & Fienup (2015)
- Laureati, Bergamaschi, & Pagliarini (2014)
- Richards, Heathfield, & Jenson (2010)
- Sani-Bozkurt & Ozen (2015)
- Urlacher, Wolery, & Ledford (2016)

부록
B
교수 중재

다음은 PTR 행동중재계획의 **교수** 영역에서 고려할 수 있는 새로운 기술이나 행동 지도 전략에 관한 설명이다. 이때 **교수** 중재와 관련하여 몇 가지 주목해야 할 사항이 있다. 첫째, 기능기반의 중재계획이 되려면 PTR 행동중재계획이 하나 이상의 교체행동(동일 기능 교체행동과 바람직한 대안행동)을 포함해야 하기 때문에 교체행동에는 별표(*) 표시가 되어 있다. 연구에 따르면, 기능기반의 중재계획이 기능기반이 아닌 계획보다 더욱 효과적이다(Ingram, Lewis-Palmer, & Sugai, 2005; Newiner & Lewis, 2004). 학생에게 가르칠 행동은 도전행동을 대신하여 사용될 행동이므로 팀은 **교수** 중재를 개발할 때 학생의 도전행동이 갖는 기능을 고려하여 학생의 새로운 기술이 그 기능을 충족시키는 데더 효율적이고 효과적인 방법이 되도록 **교수** 중재를 설계해야 한다. 둘째, **교수** 중재로 지도할 기술은 학생이 모든 환경에서 수행할 수 있는 사회적으로 타당하고 유용한 것이어야 한다.

1. 동일 기능 교체행동[*] 교수

1) 개요

(1) 정의
동일 기능 교체행동 교수란 학생의 도전행동을 대신하면서 도전행동의 결과나 기능을 동일하게 충족시킬 수 있는 적절한 대안적인 의사소통 행동을 지도하는 것을 말한다.

(2) 전략에 대한 설명

다수의 선행연구를 통해 동일 기능 의사소통 행동의 지도가 도전행동을 대체하는데 효과적이라는 것이 밝혀졌다. 동일 기능 교체행동 교수는 학생이 처한 현재와 미래의 다양한 환경에서 사용할 수 있는 평생 기술을 가르치는 전략으로, 장기간에 걸쳐 학생에게 영향을 미칠 수 있다.

동일 기능 교체행동 교수는, ① 학생이 보이는 도전행동의 기능이나 목적을 파악하고, ② 동일한 기능을 가지면서도 연령에 적합하고 의사소통적인 행동을 학생에게 직접 지도하는 것으로 이루어진다. 학생에게 새로운 행동을 언제 사용해야 하는지, 그리고 행동을 한 후에 어떤 결과가 나타나는지 가르쳐야 한다. 또한 교수계획을 수립할 때는 학생에게 교체행동을 사용하라는 신호를 보내는 데 필요한 촉진(prompt)을 고려해야 한다. 중재계획은 전달될 촉진의 유형, 촉진이 전달되는 시기(가능하다면 도전행동 이전에), 촉진의 빈도, 촉진의 점진적인 소거에 대해 설명해야 한다. 의사소통 방법은 학생이 이미 수행할 수 있는 것이어야 하고, 교체행동은 도전행동보다 월등하게 쉽지는 않더라도 최대한 쉽게 수행할 수 있는 행동이어야 한다. 학생의 의사소통 능력에 따라 언어적·비언어적(예: 그림, 사진, 스위치, 의사소통 카드, 수어) 방법을 쓸 수 있다.

(3) 이 전략을 사용하는 이유

행동 원칙의 핵심은 도전행동과 적절한 행동을 포함한 모든 행동이 의사소통의 목적을 가진다는 것이다. PTR 모델에서 하듯이 기능평가를 실시하면 학생이 도전행동을 통해 얻으려는 결과나 소통하려는 내용을 파악할 수 있다. 학생은 종종 원하는 기능을 달성할 적절한 행동 방법을 알지 못하거나, 경험을 통해 도전행동이 적절한 행동보다 원하는 결과를 얻기에 훨씬 더 효과적이고 효율적임을 배웠을 것이다.

효과적인 행동중재계획은 학생이 의사소통을 위해 사용할 교체행동의 직접 교수와 배운 행동을 사용할 충분한 기회의 제공을 포함할 것이다. 교체행동을 수행하여 원하는 기능이나 결과를 얻으면 학생은 새로운 교체행동이 기능(회피/지연, 접근/획득)을 달성하기에 더 효율적이고 효과적인 방법임을 알게 될 것이다.

> 주의 모든 PTR 행동중재계획에는 교체행동이 반드시 포함되어야 하는데, 이 교체행동은 '동일 기능 교체행동'과 '바람직한 대안행동' 중 하나 또는 둘 다로 정할 수 있다. 이후에 나올 '실행 관련 유의점'은 팀이 도전행동의 기능을 고려하여 학

생에게 지도할 구체적인 동일 기능 교체행동을 판별하는 데 도움이 될 것이다.

(4) 활용

PTR 평가 정보 및 가설을 검토한 결과, 도전행동이 다음 중 하나 이상을 목적으로 발생한다면 이 중재의 사용을 고려한다.

- 특정 과제나 활동을 회피하거나 지연시키기 위해
- 특정 성인이나 또래를 회피하기 위해
- 특정 사물을 회피하기 위해
- 특정 전이를 지연시키거나 회피하기 위해
- 과다 감각을 회피하기 위해
- 특정 과제나 활동을 하기 위해
- 특정 성인이나 또래의 관심을 얻기 위해
- 특정 물건을 얻기 위해
- 감각 자극을 얻기 위해
- 선호 활동에서 비선호 활동으로의 전이를 지연시키기 위해

(5) 예시

동일 기능 교체행동 교수의 예는 다음과 같다.

- 수잔(Susan)은 자신이 좋아하는 컴퓨터 활동에서 자신이 싫어하는 활동, 즉 책상에 앉아 혼자 본문을 읽고 본문과 관련된 특정 질문에 답해야 하는 활동으로 전이하라는 지시를 받으면 "싫어요."라고 소리치며 울기 시작한다. 수잔이 보이는 행동의 기능은 선호 과제에서 비선호 과제로의 전이를 지연시키는 것이다. 수잔은 컴퓨터 활동을 중단하고 독립적 읽기 활동으로 전이하라는 신호가 주어질 때, "잠시만요."라는 카드를 제시하는 법을 배운다. 수잔이 "잠시만요." 카드를 사용하면 교사는 수잔에게 2분의 시간을 추가로 제공한 후 전이를 진행할 것이다.
- 조(Joe)는 독립 과제 시간에 또래가 곁에 있으면 또래에게 말을 걸거나 우스갯소리를 한다. 조의 행동은 또래의 관심을 얻기 위한 것으로 추정된다. 조는 독립 과

제를 또래와 함께해도 되는지 교사에게 허락을 구하고 교사가 이를 허락하면 특정 또래에게 가서 함께 과제를 하자고 부탁하는 방법을 배운다. 이는 조가 적절한 방법으로 또래의 관심을 얻게 해 준다.

2) 실행 단계

이 전략을 실행하기 위한 절차는 다음과 같다.

① 학생에게 교수할 동일 기능 교체행동을 결정한 후, PTR 평가 정보와 가설을 검토하여 학생의 도전행동을 촉발하는 일과와 선행사건을 파악한다.

② 학생이 자신의 교체행동을 어떻게 소통할지 결정한다. 예를 들어, 말을 하지 못하는 학생에게 휴식 요청하기를 가르칠 경우 선택 옵션은 휴식 카드 사용, '휴식'을 의미하는 수어 사용, 또는 '휴식'이라는 음성이 출력되는 스위치를 누르는 것이 될 수 있다. 학생이 말을 할 수 있어도 팀은 비언어적 방법(예: 휴식 카드)을 사용할 수 있다. 이 단계에서 중요한 것은 학생이 수행할 수 있으며 다른 사람이 청각적 소리 또는 시각적 신호를 보고 즉시 반응할 수 있는 방법을 선택하는 것이다.

③ 다음의 일반적인 지침에 따라 대상 학생에게 교체행동을 직접 교수한다.

- 학생이 사용할 교체행동을 설명하고, 교체행동을 사용하는 이유를 논의한다.
- 학생에게 행동을 언제 사용해야 하는지, 사용한 후에는 어떤 결과를 얻을 수 있는지 설명한다.
- 가설에 포함된 정보를 활용하여 도전행동이 전형적으로 발생하는 상황과 유사한 상황을 설정한다. 교체행동의 사용 시기와 방법을 정확하게 시범 보이고, 시범을 보이는 동안 각 단계를 말로 표현한다. 예를 들어, 휴식 카드의 사용을 시범 보이는 교사는 책상에 올려둔 글쓰기 과제를 바라보며, "과제가 어렵네. 잠깐 쉬어야겠어."라고 말한다. 다음으로, 교사는 휴식 카드를 손으로 집어 들면서 "선생님이 내 휴식 카드를 보실 수 있도록 이렇게 들고 있을 거야. 선생님이 휴식 카드를 보시면 내가 2분 정도 쉬게 해 주실 거야."라고 말한다. 행동을 수행하는 전 단계를 시범 보인다.

- 역할극을 계획하여 학생이 중재를 연습할 기회를 제공한다. 학생은 교사가 시범을 보일 때 수행한 단계와 동일한 단계를 수행할 것이다.
- 교사는 학생에게 피드백을 제공한다. 교사는 정확한 수행에 대해서는 긍정적 언급을 제공하고, 부정확한 수행에 대해서는 연습을 안내하거나 재지시할 것이다.
- 교실에서 전략을 실행함과 동시에 학생에게 교체행동의 수행을 상기시키기 위해 사용할 촉진 방식을 결정한다. 촉진을 제공할 시기와 빈도를 결정하고, 제공될 촉진을 학생에게 알려 준다.
- 이 중재가 효과적이려면, 행동의 기능 또는 결과가 학생이 교체행동을 정확히 수행한 직후에 제공되어야 한다. 학생이 계속해서 교체행동을 수행하며 더 이상 도전행동을 하지 않을 경우 팀은 중재 요소를 점차 축소할 계획을 세울 수 있다.

3) 실행 관련 유의점

이 전략을 실행할 때 기억해야 할 유의점은 다음과 같다.

- 동일 기능 교체행동을 선택할 때, 교체행동이 도전행동보다 결과를 얻는 데 더 효율적이고 쉬워야 한다.
- 교체행동의 기능이나 결과가 도전행동과 같은지 확인한다. 즉, 학생의 도전행동이 과제를 회피하기 위한 수단으로 보이는 경우 교체행동도 학생이 과제를 회피하게 해 주어야 한다. 다른 기능(예: 관심 얻기)의 교체행동을 선택하는 것은 비효율적이다.
- 일단 중재가 실행되면, 교실 내 성인은 학생이 도전행동 대신 교체행동을 수행하도록 유도하고, 교체행동을 수행한 학생에게 즉시 반응할 수 있도록 처음 며칠 동안 세심한 주의를 기울여야 한다.

4) 이 전략을 지지하는 연구

이 전략을 지지하는 문헌들은 다음과 같다.

- Braithwaite & Richdale (2000)
- Carr & Durand (1985)
- Dufrene, Doggett, & Henington (2007)
- Ingram et al. (2005)
- Newcomer & Lewis (2004)
- Reichle & Johnston (1993)

2. 바람직한 대안행동[*] 교수

1) 개요

(1) 정의

바람직한 대안행동 교수란 도전행동 대신에 사용할 적절하고 바람직한 행동을 교수하고 강화하는 것을 말한다. 이를 통해 학생은 도전행동과 유사하지만 좀 더 강력하거나 동기부여가 되는 형태의 결과를 얻는다.

(2) 전략에 대한 설명

도전행동 대신 바람직한 대안행동을 학생에게 교수하는 것은 타당하고 중요하다. 이것은 동일 기능 교체행동을 대신하거나 동일 기능 교체행동에 추가하여 가르칠 수 있다. 예를 들어, 교사는 독립 과제 시간에 학생이 잠시 과제에서 벗어나려고 휴식을 요청하기보다는 과제에 집중하기를 바랄 수 있다. 교사는 또한 학생에게 짧은 휴식을 요청할 기회를 주는 동시에 과제를 열심히 하는 방법을 가르치고 싶을 것이다. 바람직한 대안행동은 기능적인 결과를 얻게 해 주지만, 이 전략이 효과적이기 위해서는 더욱 강력하거나 동기부여가 되는 수준에서 이루어져야 한다. 예를 들어, 루스(Ruth)는 빨간색이 보이도록 카드를 뒤집는 방식으로 휴식을 요청할 수 있다. 루스가 휴식을 요청하면 루스는 2분 동안 어떠한 지시도 받지 않고 앉아 있을 수 있다. 루스는 2분 동안 관심도 받지 않고, 선호 활동도 하지 않을 것이다. 그러나 휴식이 끝나고 즉시 과제로 돌아가 일정 시간 동안 과제를 수행하면, '과제를 조기에 중단하고 남은 시간 동안 선호 활동에 참여하기'와 '그 이후 시간이나 다음날에 비선호 과제 대신 선호 과제를 할 수 있는 시간 얻기' 중 하나를 선택할 수 있다.

(3) 이 전략을 사용하는 이유

동일 기능 교체행동은 모든 학생에게 효과적이고 사회적으로 타당한 것이다. 그러나 바람직한 대안행동은 학교 및 졸업 후의 환경에서 학생의 성공을 증진하는 적절한 행동이다. 예를 들어, 모든 학생은 결국 선호 과제에서 비선호 과제로 적절하게 전이하는 방법을 배워야 하고, 비선호 과제에도 참여해야 한다.

(4) 활용

PTR 평가를 통해 얻은 정보가 다음과 같을 때 이 전략의 사용을 고려한다.

- 학생은 기술 결손이 있다. 즉, 학생은 바람직한 대안행동을 할 줄 몰라서 특정 기술을 지도하려면 순차적인 단계로 세분화해 주어야 한다.
- 학생은 수행 결손이 있다. 즉, 학생은 바람직한 대안행동을 수행하는 방법을 알면서도 수행하지 않는다. 학생은 그 행동을 사용할 추가적인 동기부여와 행동의 사용 시기 및 이유에 대한 직접 교수가 필요하다.

(5) 예시

바람직한 대안행동 교수의 예는 다음과 같다.

- 칼(Karl)은 대집단 수업시간에 또래가 곁에 있으면 욕을 한다. 칼의 욕하기 행동은 주로는 또래의 관심을, 부수적으로는 교사의 관심을 얻기 위한 것으로 추정된다. 칼은 수행 결손이 있다(즉, 칼은 집단 과제를 할 줄 알지만, 자신을 향한 또래의 폭소처럼 주목받는 것을 더 좋아한다). 칼은 대집단 수업 시간에 협력하여 활동하는 바람

직한 대안행동을 배운다. 칼은 협력하여 활동하는 동안 5분에 한 조각씩 퍼즐을 받는다. 칼이 모든 퍼즐 조각을 얻으면 활동이 끝났을 때 학급 친구들 앞에서 농담을 할 수 있는 시간이 주어지는데, 이는 칼에게 또래의 관심을 얻을 기회를 제공한다.

- 마이크(Mike)는 선호하지 않는 독립적 글쓰기 과제가 주어지면 다리를 흔들고, 교실 안을 두리번거리며 또래를 쿡쿡 찌르고 만지고, 연필을 깎으러 간다며 자리를 떠나 교실 안을 돌아다닌다. 마이크는 글쓰기 과제를 지연시키거나 회피하기 위해 이러한 행동을 한다. 마이크는 글쓰기를 할 줄 알지만, 시작하기까지가 어렵다. 교사는 마이크의 글쓰기 과제를 세분화한 후 과제에 참여하도록 가르친다. 마이크는 세분화된 과제의 각 부분을 완료할 때마다 이후에 수학 문제 또는 이해력 문제와 같은 기타 비선호 활동을 면제받는 데 사용할 수 있는 휴식 카드를 받는다.

2) 실행 단계

이 전략을 실행하기 위한 절차는 다음과 같다.

① 학생에게 가르칠 바람직한 대안행동을 결정한 후, PTR 평가 정보와 가설을 검토하여 학생의 도전행동을 촉발하는 일과와 선행사건을 파악한다.
② 학생이 바람직한 대안행동을 하지 못하는 이유가 기술 결손인지 수행 결손인지 확인한다. 기술 결손 때문이라면, 이 행동을 어떻게 수행하는지와 이 행동을 수행하면 언제 그리고 어떤 좋은 결과를 얻을 수 있는지 가르쳐야 한다. 수행 결손 때문이라면, 이 행동을 왜 그리고 언제 사용해야 하는지와 이 행동을 수행하면 어떤 좋은 결과를 얻을 수 있는지 가르친다.
③ 학생에게 바람직한 대안행동을 설명한다. 가장 효과적인 방법은 행동을 각 구성요소로 세분화하거나 동작을 관찰 가능하게 조작적으로 정의하여 학생이 행동 수행 방법을 정확히 알게 하는 것이다. 예를 들면, 학업참여행동은 과제를 하기 위해 학습 자료를 활용하기, 질문과 대답을 하거나 의견을 말하기 위해 손들기, 다른 친구를 방해하지 않기로 설명할 수 있다.

④ 다음의 일반적인 지침에 따라 학생에게 직접 행동을 교수한다.

- 학생이 수행해야 할 행동을 설명하고, 왜 그 행동을 수행해야 하는지 논의한다.
- 행동을 언제 수행해야 하는지, 수행한 후에는 어떻게 되는지 학생에게 설명한다.
- 가설에 포함된 정보를 활용하여 도전행동이 전형적으로 발생하는 상황과 유사한 상황을 설정한다. 행동의 수행 시기와 방법을 정확하게 시범 보인다. 시범 보이는 동안 각 단계를 말로 표현한다. 예를 들어, 학업참여행동을 시범 보이는 교사는 책상에 독립적 글쓰기 과제를 올려둔 채 "연필과 종이를 가져와서 과제를 해야겠어." "손을 들고 태블릿 검색을 해도 되는지 선생님께 여쭤 봐야겠어." "조안(Joan)에게 방해가 되지 않게 얌전히 앉아 있어야겠어."라고 말하면서 행동의 전 단계를 시범 보여야 한다.
- 역할극을 계획하여 학생이 중재를 연습할 기회를 제공한다. 학생은 교사가 시범을 보일 때 수행한 단계와 동일한 단계를 수행할 것이다.
- 교사는 정확한 수행에 대해서는 긍정적 언급을 제공하고, 부정확한 수행에 대해서는 연습을 안내하거나 재지시하는 방식으로 피드백을 제공한다. 교사는 역할극에서의 모델링이 성공적일 경우 강화제를 제공할 것이다. 예를 들어, 학생이 5분간 과제에 참여할 때마다 '과제를 회피할 수 있는' 1분을 얻는다면, 교사는 학생이 '과제를 회피할 수 있는' 시간을 사용할 수 있도록 역할극이 충분히 오래 지속되게 해야 한다. 그래야 학생이 중재계획에 흥미를 가질 수 있다.
- 교실에서 전략 실행이 시작되고 나면 학생에게 대안행동을 상기시킬 촉진 방식을 결정한다. 촉진을 제공할 시기와 빈도를 결정한다. 제공될 촉진을 학생에게 알려 준다.

3) 실행 관련 유의점

이 전략을 실행할 때 기억해야 할 유의점은 다음과 같다.

- 바람직한 대안행동을 학생에게 직접 지도해야 한다.
- 이 중재가 더 효과적이려면, 강화가 학생이 원하는 기능을 얻게 해 주는 강력한 것이어야 한다. 교사는 또한 학생에게 강화제를 선택하는 기회를 제공할 수 있다.

선택 기회가 제공되는 경우 도전행동의 기능과 일치하는 옵션을 하나 이상 포함하도록 한다.

4) 이 전략을 지지하는 연구

이 전략을 지지하는 문헌들은 다음과 같다.

- Dunlap, Iovannone, Wilson, Kincaid, & Strain (2010)
- Lane et al. (2007)
- Newcomer & Lewis (2004)

3. 구체적인 학업기술 교수

1) 개요

(1) 정의

이 전략은 읽기, 쓰기 또는 수학과 같은 기초적인 기술을 가르치는 것으로, 학생이 수업에 적극적으로 참여하여 수업 활동을 완료할 수 있게 한다.

(2) 전략에 대한 설명

학생이 요구되는 과제를 수행할 기술이 부족하여 도전행동을 할 경우 이 중재를 선택하여 실행한다. 이 전략의 실행을 위해서는 학습 분야 전문가의 도움을 요청해야 할 수도 있다. 예를 들어, 학생이 독립 과제 시간에 제시된 과제를 읽지 못할 경우 팀은 읽기 전문가를 팀의 일원으로 초청해야 한다.

(3) 이 전략을 사용하는 이유

첫째, 모든 학생은 학령기부터 학령기 이후까지 배워야 할 모든 것의 기본 단위라 할 수 있는 기초 학업기술을 배워야 한다. 둘째, 교체행동 지도는 도전행동을 감소시키고 적절한 행동을 증가시키는 데 매우 효과적이지만, 학생이 기초 학업기술을 가지고 있지 않다면 미래의 성공을 확신하기는 어렵다. 셋째, 학업 문제와 행동문제가 밀접하게 연관되어 있다는 충분한 증거가 있다(즉, 행동문제가 학업 문제에 영향을 미치고, 그 반대도 성립한다). 기초 학업기술을 가르치면 학생의 역량과 자신감이 높아져 도전행동을 해야 할 필요가 줄어든다.

(4) 활용

PTR 평가 결과, 학생이 학업과제 수행에 필요한 학업기술이 부족하여 도전행동이 발생한다면 이 중재의 사용을 고려한다.

(5) 예시

학업기술 교수의 예는 다음과 같다.

- 학생에게 다음절(multi-syllable) 단어 읽기를 가르친다.
- 학생이 고급 수학에 어려움을 보이는 경우 사칙연산의 기초 개념을 다시 가르친다.
- 음운 인식, 발음, 유창성, 어휘 또는 내용 이해와 같은 읽기의 구체적인 구성요소를 진단하여 부족한 영역에 집중한다.

2) 실행 단계

이 전략을 실행하기 위한 절차는 다음과 같다.

① 학생이 적극적으로 과제에 참여하여 과제를 완수하기 위해 습득해야 할 구체적인 학업기술을 파악한다.
② 필요한 경우 교과내용 영역 전문가와 상의하여 학업기술 교수를 위한 자료, 강의 및 기타 지원을 받는다.
③ 교수할 기술을 세분화한다. 다음의 순서에 따라 기술을 지도한다.
- 교수할 기술에 대한 안내 및 설명을 제공한다. 이 기술이 사용되는 실제 사례 몇 가지를 제시한다.

- 기술을 어떻게 수행하는지 모델링으로 보여 준다.
- 모델링 후 학생에게 안내된 연습 기회를 제공한다.
- 안내된 연습을 하는 동안 정확한 수행에 대한 긍정적 언급과 오류에 대한 교정 피드백과 같은 즉각적 피드백을 제공한다. 교정 피드백 후에는 더 많은 연습 기회를 제공해야 한다.
- 이후 몇 주 동안 학생이 기술을 연습할 다양한 기회 및 지속적인 피드백을 제공한다.
- 학생이 기술을 습득할 때 피드백 및 여러 예시 사례를 제시하여 학생이 기술을 일반화하게 한다.
- 학생 자료를 통해 학업기술이 숙달 단계에 이른 것을 확인하면 연습 기회를 점차 줄여 나간다.
- 일반화를 위해 학년 내내 계속 점검한다.

3) 실행 관련 유의점

이 전략은 교과내용 전문가와 담임교사 간 협력을 필요로 할 때가 많다.

4) 이 전략을 지지하는 연구

이 전략을 지지하는 문헌들은 다음과 같다.

- Barton-Arwood, Wehby, & Falk (2005)
- Lane et al. (2008)
- Strong, Wehby, Falk, & Lane (2004)

4. 문제해결 전략 교수

1) 개요

(1) 정의
이 전략은 학생이 학업과제를 스스로 잘 마칠 수 있게 하는 구체적인 전략을 가르치는 것이다.

(2) 전략에 대한 설명
이 전략은 학생이 기초 학업기술을 가지고 있지만 좀 더 복잡한 상황에서는 어려움을 보일 때 필요하다. 이 전략에는 도식 조직자(graphic organizer)와 학습 전략이 포함된다. 도식 조직자는 정보를 구조화하거나 추상적인 정보를 구체화하는 시각적 지도나 도표를 말한다. 학습 전략은 정보 인식, 문제해결, 기억, 이해, 조직화, 새로운 자료의 종합에 도움이 되는 단어기반 전략을 말한다.

(3) 이 전략을 사용하는 이유
복잡한 과제 중에 도전행동을 보이는 학생은 과제를 수행하는 데 필요한 자료 이해력이 부족할 가능성이 크다. 다수의 연구에서 도식 조직자와 학습 전략이 추상적인 자료에 대한 학생의 이해를 높여 학생이 더 독립적이고 성공적이도록 하는 데 효과적이라는 근거를 제시하였다. 학년이 높아질수록 이 기술은 학생에게 더욱 중요하다.

(4) 활용
PTR 평가를 통해 얻은 정보가 다음과 같을 때 이 전략의 사용을 고려한다.

- 독립 과제나 복잡하고 추상적인 과제를 부여할 때 학생이 도전행동을 보인다.
- 학생이 학업과제를 하는 중에 발생하는 어려움을 스스로 해결하지 못할 때 도전행동을 보인다.

(5) 예시

학습 전략과 도식 조직자는 문제해결 전략의 예다. 다음은 학습 전략과 도식 조직자의 다양한 유형에 대한 설명이다.

- 학습 전략의 예는 다음과 같다.
    - K-W-L 기법 사용(Know: 내가 알고 있는 것, Want to know: 내가 알고 싶은 것, Learned: 내가 알게 된 것)
    - 사실과 순서를 기억하는 데 도움이 되는 기억 전략(mnemonics) 사용[예: TRAVEL → 주제(topic), 읽기(read), 질문(ask), 확인(verify), 검토(examine), 연결 (link)]
    - 의미 지도(semantic maps) 사용
    - 복잡한 과제를 작은 단계로 세분화한 목록 사용
- 도식 조직자의 예는 다음과 같다.
    - 별 모양 다이어그램, 웹형 다이어그램, 클러스터(cluster) 다이어그램: 여러 특성·사실·속성에 대한 정보를 요약하고 정리한 것
    - 사실/의견 조직자: 글의 내용에서 사실과 의견을 구분하게 해 주는 조직자
    - 브레인스토밍 차트: 중요한 단어나 구의 철자를 하나씩 나열한 후(예: Thanksgiving의 철자를 t, h, a, n, k, s…… 하는 식으로 나열), 학생이 각 철자로 시작되는 단어(예: turkey)를 써 보게 하여 학생에게 중요한 단어나 구를 상기시키는 차트
    - 비교 대조 조직자: 학생이 같은 점과 다른 점을 살펴볼 수 있도록 여러 특징을 조직화한 다이어그램, 차트, 또는 기타 그래픽 조직자

2) 실행 단계

이 전략을 실행하기 위한 절차는 다음과 같다.

① PTR 평가 정보를 활용하여 학생이 문제해결 전략을 배워야 하는 구체적인 영역, 사건 또는 상황을 결정한다.

② 상황에 가장 잘 맞는 문제해결 전략을 선택한다.

③ 선택한 차트, 그래프, 기억 전략 또는 기타 문제해결 전략의 예시를 작성한다.

④ 선택한 문제해결 전략을 사용하기 위해 단계를 과제분석한 후, 다음의 절차에 따라 학생을 지도한다.

- 교수할 기술에 대한 안내 및 설명을 제공한다. 이 기술이 사용되는 실제 사례 몇 가지를 제시한다.
- 기술을 어떻게 수행하는지 모델링으로 보여 준다.
- 모델링 후 학생에게 안내된 연습 기회를 제공한다.
- 안내된 연습을 하는 동안 정확한 수행에 대한 긍정적 언급과 오류에 대한 교정 피드백과 같은 즉각적 피드백을 제공한다. 교정 피드백 후에는 더 많은 연습 기회를 제공해야 한다.
- 이후 몇 주 동안 학생이 기술을 연습할 다양한 기회 및 지속적인 피드백을 제공한다.
- 학생이 기술을 습득할 때 피드백 및 여러 예시 사례를 제시하여 학생이 기술을 일반화하게 한다.
- 학생 자료를 통해 학업기술이 숙달 단계에 이른 것을 확인하면 연습 기회를 점차 줄여 나간다.
- 일반화를 위해 학년 내내 계속 점검한다.

⑤ 강화 체계를 결정한다. 도전행동의 기능을 강화로 활용할 수 있는지 고려한다.

3) 실행 관련 유의점

이 전략을 실행할 때 기억해야 할 유의점은 다음과 같다.

- 이 전략은 기초 학업기술을 가지고 있지만 좀 더 복잡하거나 추상적인 자료와 과제가 제시되었을 때 도전행동을 보이는 학생에게 가장 적합하다.
- 초등학교 저학년 학생에게 문제해결 전략을 적용할 경우 상당 부분 수정이 필요하다. 이 전략을 지지하는 연구의 대부분은 초등학교 3학년 이상의 학생을 대상으로 하고 있다.

4) 이 전략을 지지하는 연구

이 전략을 지지하는 문헌들은 다음과 같다.

- Erwin & Ruane (1993)
- Shure (1993)
- Webster-Stratton, Reid, & Hammond (2004)

5. 일반적인 대처 전략 교수

1) 개요

(1) 정의
일반적인 대처 전략 교수란 학생이 스트레스 상황이나 갈등 해결에 사용할 수 있는 기술과 방법을 가르치는 것이다.

(2) 전략에 대한 설명
학생을 비롯한 모든 사람은 스트레스 상황이나 분노, 불안 등을 유발하는 상황에 직면한다. 이러한 상황에 대처하는 전략을 교수하면 전반적인 안녕(wellness)이 향상되고, 불안을 유발하는 사건에 반응적인(reactive) 행동이나 도전행동으로 대응할 필요가 없어진다. 대처 전략에는 진정 전략이나 문제해결 방법 등이 포함된다. 어린 학생을 위한 대처 전략은 다양한 진정 전략이나 이 전략을 언제 사용할지에 대한 팁을 포함하는 대처기술 툴박스 형태로 개발할 수 있다. 스트레스를 느끼기 전에 스트레스 유발 상황을 판별하고 대처 전략을 활용하여 감정이 힘들어지는 것을 예방하도록 학생을 지도하면 대처 전략의 효과를 극대화할 수 있다.

(3) 이 전략을 사용하는 이유
도전행동은 갈등이나 걱정, 분노를 유발하는 상황에 대처하는 과정에서 종종 발생한다. 상황에 대처하는 데 꼭 필요한 전략을 지도하면, 학생은 생애 주기 내내 유용하게 사용할 매우 중요한 기술을 배우게 된다.

(4) 활용
PTR 평가를 통해 얻은 정보가 다음과 같을 때 이 전략의 사용을 고려한다.

- 스트레스를 느끼는 대인관계나 사회적으로 힘든 상황에 대한 반응으로 도전행동이 발생한다.
- 스트레스를 느끼는 상황에서 감정을 효과적이거나 효율적으로 표현하지 못할 때 도전행동이 발생한다.

(5) 예시
대처 전략의 예는 다음과 같다.

- 이완기술: 심호흡하기, 좋은 생각 떠올리기, 5-4-3-2-1 그라운딩 기법(잠깐 주의를 환기시키기 위해 천천히 거꾸로 숫자 세기)
- 분노 관리
- 협상 전략
- 대처기술 툴박스(대처기술이 요구되는 상황에서 학생이 사용할 여러 대처 전략을 모아 둔 것)

2) 실행 단계

이 전략을 실행하기 위한 절차는 다음과 같다.

① PTR 평가 정보를 활용하여 학생이 대처 방법을 알지 못해 도전행동을 보이는 특정 영역·사건·상황 등을 판별한다.
② 상황에 가장 잘 맞는 대처 전략을 선택한다.
③ 필요할 경우, 대처 전략을 위한 자료를 만든다.

④ 선택한 대처 전략을 사용하기 위해 과제분석을 실시하고 다음의 절차에 따라 학생을 지도한다.

- 교수할 기술에 대한 안내 및 설명을 제공한다. 이 기술이 사용되는 실제 사례 몇 가지를 제시한다.
- 기술을 어떻게 수행하는지 모델링으로 보여 준다.
- 모델링 후 학생에게 안내된 연습 기회를 제공한다.
- 안내된 연습을 하는 동안 정확한 수행에 대한 긍정적 언급과 오류에 대한 교정 피드백과 같은 즉각적 피드백을 제공한다. 교정 피드백 후에는 더 많은 연습 기회를 제공해야 한다.
- 이후 몇 주 동안 학생이 기술을 연습할 다양한 기회 및 지속적인 피드백을 제공한다.
- 학생이 기술을 습득할 때 피드백 및 여러 예시 사례를 제시하여 학생이 기술을 일반화하게 한다.
- 학생 자료를 통해 기술이 숙달 단계에 이른 것을 확인하면 연습 기회를 점차 줄여 나간다.
- 일반화를 위해 학년 내내 계속 점검한다.

⑤ 강화 체계를 결정한다. 도전행동의 기능을 강화로 활용할 수 있는지 고려한다.

3) 실행 관련 유의점

선택한 전략이 학생에게 직접 교수되고 있는지, 전략의 활용과 효과성이 점검되고 있는지 확인해야 한다. 학생에게 특정 대처 전략 사용 순서를 상기시키는 시각적 단서와 카드 사용은 학생의 전략 사용을 촉진하고 학생이 더욱 독립적으로 전략을 수행하게 해 준다.

4) 이 전략을 지지하는 연구

이 전략을 지지하는 문헌들은 다음과 같다.

- Kellner, Bry, & Colletti (2002)
- Presley & Hughes (2000)

6. 구체적인 사회성 기술 교수

1) 개요

(1) 정의
이 전략은 또래와 상호작용하는 학생의 사회적 능력을 증진할 구체적인 기술을 지도하는 것을 말한다.

(2) 전략에 대한 설명
이 전략은 또래와 성공적으로 상호작용하기 위한 필수적인 사회성 기술을 직접 교수하는 것으로, 전략 교수를 위해 한 명 이상의 또래가 필요하다. 또래 매개(peer-mediated) 중재 전략(대상 학생에게 구체적인 사회성 기술을 끌어내고, 모델링하고, 강화하도록 훈련된 또래 집단 포함), 또래 교수 혹은 또래 모델링이 사용될 수 있다. 이 전략을 지도할 때는 학생이 또래와 사회성 기술을 연습할 수 있는 사회적 기회를 충분히 제공해야 한다.

(3) 이 전략을 사용하는 이유
모든 사람은 사회적 상황에 대처하는 방법을 배워야 한다. 또래 상호작용과 또래 관계는 질 높은 삶의 필수 요소이자 이후 성장의 바탕이다. 또래와 상호작용할 때 도전행동을 보이는 학생에게 또래의 관심을 얻을 수 있는 사회적으로 적절한 방법을 가르치면 이러한 행동이 줄어든다. 학생이 또래 상호작용을 피하려고 도전행동을 보인다면 상호작용을 마무리하거나 거절하는 데 필요한 적절한 사회성 기술을 지도한다.

(4) 활용
PTR 평가를 통해 얻은 정보가 다음과 같을 때 이 전략의 사용을 고려한다.

- 기술 결손(사회성 기술을 모름) 혹은 수행 결손(기술은 알지만 사용하지 못함)으로 인해 학생이 적절한 사회적 행동을 하지 못하여 도전행동이 발생한다.
- 또래의 관심을 얻거나 피하려는 목적으로 도전행동이 발생한다.

(5) 예시

구체적인 사회성 기술의 예는 다음과 같다.

- 대화하기
- 양보하기
- 진행 중인 사회적 활동에 끼워 달라고 말하기
- 상호작용 잘 마치기
- 진행 중인 대화에 참여하기
- 게임이나 활동에서 차례 지키기

2) 실행 단계

이 전략을 실행하기 위한 절차는 다음과 같다.

① PTR 평가 정보를 활용하여 사회성 기술 지도가 필요한 특정 영역·사건·상황 등을 판별한다.
② 상황에 가장 잘 맞는 사회성 기술을 선택한다.
③ 교수에 참여할 적절한 또래를 선정한다.
④ 선택한 사회성 기술을 사용하기 위해 과제분석을 실시하고 다음의 절차에 따라 학생을 지도한다.
  - 교수할 기술에 대한 안내 및 설명을 제공한다. 이 기술이 사용되는 실제 사례 몇 가지를 제시한다.
  - 기술을 어떻게 수행하는지 모델링으로 보여 준다.
  - 모델링 후 학생에게 안내된 연습 기회를 제공한다.
  - 안내된 연습을 하는 동안 정확한 수행에 대한 긍정적 언급과 오류에 대한 교정

피드백과 같은 즉각적인 피드백을 제공한다. 교정 피드백 후에는 더 많은 연습 기회를 제공해야 한다.

- 이후 몇 주 동안 학생이 기술을 연습할 다양한 기회 및 지속적인 피드백을 제공한다.
- 학생이 기술을 습득할 때 피드백 및 여러 예시 사례를 제시하여 학생이 기술을 일반화하게 한다.
- 학생 자료를 통해 기술이 숙달 단계에 이른 것을 확인하면 연습 기회를 점차 줄여 나간다.
- 일반화를 위해 학년 내내 계속 점검한다.
- 학생이 구체적인 사회성 기술을 적용할 또래 집단을 확장한다.

3) 실행 관련 유의점

이 전략을 실행할 때 기억해야 할 유의점은 다음과 같다.

- 목표기술은 빠르게 학습할 수 있고 다양한 또래와 다양한 환경에서 사용할 수 있는 것이어야 한다.
- 사회적 상황이 발생하는 자연스러운 환경에서 가르쳐야 한다.
- 또래 파트너나 또래 집단을 선정할 때, 다른 사람을 존중하고 사회성 기술이 우수하며 공감을 잘 하고 인기가 있는 또래를 찾아야 한다.

4) 이 전략을 지지하는 연구

이 전략을 지지하는 문헌들은 다음과 같다.

- Gresham (2002)
- Gresham, Van, & Cook (2006)
- Jordan & Le Metais (1997)

7. 자기 관리 교수

1) 개요

(1) 정의

자기 관리 교수는 특정 행동에 대한 학생의 수행이나 비수행에 대해 학생 스스로 점검·평가·강화하는 체계를 제공하는 것이다.

(2) 전략에 대한 설명

자립 기능의 향상을 위해 학생이 자신의 행동을 점검하고 관리하는 전략을 교수하는 것은 매우 중요하다. 자기 관리 중재에는 자기 관리, 자기 점검, 자기 평가의 세 가지 유형이 있다. 자기 관리(self-management)는 학생이 수행하겠다고 약속한 어떤 행동 목표를 기준으로 자신이 실제 그 행동을 했는지를 인지하도록 지도하는 것이다. 자기 점검(self-monitoring)은 학생이 자신의 행동 목표를 직접 기록하는 것이고, 자기 평가(self-evaluation)는 학생이 자신의 행동 수행을 미리 정한 준거와 비교하는 것을 말한다. 행동의 목표치나 교사의 평정 모두 이러한 준거가 될 수 있다. 자기 관리 중재는 목표 달성에 대한 강화와 짝을 이룰 때 효과적이다. 또한 수행에 대한 자기 기록의 정확성을 높이기 위해 강화가 필요할 수도 있다. 행동의 기능을 강화로 사용하는 것은 학생에게 목표 성취를 향한 강력한 동기부여 요인으로 작용할 수 있다. 학생은 자기 관리 중재 방법에 대해 직접적인 교수를 받아야 한다. 또한 행동 준거, 자기 관리 서식이나 카드의 구성 방식, 평정을 촉진하기 위해 사용되는 타이머 유형 등 자기 관리 체계와 관련된 결정을 할 때 학생의 참여를 최대화해야 한다.

(3) 활용

PTR 평가를 통해 얻은 정보가 다음과 같을 때 이 전략의 사용을 고려한다.

- 교사/성인의 관심을 얻기 위해 도전행동이 발생한다.
- 비선호 과제나 활동을 그만두거나 회피하려고 도전행동을 보인다.

- 선호 활동에서 비선호 활동으로의 전이를 지연시키려고 도전행동을 보인다.
- 학업과제가 주어지면 도전행동을 보인다.

(4) 예시

다음 시나리오는 자기 관리 교수의 예다. 카일(Kyle)은 독립 과제 시간에 도전행동을 보인다. 카일은 농담을 하거나 종이비행기를 만들어 다른 친구에게 날리고 주어진 과제를 제쳐 둔 채 또래와 잡담을 하곤 한다. 교사는 학생 4명이 한 조가 되어 앉게 했다. PTR 평가 요약이 끝난 후, 팀은 카일의 행동이 또래의 관심을 얻고 과제를 회피하는 기능을 가졌다는 데 동의했다. 팀은 카일의 학업참여를 점검하기 위해 카일과 함께 자기 관리 체계를 수립하고 수학과 읽기 시간에 중재를 활용하기로 했다. 수학과 읽기 수업은 각각 60분이었다. 교사는 60분을 4~6분 단위의 10개 간격으로 나누었다. 교사와 카일은 카일이 수업 중에 해야 하는 행동을 '학업참여행동'이라고 정의했다. 자기 점검지는 두 줄(수학과 읽기 각각 한 줄씩), 10개의 칸으로 구성하였다. 타이머 앱을 사용하여 변동 간격으로 시간을 설정한 후 타이머가 울릴 때마다 카일은 자신이 수업에 참여했는지 참여하지 않았는지 체크하였다. 초기 목표는 카일이 최소한 50%의 칸(5개 이상의 칸)에 '예'라고 체크하는 것이었다. 만약 카일이 이 목표를 달성하면 카일의 팀 모두가 자유 시간을 얻는다. 이렇게 함으로써 카일은 또래의 관심을 받는 동시에 과제에서도 잠시 벗어날 수 있다.

2) 실행 단계

이 전략을 실행하기 위한 절차는 다음과 같다.

(1) 자기 점검

① 점검해야 할 교체행동을 조작적으로(관찰 가능하고 측정 가능하게) 정의한다.
② 학생이 행동에 대한 자기 점검을 해야 할 시간 간격을 정한다.
③ 이 기간 동안 초기 목표가 될 기준을 설정하기 위해 기초선 자료를 활용한다. 초기 목표는 기초선 수행 수준보다 약간 높으면 된다. 예를 들어, 특정 시간대의 학업참여행동 발생률이 현재 50%라면, 초기 목표는 60%로 설정한다.

④ 학생을 만나 자기 점검 전략, 목표, 특정 일과 동안 행동을 점검할 방법 등을 논의한다. 학생이 선호하는 디자인 등을 반영하여 자기 관리 카드를 어떻게 구성할지 상의한다. 자기 기록을 할 시간을 알려 주는 신호음 소리를 결정한다. 신호음이 울리면 교사도 동일한 점검지를 이용하여 학생이 행동을 수행하고 있는지를 기록한다.

⑤ 자기 점검 체계를 사용하기 전 모의 상황을 설정하고 목표행동에 대한 발생빈도와 비발생 빈도를 기록하는 연습을 통해 학생을 훈련한다. 애매한 부분은 확실히 연습하여 학생이 행동에 대한 정확한 기대치를 파악하도록 한다.

⑥ 학생이 목표를 달성했을 때 얻을 수 있는 강화를 결정한다. 강화 체계 개발 시, 도전행동의 기능을 고려한다.

⑦ 학생의 자기 관리 기록을 검토하여 학생의 자기 평가를 도울 방법을 선택한다.

⑧ 목표 달성 시 강화를 제공한다.

⑨ 행동이 점진적으로 개선되도록 계획을 수립한다. 이를 위해 향상 폭을 정하여(예: 매주 10%씩 향상) 준거를 점차 높여 가는 방식을 사용할 수 있다.

(2) 자기 평가

① 앞에서 언급된 자기 점검의 9단계를 동일하게 수행한다. 자기 평가는 학생이 자신의 수행을 점차 독립적으로 평가하게 해 준다.

② 자기 점검 종료 후 학생과 교사는 학생 수행에 대한 서로의 평가를 비교한다.

③ 학생의 평정이 교사의 것과 정확하게 일치하거나 유사하다면(예: 교사의 평정과 비교하여 1개 이내의 차이가 있을 때) 학생은 강화제를 얻는다. 행동 목표를 달성하여 받는 강화제 외에 자기 점검을 잘 한 것에 대해 강화제를 줄 수도 있고, 목표 달성 여부와 무관하게 자기 점검만 잘 하면 강화제를 줄 수도 있다. 후자를 선택할 경우 학생이 목표보다 낮게 수행했더라도 교사의 평정과 일치하기만 하면 강화를 얻을 수 있기 때문에 학생이 이러한 허점을 이용하고 있지는 않은지 주의를 기울여야 한다.

3) 실행 관련 유의점

이 전략을 실행할 때 기억해야 할 유의점은 다음과 같다.

- 이 전략은 과제 집중이나 학업 생산성과 같은 긍정적 행동 비율 증가, 과제 생산성 증가, 부적절한 행동 감소 등을 목표로 한 중재에 고려되어야 한다.
- 학생에게 자기 관리 절차를 명확하게 설명해야 한다. 학생에게 맞는 기록과 단서 체계를 선택해야 한다.
- 자기 관리 중재는 항상 강화 체계와 함께 사용해야 한다. 만약 자기 관리 체계가 효과적이지 않았다면, 학생이 목표를 달성했는데도 강화가 제공되지 않았거나 학생의 바람직한 행동을 끌어낼 만큼 강화제가 매력적이지 않았기 때문일 것이다.
- 학생이 목표에 도달하면 교사 촉진을 줄여 나가기 위한 계획이 필요하다.

4) 이 전략을 지지하는 연구

이 전략을 지지하는 문헌들은 다음과 같다.

- Kern, Ringdahl, & Hilt (2001)
- Koegel, Koegel, Boettcher, Harrower, & Oppenden (2006)
- Rock (2005)

8. 독립적 반응 교수

1) 개요

(1) 정의
이 전략은 학생이 타인의 도움 없이 질문에 답하고 자발적으로 반응하는 기술을 지도하는 것이다.

(2) 전략에 대한 설명

　일부 학생은 교사나 급우가 교과내용과 관련된 질문을 포함하여 그 자리에서 답해야 하는 질문을 받으면 도전행동을 보인다. 이는 학생이 질문에 답하기 위한 기술을 가지고 있지 않거나, 다른 친구 앞에서 대답하는 것을 불안해하거나, 질문을 이해하지 못했거나, 기대되는 반응을 모르기 때문일 수 있다. 학생이 독립적으로 반응하도록 지도하려면, ① 매일 혹은 매주 수업 시간에 가르칠 내용을 신중하게 미리 계획하고, ② 독립적 반응 교수를 실행하기에 가장 좋은 일과나 활동을 판별해야 한다. 이 계획에는 학생이 대답할 질문과 답변을 사전에 제공하여 학생을 준비시키는 것이 포함된다. 교사는 정반응을 할 확률이 높은 빈칸 채우기나 다지선다형 질문을 연습하면서 학생이 좀 더 편안하고 자신 있게 답변하게 되면 점차 사전 답변을 줄여 나간다. 질문을 미리 제공하는 것 역시 점차 줄여 나갈 수 있다. 예를 들어, 교사가 5개의 사전 질문을 제공하였다면 그 후 교사는 4개의 사전 질문과 하나의 돌발 질문으로 소거를 시작할 수 있다. 초기의 돌발 질문은 학생이 100% 정확하게 답할 수 있는 질문이어야 한다. 독립적 반응의 궁극적 목표는 학생이 질문에 대한 답변에 익숙해지거나 자발적으로 반응하게 하는 데 있다.

(3) 활용

PTR 평가에서 얻은 정보가 다음과 같을 때 이 전략의 사용을 고려한다.

- (기술 결손, 수행 결손, 타인 앞에서 반응하는 것에 대한 불안함으로 인해) 교사나 타인이 제시한 질문에 답하는 것을 회피하려고 도전행동을 보인다.
- 독립적으로 반응하거나 도움 없이 과제를 완수해야 할 때 또래나 교사의 도움을 얻으려고 도전행동을 보인다.

(4) 예시

이 전략의 예는 다음과 같다.

- 다음 질문에 자신이 지목될 것임을 학생에게 알릴 제스처 마련하기. 이 신호를 받은 뒤 해야 할 대답은 학생이 사전 연습을 통해 준비된 것이어야 한다.

• 학생이 질문에 대비하게 하는 사전 자료나 스크립트 작성하기. 스크립트는 학생이 독립적으로 반응할 수 있을 때까지 점차 줄여 나간다.

2) 실행 단계

이 전략을 실행하기 위한 절차는 다음과 같다.

① 학생이 독립적으로 반응하지 못하고 도전행동을 보이는 일과나 수업내용을 판별한다.

② 중재 단계를 정하는 데 참고하기 위해 도전행동의 기능을 파악한다. 예를 들어, 행동의 기능이 학생이 바르게 반응할 수 있는 기술이 없어 그 상황을 벗어나려는 것이라면 중재의 초점은 학생이 정반응을 하도록 준비시키고, 학생이 특정 기술을 습득하도록 교수하는 것이다. 만약 학생이 틀린 답을 말할까 봐 두려워서 타인 앞에서 이야기하지 않으려 하거나 또래가 참견하는 것이 싫어서 도전행동을 한다면, 학생이 대답해야 할 질문과 답변을 미리 제공하는 것이 적절한 중재일 것이다.

③ 선택한 독립적 반응 교수의 과제분석을 실시하고 다음의 절차에 따라 학생을 지도한다.

• 교수할 중재에 대한 안내 및 설명을 제공한다. 이 기술이 사용되는 실제 사례 몇 가지를 제시한다.

• 기술을 어떻게 수행하는지 모델링으로 보여 준다.

• 모델링 후 학생에게 안내된 연습 기회를 제공한다.

• 안내된 연습을 하는 동안 정확한 수행에 대한 긍정적 언급과 오류에 대한 교정 피드백과 같은 즉각적 피드백을 제공한다. 교정 피드백 후에는 더 많은 연습 기회를 제공해야 한다.

④ 학생이 연습하고 준비한 대로 독립적 반응 교수 시간에 중재를 실행한다.

⑤ 성공적인 독립적 반응을 보였을 때 학생에게 강화제를 준다. 이때 행동의 기능을 고려한다. 강화의 일부는 중재 실행을 통해 자연적으로 주어지기도 하지만 교사는 초기에 학생의 특정 행동을 보상하여 추가적인 동기부여를 할 수도 있다.

⑥ 학생 자료를 통해 기술이 숙달 단계에 이른 것을 확인하면 연습 기회를 점차 줄여 나간다.

⑦ 일반화를 위해 학년 내내 계속 점검한다.

3) 실행 관련 유의점

이 전략을 실행할 때 기억해야 할 유의점은 다음과 같다.

- 이 중재를 위해서는 학생과 함께 많은 준비를 해야 한다. 초기의 수고는 학생의 독립적 기술이 향상됨에 따라 점진적으로 줄어들 것이다.
- 교과내용 영역에서의 독립성을 위해 더 많은 기술 지도가 필요한 학생에게는 특정 학업기술 중재나 문제해결 전략 중재의 실행을 고려해야 한다.

4) 이 전략을 지지하는 연구

이 전략을 지지하는 문헌들은 다음과 같다.

- Hughes, Ruhl, Schumaker, & Deshler (2002)
- Tralli, Colombo, Deshler, & Schumaker (1996)

9. 학업참여 증진 전략 교수

1) 개요

(1) 정의
학업참여 증진 전략 교수는 학생이 학업에 참여하는 시간을 늘리고 학업 환경 내에서 능동적으로 상호작용하는 기술을 지도하는 것이다.

(2) 전략에 대한 설명

학업참여는 학업 성공의 주요 지표 중 하나다. 수업에 출석하고 참여해야 학습이 이루어질 수 있다. 비참여는 낮은 기술 습득뿐 아니라 학업 중단의 위험과도 관련이 있다. 이 전략은 학업참여를 관찰 가능하고 측정 가능하게 정의한 후 학생이 학업참여행동을 하지 않을 때 학생을 직접 교수하는 방법을 결정하게 해 준다. 이 전략은 자기 관리나 문제해결 전략 등과 같은 다른 교수 전략과 함께 사용될 수 있다.

학업참여는 일반적으로 학생이 학업참여행동을 수행하고 있는 시간의 비율인 참여율로 가장 잘 측정할 수 있다. 이 전략은 학생이 달성해야 할 학업참여율 목표와 그 목표 달성에 대한 강화 체계를 포함해야 한다.

(3) 활용

PTR 평가에서 얻은 정보가 다음과 같을 때 이 전략의 사용을 고려한다.

• 학생의 학업참여율이 저조하다.
• 학업을 회피하거나 중단시키려고 도전행동이 발생한다.
• 수업 중 다른 사람의 관심이나 도움을 얻기 위해 도전행동이 발생한다.
• 학생의 학업 성장 정도가 미미하다.

(4) 예시

학업참여 향상 증진 전략 교수의 예는 다음과 같다.

• 자기 관리 체계를 제공하고 교수하기
• 학생이 활동 참여를 유지하는 데 동기를 부여할 문제해결 전략이나 학습 전략 제공하기
• 자기 관리 체계와 더불어 기억 전략 사용하기

자기 관리와 기억 전략이 결합된 예시는 다음과 같다. 닐(Neil)은 독립 과제 시간에 집중하는 데 어려움을 보인다. 닐이 보이는 행동의 기능은 독립 과제에서 벗어나는 것이다. 닐은 과제를 수행할 줄 알지만, 책상에 앉아 학습지에 답하는 것을 선호하지

는 않는다. 교사는 자기 관리 중재를 실행하기로 하고 이 중재를 사전 교육하기 위해 기억 전략을 사용하기로 했다. 또한 교사는 말로 재지시를 하기보다 눈에 덜 띄는 촉진 단서를 사용하고 싶었다. 교사는 닐을 위한 중재가 반 전체를 위한 학업참여 향상의 기회가 될 것으로 생각했다. 교사는 '자세를 점검해요.'라는 제도를 만들고, 닐을 포함한 모든 학생이 과제에 참여할 시간임을 알게 할 단서를 선택하였다. 교사는 설정된 시간마다 미리 녹음하여 내장해 둔 소리("자세를 점검해요.")를 내는 타이머를 사용하기로 했다. 교사는 닐이 자신의 자세를 점검하는 행동들을 정의한 포스터를 만들었는데, 여기에는 '의자에 엉덩이 붙이기' '연필 움직이기' '질문이 있을 때 손들기' 등이 포함되었다. 교사는 3~5분 간격으로 타이머를 설정하였다. 구간음(interval sound)이 나올 때 학생들이 자세 점검과 관련된 행동을 하고 있었다면 엄지를 치켜들고, 관련된 행동을 하고 있지 않았다면 엄지를 아래로 향하게 했다. 닐은 자기 관리 카드에 체크를 했다. 팀은 닐이 독립 과제에서 벗어나 선호 과제를 선택하는 강화를 받을 수 있는 목표의 수준을 설정하였다.

2) 실행 단계

이 전략을 실행하기 위한 절차는 다음과 같다.

① 학생이 학업에 참여하지 않는 일과나 수업 내용을 판별한다.
② 학업참여의 강화제로 활용할 수 있는 도전행동의 기능을 파악한다.
③ 학업참여를 측정 가능하고 관찰 가능한 용어로 정의하여 학생이 자신에게 요구되는 것을 정확히 이해하게 한다.
④ 다른 **교수** 중재 전략들(예: 자기 관리 교수, 문제해결 전략 교수)을 이용하여 학업참여를 직접 교수할 방법을 결정한다.
⑤ 선택한 학업참여 중재의 과제분석을 실시하고 다음의 절차에 따라 학생을 지도한다.
  • 교수할 중재에 대한 안내 및 설명을 제공한다. 이 기술이 사용되는 실제 사례 몇 가지를 제공한다.
  • 기술을 어떻게 수행하는지 모델링으로 보여 준다.

- 모델링 후 학생에게 안내된 연습 기회를 제공한다.
- 안내된 연습을 하는 동안 정확한 수행에 대한 긍정적 언급과 오류에 대한 교정 피드백과 같은 즉각적 피드백을 제공한다. 교정 피드백 후에는 더 많은 연습 기회를 제공해야 한다.

⑥ 전략을 실행하는 동안 학생에게 단서를 주기 위한 촉진 절차를 정한다.

⑦ 연습한 대로 중재를 실행한다.

⑧ 기준에 도달하면 학생에게 강화제를 제공한다.

⑨ 학생 자료를 통해 기술이 숙달 단계에 이른 것을 확인하면 연습 기회를 점차 줄여 나간다.

⑩ 일반화를 위해 학년 내내 계속 점검한다.

3) 실행 관련 유의점

이 전략을 실행할 때 기억해야 할 유의점은 다음과 같다.

- 이 전략은 학업참여율이 저조하거나 학업 성장이 거의 나타나지 않는 학생을 위해 고려되어야 한다.
- 팀은 학생이 학업과제에 참여하려는 동기를 부여할 수 있는 적절한 예방 전략(예: 수업 자료에 선호하는 주제나 활동 삽입하기, 교육과정 내용이나 제시 형태 수정하기, 반응 기회 더 많이 제공하기)을 함께 고려해야 한다.

4) 이 전략을 지지하는 연구

이 전략을 지지하는 문헌들은 다음과 같다.

- Lane, Weisenbach, Little, Phillips, & Wehby (2006)
- Liaupsin, Umbreit, Ferro, Urso, & Upreti (2006)
- Rock & Thread (2007)

강화 중재

다음은 PTR 중재 목록에 포함된 **강화** 중재에 대한 설명이다. 강화 중재에는 두 가지 전략이 있는데, PTR 중재계획에는 두 전략이 모두 포함되어야 한다. 이 중재 전략은 도전행동과 교체행동 모두에 대한 반응 전략이다. **강화** 중재를 실행하면 학생은 정적 강화를 받은 교체행동을 반복할 것이다. 또한 교체행동을 했을 때 기능적 결과(즉, 회피/지연, 접근/획득)가 뒤따르면, 학생은 도전행동으로 얻어 냈던 기능적 결과를 달성하기 위한 훨씬 더 효과적인 방법을 가질 수 있다. 학생의 교체행동에 긍정적인 반응을 제공하는 중재는 기능적 결과를 지속적으로 얻게 해 주었던 도전행동에 더 이상 반응하지 않는 중재와 짝을 이룬다. 이 두 가지 강화 전략은 교체행동을 하는 것이 기능을 달성하는 가장 효과적이고 효율적인(또는 유일한) 방법임을 학생에게 알려 준다. 즉, 도전행동이 비효율적이고 비효과적임을 알게 된다.

1. 교체행동에 대한 강화

1) 개요

(1) 정의
이 강화는 학생이 바람직한 행동(즉, 교체행동)을 하면 긍정적 반응을 제공하는 것을 말한다.

(2) 전략에 대한 설명
교체행동 강화 중재는 학생이 교체행동을 하면 도전행동을 통해 얻었던 기능이나 목적을 달성하게 해 주는 것을 말한다. 팀은 학생에게 지도할 교체행동(즉, **교수** 중재로 지도할 행동)과 학생이 그 행동을 했을 때 어떻게 기능적 결과를 얻게 해 줄 것인지를 결정한다. 중재계획의 **교수** 요소에 동일 기능 교체행동(예: 잠시 벗어나고 싶을 때 교사와 친구에게 큰 소리로 욕을 하는 대신 휴식 시간을 요구하는 행동)이 포함되어 있다면, 학생은 교체행동을 하기만 하면 휴식 시간을 얻게 된다. **강화** 중재에는 동일 기능 교체행동을 강화하는 전략뿐 아니라 바람직한 대안행동을 장려하기 위해 좀 더 강력한 동기부여 자극을 제공하는 전략(기타 강화 전략)도 포함된다. 예를 들면, 학생이 적절하게 휴식 시간을 요구할 때마다 교체행동을 잘 수행한 데 대한 강화로 2분의 휴식 시간을 주는 상황을 가정해 보자. 휴식이 끝난 후 학생이 다시 과제를 시작하여 특정 시간 동안 잘 참여하면 학생에게 그 시간에 상응하는 휴식 시간을 부여한다. 학생은 자신이 확보한 그 시간을 비선호 과제에서 벗어나 선호 과제를 하는 특권 시간과 교환할 수 있다.

이 전략의 주요 요소는, ① 도전행동의 기능 판별하기, ② 팀이 PTR **교수** 요소에 포함한 교체행동 검토하기, ③ 도전행동의 기능이 교체행동을 통해 달성되려면 강화를 어떻게 제공할지 결정하기, ④ 학생이 새로운 행동을 성공적으로 수행하기 위해 추가의 강화가 필요한지 결정하기다.

(3) 이 전략을 사용하는 이유

정적 강화는 행동 변화에 꼭 필요한 핵심적인 행동주의 원칙이다. 어떤 행동에 뒤따른 반응으로 이후 그 행동의 발생이 증가했을 때 그 행동이 정적으로 강화되었다고 표현한다. 즉, 학생이 이전에 도전행동을 통해 얻었던 기능적 결과를 이용하여 교체행동을 강화하면 학생이 그 새로운 행동을 수행할 가능성을 높일 수 있다.

(4) 활용

이 전략은 모든 PTR 중재에 포함되어야 한다.

(5) 예시

동일 기능 교체행동 강화 전략과 대안행동을 장려하기 위한 기타 강화 전략의 예는 다음과 같다.

- 회피 기능에 대한 강화 전략에는 휴식 요청하기, 전이 지연 요청하기 등이 있다.

팀은 가장 적절한 휴식 시간의 길이를 정한 후(주로 2~5분), 학생에게 휴식 시간 동안 해도 되는 행동을 가르친다. 휴식 시간은 학생이 선호 활동을 하게 해 주는 시간이 아니라 학생에게 부과된 요구를 완전히 제거해 주는 시간이다. 학생이 휴식 시간의 종료를 알 수 있도록 타이머 또는 기타 청각적 도구를 사용한다.

- 획득 기능(예: 관심 얻기, 활동/물건에 접근하기)에 대한 강화 전략에는 도움 요청하기, 이야기 나눌 시간 요청하기, 과제를 잘하고 있는지 봐 달라고 요청하기, 짝과 함께 과제를 하겠다고 요청하기, 특정 물건/활동을 요청하기 등이 있다(도움 요청하기는 관심을 얻게 해 줄 뿐 아니라 과제를 회피하게 해 줄 가능성도 있는데, 이는 도움 요청하기를 통해 누군가가 비선호 과제를 하는 학생을 돕게 되면 과제의 어려움이 줄어들기 때문이다).

- 기타 강화 전략의 예는 다음과 같다. 학생의 도전행동이 회피의 기능을 가지고 있다고 가정해 보자. 팀은 학생에게 휴식 요청하기를 가르치는 대신, 독립적 쓰기 과제(회피 기능의 도전행동을 자극하는 과제로 추정되는 것)를 몇 개의 소과제로 분할하여 제시하기로 결정할 수 있다. 학생은 각 소과제를 마칠 때마다 스티커를 받고 이를 책상 위에 있는 상자에 넣어 둔다. 이렇게 모은 스티커는 이후 학생이 회피하고 싶은 독립 과제의 일부를 면제받을 때 사용할 수 있다. 즉, 풀거나 답해야 할 어떤 문제에 학생이 스티커를 붙였다면, 이는 자신이 모아 둔 휴식 스티커를 이용하여 그 문제를 면제받고 싶다는 신호를 교사에게 보내는 것이다. 교사는 승인과 칭찬의 표시로 엄지손가락을 들어 올린다.

2) 실행 단계

이 전략을 실행하기 위한 절차는 다음과 같다.

① 교체행동중재를 개발한 후, 학생이 교체행동을 통해 얻게 될 기능(도전행동을 통해 얻었던 기능)을 판별한다. 이 기능은 가설에 서술된 기능과 일맥상통해야 하며 팀이 학생에게 제공할 수 있는 것이어야 한다.

② 강화 전달을 얼마나 즉각적으로 할지 결정한다. 중재를 이제 막 시작한 팀이라면, 학생이 교체행동을 수행하자마자 최대한 빨리(즉, 도전행동을 통해 기능을 성취

했던 속도보다 더 빨리) 기능을 달성하게 해 주고 싶을 것이다. 대부분의 경우 학생이 교체행동 수행에 성공할 가능성을 높이려면 교체행동 직후에 강화가 주어져야 한다.

③ 학생의 교체행동에 대해 얼마나 자주 기능적 결과를 강화로 제공할지 결정한다. 대부분의 경우 학생이 교체행동을 반복하게 하려면, 팀은 교체행동을 할 때마다 빠짐없이 강화를 하는 것부터 시작해야 한다.

④ 기능적 결과를 강화로 제공하는 성인이 어떻게 행동할지를 결정한다. 교체행동을 잘해서 강화받는 것임을 학생에게 알리기 위해 팀은 강화를 제공할 성인이 할 말이나 행동을 정한다. 예를 들면 성인은 다음과 같이 말할 수 있다. "쉬고 싶다고 잘 말해 주었구나. 쉬는 시간이 필요하다는 걸 알려 줘서 고마워. 2분간 쉬도록 해." 또한 성인은 긍정적 몸짓으로 반응할 수도 있다(예: 엄지 손가락 높이 들기, 손가락 2개를 들어 2분을 표현하기).

⑤ 학생이 교체행동을 하게 하려면 추가의 강화제가 필요할지 결정한다. 예를 들면, 팀은 학생이 도전행동을 대신하여 바람직한 대안행동(예: 자신의 감정을 다스릴 수 있는 진정 전략)을 사용하도록 지도하기로 하고, 학생이 진정 전략을 사용할 때마다 과제에서 잠시 회피할 수 있는 시간을 강화로 사용할 수 있다. 이때, 학생이 미리 정해 둔 횟수만큼 진정 전략을 잘 사용하면 강화 메뉴판에서 구체물로 된 보상을 선택하는 등의 더 강력한 강화를 제공할 수 있다. 이와 같이 팀이 추가의 강화를 제공하기로 결정한 경우에는 선호도 검사 또는 강화제 진단이 필요하다.

⑥ 교체행동을 잘하면 어떤 강화가 주어지는지를 학생에게 가르칠 계획을 개발하되, 강화를 받기 위해 기대되는 행동이 무엇인지 학생이 정확하게 파악할 수 있도록 설명, 시범 보이기, 역할극 등을 활용한다.

⑦ 학생의 교체행동 수행을 증가시키는 데 강화가 얼마나 효과적인지를 검토하기 위한 자료 목표치를 정한다. 자료의 경향성을 살펴본 후 가능하다면 강화의 즉시성이나 제공 빈도를 줄여 나갈 계획을 수립한다.

⑧ PTR 중재계획 수립 시 팀이 합의한 시간에 이 전략을 실행한다.

3) 실행 관련 유의점

이 전략을 실행할 때는 다음의 두 가지에 유의해야 한다.

(1) 강화의 즉시성과 비율

강화는 학생이 교체행동을 하면 즉시 주어져야 한다. 이를 통해 학생은 교체행동이 도전행동보다 원하는 결과를 얻는 데 더 빠른 방법임을 배우게 된다. 또한 학생은 교체행동을 할 때마다 강화를 받아야 한다. 학생이 교체행동을 지속적으로 사용하기 시작하면 강화의 즉시성과 비율을 주의 깊게 줄여 나간다. 예를 들면, 팀은 학생의 교체행동 수행과 강화 제공 간에 짧은 시간 지연(예: 2초)을 두었다가 점차 지연 시간을 늘려 갈 수 있다. 또한 팀은 모든 교체행동마다 강화를 제공하다가 그보다는 낮은 비율로 강화를 제공하기 시작할 수도 있다. 이러한 강화의 비율과 빈도의 변화는 학생의 행동 수행 자료를 기반으로 주의 깊게 계획되어야 한다. 팀은 강화 계획을 변경하기 전에 강화 전달에 변화가 있을 것이라고 학생에게 알려 주어야 한다. 팀은 바람직한 목표치에 이른 학생의 교체행동과 도전행동이 유지되도록 강화 계획을 바꾼 후에도 자료를 계속 검토해야 한다.

(2) 구체물 강화제에 대한 고려

많은 팀은 학생이 바람직한 행동을 하면 구체물이나 구체물과 바꿀 수 있는 토큰이나 점수를 받는 방식으로 강화 체계를 설계한다. 이러한 강화 전략은 학생이 새로운 행동을 하도록 동기를 부여하는 매우 강력한 방법이지만, 기능평가의 핵심은 학생이 도전행동을 통해 무엇을 얻는지를 알아내는 것이다. 그것이 도전행동의 기능이고, 그것이 아무리 단순한 기능이더라도 학생이 교체행동을 하게 만드는 강력한 동기다. 따라서 강화 체계가 꼭 복잡해야 하는 것은 아니다. 한편, 어떤 학생은 바람직한 행동(예: 수업참여하기, 휴식을 마치고 비선호 과제로 즉각 복귀하기, A 지점에서 B 지점으로 조용하고 신속하게 이동하기)을 하려면 동기부여 자극이 조금 더 많이 필요하다. 팀은 이러한 학생에게 구체물을 제공하는 추가의 강화 전략을 고려할 수 있다. 또한 학생이 바람직한 대안행동(예: 휴식을 마치고 즉각 과제로 복귀하기, 정해진 목표치만큼 과제 수행하기)을 할 때 행동의 기능(예: 회피, 관심)을 고려하여 그 기능의 가치를 최대화하여야 한다.

4) 이 전략을 지지하는 연구

이 전략을 지지하는 문헌들은 다음과 같다.

- Dufrene, Doggett, & Henington (2007)
- Lane et al. (2007)
- Newcomer & Lewis (2004)
- Reichle & Johnston (1993)

2. 도전행동에 대한 강화 중단

1) 개요

(1) 정의
학생이 도전행동을 통해서는 더 이상 기능적 결과를 얻지 못하게 하는 것을 말한다.

(2) 전략에 대한 설명
학생이 기능적 결과를 얻기 위해 도전행동 대신 교체행동을 사용하도록 지도한 후에는, 학생이 도전행동을 통해 원하는 것을 얻게 하는 반응이 뒤따르면 안 된다. 이를 위해서는 학생이 교체행동을 하여 기능적 결과를 얻도록 재지시를 하는 것도 한 방법이다. 또 다른 방법은 학생이 도전행동을 통해 더 이상 기능을 달성하지 못하도록 반응 계획을 세우는 것이다(예: 과제를 마칠 때까지 자리를 떠나지 못하게 함, 도전행동을 할 때 관심을 보이지 않음).

(3) 이 전략을 사용하는 이유
중재계획을 성공적으로 실행하려면 교체행동에 대한 반응뿐 아니라 도전행동에 대한 반응도 고려하여야 한다. PTR 기능평가와 행동중재계획 이전에 학생이 도전행동을 하면 주어졌던 반응은 본의 아니게 학생의 행동이 유지되게 했을 것이다. 그러므로 도전행동에 대한 반응은 다음 두 가지로 구성되어야 하는데, 첫째는 학생이 원하는 기능을 얻기 위해 교체행동을 사용하도록 재지시하는 것이고, 둘째는 도전행동으로 학생이 원하는 기능을 얻지 못하게 반응하는 것이다. 도전행동을 해 봐야 아무것도 얻을 수 없고 교체행동만 효과가 있다면 학생은 도전행동을 줄이는 동시에 교체행동을 더 많이 사용할 것이다.

(4) 활용
모든 PTR 중재에는 이 전략이 포함되어야 한다.

(5) 예시
도전행동에 대한 강화 중단 전략의 예는 다음과 같다.

• 소리 지르기라는 도전행동이 전이를 지연시키고 성인과 또래의 관심을 받게 해 주는 상황을 가정해 보자. 학생이 고음의 비명(소리 지르기의 전조행동)을 지르자마자 교사는 바로 학생에게 다가가 2분간 마음을 가라앉힐 시간을 요구하는 휴식 카드를 사용하는 교체행동을 하도록 재지시한다. 이 전략은 학생에게 관심과 회피를 허용했던 과거의 반응, 즉 말로 하는 꾸중과 타임아웃 의자로 보내기를 대신하여 적용하는 것이다.
• 관심을 얻기 위해 교사를 향해 큰 소리로 욕을 하는 학생을 예로 들어보자. 말로 꾸중을 하거나 비꼬는 말을 하거나 상담교사와의 만남을 위해 훈육실로 보내는 대신(이 방법은 모두 관심을 얻게 해 줌), 교사는 말로도 몸짓으로도 반응을 보이지 않기로 한다. 교사는 칠판을 향해 걸어가 학생이 관심을 얻으려면 해야 하는 기대행동을 손으로 가리킨다.

2) 실행 단계

이 전략을 실행하기 위한 절차는 다음과 같다.
① 교체행동중재와 교체행동에 대한 강화 계획을 개발한 후 학생이 도전행동을 할 때 타인이 어떻게 반응할지를 결정한다. 그러한 반응에는 도전행동 대신 교체행

동을 사용하도록 학생에게 재지시를 하거나 도전행동의 기능을 더 이상 제공하
지 않는 것이 있다.

② 새로운 반응의 전달을 얼마나 즉시 할지 결정한다. 먼저, 학생이 도전행동을 하
기 전에 전조행동이나 좀 더 가벼운 형태의 도전행동을 보이는지 알아본다. 전조
행동이나 좀 더 가벼운 형태의 도전행동은 성인이 학생에게 교체행동을 하도록
즉시 재지시를 하거나, 학생이 바라는 바를 얻지 못하도록 이전과 다르게 반응하
라는 신호가 되어 준다. 이러한 반응은 학생이 도전행동을 하기 전에 주어져야
한다. 학생은 이를 통해 교체행동을 사용할 시점을 배운다.

③ 성인의 말과 움직임을 포함하여 성인의 반응 방식을 결정한다. 교사가 학생에게
휴식 시간을 요청하는 교체행동을 하도록 재지시하려 할 때, 그 학생이 관심을
얻는 것도 좋아하는 학생이라면, 교사는 간단한 제스처와 최소한의 관심만 주면
서(예: 눈맞춤을 최소화하면서 조용히 휴식 카드를 들어 올려 학생에게 전해주기) 학생
이 교체행동을 하도록 재지시해야 한다.

④ 학생이 이 전략에 즉각 반응하지 않을 경우에 필요한 반응의 위계를 정한다. 예
를 들면, 교체행동을 하도록 재지시를 했는데도 학생이 도전행동을 계속한다면,
도전행동의 기능을 감안할 때 그다음 반응은 무엇이어야 하는지를 정해야 한다.

⑤ 도전행동을 하면 어떤 결과가 있을지를 학생에게 지도할 계획을 세운다. 도전행
동 대신 기대되는 행동이 무엇인지 학생이 정확히 파악할 수 있도록 설명, 시범
보이기, 역할극 등을 활용한다.

⑥ 도전행동의 발생을 줄이는 데 이 전략이 얼마나 효과적이었는지를 검토하기 위
한 자료 목표치를 정한다.

⑦ PTR 중재계획 수립 시 팀이 합의한 시간에 이 전략을 실행한다.

3) 실행 관련 유의점

학생이 도전행동을 통해 얻었던 기능을 더 이상 얻지 못하도록 일관성 있게 반응하
는 것이 전통적 학교 환경에서 일하는 교사에게는 어려울 수 있다. 예를 들면, 도전행
동의 기능이 과제로부터의 회피일 경우 학생이 과제를 회피하지 못하게 하는 전략을
교사나 다른 교직원이 실행하기가 현실적으로 어려울 수 있다. 이런 경우, 도전행동

이 오래 지속되고, 학생 본인과 친구의 수업도 방해를 받을 것이다. 따라서 학생이 교체행동을 하도록 재지시하는 전략을 먼저 실행하는 것이 좋다. 재지시 전략이 효과적이지 않다면 팀은 다시 모여 문제해결 과정을 거치고 좀 더 강력한 중재를 개발할 수 있다.

4) 이 전략을 지지하는 연구

이 전략을 지지하는 문헌들은 다음과 같다.

- Hagopian, Contrucci Kuhn, Long, & Rush (2005)
- Hagopian, Toole, Long, Bowman, & Lieving (2004)

3. 안전 계획

1) 개요

(1) 정의
안전 계획이란 학생 자신과 타인에게 상해를 입힐 수도 있는 위험한 도전행동을 보이는 학생을 위해 개발하는 계획을 말한다. 이 계획의 목적은 모든 사람의 안전을 지키고 최대한 빨리 안정된 상태를 회복하는 것이다.

(2) 전략에 대한 설명
안전 계획은 학생의 행동이 학생 자신이나 타인에게 상해를 입힐 가능성이 있는지를 팀이 확인해 보도록 촉구하기 위해 중재 목록에 포함되었다. 학생의 행동이 학생과 함께 생활하는 사람들의 안전에 영향을 준다면, 팀은 모든 사람의 안전을 지키고 신속하게 교실을 안정시켜 수업을 재개할 전략을 개발해야 한다. 안전 계획은 심사숙고하여 상세하게 서술되어야 하고, 학생이 도전행동을 통해 기능을 얻는 상황을 최소화해야 한다(예: 학생의 행동이 관심을 얻기 위한 것이라면, 안전 계획을 실행하는 동안 학생에게 많은 관심을 주는 일은 피해야 한다).

(3) 이 전략을 사용하는 이유

모든 학생과 성인은 학교 환경에서 안전해야 한다. 학생의 행동이 자신과 타인에게 안전하지 않거나 해로운 상황을 조성한 적이 있다면, 팀은 PTR 중재계획이 효과적이지 않은 날이나 상황을 대비하여 안전 계획을 작성해야 한다.

(4) 활용

PTR 평가를 통해 얻은 정보가 다음과 같을 때 안전 계획의 사용을 고려한다.

- 학생의 행동이 위험하고, 자신과 타인에게 상해를 입힐 위험이 있다.
- 도전행동으로 인해 기물이 심하게 파손되었다.

(5) 예시

다음 시나리오는 상세한 안전 계획의 예다.

조(Joe)는 교실에서 단단한 물건을 던지곤 하는데, 다른 사람이 그 물건에 맞아 약간 다쳤다. 이에 팀은 안전 계획을 개발하기로 했다. 조의 행동은 비선호 과제와 교사의 구두 지시를 회피하려는 기능이 있다. 팀은 단단한 물건을 던지기 전에 주로 발생하는 전조행동을 알아보기로 했다. 팀은 조의 교체행동(휴식 시간 요청하기)을 이용하되 조에게 교체행동을 하라고 재지시를 하는 대신, 교사가 조에게 다가가 휴식 시간을 뜻하는 카드를 집어 들고 "휴식 시간"이라고 조용히 말하기로 했다. 조는 마음을 진정하기 위해 현재의 자리 또는 상담실 중 하나를 선택하여 휴식을 취할 수 있다. 조는 또한 얼마나 오래 휴식을 취할지도 선택할 수 있다. 이 안전 계획의 핵심은 조가 극심한 분노에 이르기 전에 알아채는 것이다. 여러 가지 선택권을 주는 것은 조의 관심을 조의 행동으로부터 분산시키고, 허용 가능한 옵션을 제공하기 위함이다.

조에게 휴식 시간을 갖도록 재지시할 수 없는 상황을 대비하여 또 하나의 계획이 수립되었다. 이 계획은 다른 학생들을 교실에서 나가게 하고 행동분석가가 와서 교사를 지원하는 것으로, 이렇게 하면 다른 친구의 관심이 제거된 상태에서 조를 진정시킬 수 있다. 조가 어느 정도 진정되고 나면, 문제해결 절차를 실시하고 파손된 물건의 교체 계획을 논의하는 디브리핑을 시작할 것이다.

2) 실행 단계

이 전략을 실행하기 위한 절차는 다음과 같다.

① 안전 계획이 꼭 필요하다는 데 팀이 동의했다면 학생이 도전행동을 할 때 타인이 언제 어떻게 반응할지를 결정한다. 즉, 타인이 반응할 때의 신체적·언어적 행동을 정하는 것이다. 도전행동의 기능을 검토하여 팀이 안전 계획을 실행하는 동안 학생이 도전행동을 통해 원하는 기능을 달성할 가능성을 최소화하는 반응을 개발해야 한다.
② 새로운 반응의 전달을 얼마나 즉시 할지 결정한다. 먼저, 학생이 자신과 타인에게 상해를 입힐 도전행동을 하기 전에 전조행동이나 좀 더 가벼운 형태의 도전행동을 보이는지 알아본다. 전조행동이나 좀 더 가벼운 형태의 도전행동은 성인이 즉시 안전 계획을 실행하라는 신호가 되어 준다(학생의 감정이 최고조에 이르기 전에).
③ 학생이 이 전략에 즉각 반응하지 않을 경우에 필요한 반응의 위계를 정한다.
④ 학생이 자신과 타인에게 해로운 행동을 하면 어떤 결과가 있을지를 학생에게 지도할 계획을 세운다. 기대되는 행동이 무엇인지 학생이 정확히 파악할 수 있도록 설명, 시범 보이기, 역할극 등을 활용한다.
⑤ 도전행동의 발생을 줄이는 데 이 전략이 얼마나 효과적이었는지를 검토하기 위한 자료 목표치를 정한다.
⑥ PTR 중재계획 수립 시 팀이 합의한 시간에 이 전략을 실행한다.

3) 실행 관련 유의점

안전 계획을 사용할 때 기억해야 할 유의점은 다음과 같다.

- 안전 계획은 학생에게 새로운 기술이나 행동을 가르치기 위한 것이 아니다. 이 계획은 모든 사람의 안전을 지키고 상황을 안정적으로 복구하기 위한 것이다. 따라서 안전 계획이 얼마나 자주 필요했는지에 대한 자료를 계속 기록해야 한다. 안전 계획이 매우 자주 실행되고 있다면, 중재충실도가 낮거나 중재계획이 수정될 필요가 있어 현재의 PTR 중재가 효과적이지 않음을 의미한다. PTR 팀은 최대한 빨리 모여서 자료를 검토하고 왜 중재계획이 효과적이지 않은지를 알아내야 한다. 좀 더 효과적인 계획을 수립하기 위해 외부 전문가를 초청해야 할 수도 있다.

- 안전 계획을 개발하고 실행할 때 추가로 고려할 요인으로는 안전 계획을 효과적이고 효율적으로 실행할 교직원에게 적절한 훈련 제공하기, 안전 계획에 관여할 팀원을 명확히 결정하기, 안전 계획이 적용되어야 하는 도전행동을 명확하게 판별하기, 교실 활동에 대한 방해를 최소화하면서 언어적 촉진을 제공하고 학생이 스스로 안전하다고 느끼도록 안심시키는 등 안전 계획의 세부 사항 연습하기 등을 들 수 있다.

사례연구: 앤서니

1. 배경 정보

앤서니(Anthony)는 9세의 초등학교 4학년 학생으로 정서행동장애를 가지고 있다. 앤서니의 개별화교육프로그램에는 행동 목표가 명시되어 있으며, 앤서니를 위한 서비스는 보조원의 지원하에 일반학급에서 제공된다. 또한 앤서니는 주 1회 학교 심리상담가에게 상담을 받는다. 작년에는 특수학급에 배치되어 교육을 받았던 앤서니는 통합 실행을 강조하는 이 지역의 새로운 리더십에 따라 올해는 일반학급에 배치되었다. 이에 앤서니는 일반학급에서 다른 20명의 학생과 함께 수업을 받고 있다. 앤서니는 어머니와 2세, 14세, 17세인 3명의 형제와 함께 살고 있다. 앤서니의 부모는 작년에 이혼했으며, 앤서니는 대부분의 주말에 아버지를 만난다.

앤서니의 개별화교육프로그램에 행동 목표와 전략이 명시되어 있었지만 팀이 보기에 목표 성취에 대한 진보가 거의 없었고, 도전행동까지 점차 증가하고 있어 팀이 앤서니의 배치 변경을 고려해야 하는 시점에 이르렀다. 그러나 팀은 앤서니의 배치를 변경하기 전, PTR 과정을 통해 앤서니의 도전행동을 분석하고 행동지원계획을 수립하기로 했다.

2. 첫 번째 회의: 1단계 팀 구성과 목표 설정, 2단계 자료 수집

앤서니의 담임교사가 앤서니의 PTR 절차를 개시하였다. 앤서니의 PTR 팀은 담임교사, 보조원, 개별화교육프로그램을 점검하는 특수교육 사례관리자, 상담 서비스를 제공하는 학교 심리학자와 PTR 촉진자(3개 학교에 행동 컨설팅을 제공하는 행동분석가)로 구성되었다. 앤서니의 부모에게도 PTR 과정에 참여해 달라고 요청했지만, 앤서니의 부모는 집안 및 직장 일 때문에 참여하기 어렵다고 답했다. 그 대신 앤서니의 어머니는 알림장을 통해 매주 앤서니의 소식을 알려 달라고 요청했다. 학교 행정가 역시 참여를 요청받았으나 회의 참석이 어려워 특수교육 사례관리자가 매주 진행 상황을 요약하여 전달하기로 했다. 앤서니의 심각한 도전행동은 주로 학업 교과에서 발생했기 때문에 팀은 체육이나 음악과 같은 비학업 교과를 담당하는 교사는 필수적으로 참여하지 않아도 된다고 느꼈다.

PTR 절차, 목적, 원하는 성과 등에 대해 대략적인 개관이 이루어졌다. 회의 날짜와 시간이 확정되었고 팀원들은 이를 메모했다. 팀은 각 구성원의 역할에 대한 논의 끝에 일반학급 담임교사와 보조원이 행동중재계획의 주 실행자가 되는 것으로 결정하였다.

교사와 보조원은 앤서니와 관련된 자신의 역할과 책임에 대한 지침을 정했다. 그들은 매주 월요일 아침에 만나 한 주간의 일정을 검토하고, 일반학급 환경에서 앤서니의 성공에 영향을 미칠 행동 및 학업 관련 쟁점과 한 주 동안 필요한 지원을 논의하였다. 학생의 학업과 행동 진보의 최종 책임은 담임교사에게 있으므로 교사와 보조원은 학생의 학업 또는 행동문제를 다룰 최선의 방법을 결정할 때 교사의 의견이 더 중시되어야 한다고 생각했다. 팀 운영 실제와 합의 도출 방식을 미리 수립하였고 이를 PTR 과정 내내 준수하기로 모두가 동의하였다.

1) 목표행동 판별하기, 정의하기, 우선순위 정하기

PTR 촉진자는 팀원에게 목표 설정 서식을 나눠 주고 앤서니가 지금보다 덜 했으면 하는 행동을 1~3개 정도 적어 달라고 요청하였다. 촉진자는 이때, ① 다양한 환경과 일과에서 나타나는 행동, ② 학생의 학업 성공과 또래, 학교, 지역사회 활동의 접근에 영향을 미치는 행동, ③ 강도와 심각성으로 인해 즉시 다루어야 할 행동과 같은 사항이 고려되어야 함을 상기시켰다. 각각의 팀원은 한 명씩 돌아가며 자신이 적은 행동에 대해 여러 번 발언할 기회를 가졌다. PTR 촉진자는 목표 설정 서식을 프로젝터로 띄운 후 팀원이 언급한 행동을 적어 나갔다. 모든 행동을 나열한 후, 촉진자는 팀원에게 행동의 유사점과 차이점을 판별해 보게 했다. 팀은 '소란 일으키기'와 '물건 던지기'와 같은 몇몇 행동이 대부분의 경우 동시에 발생하거나 점차 고조되는 형태로 발생한다고 판단했다. 팀은 이러한 행동들을 '물리적 공격'이라는 범주로 통합하였다. 논의를 통해 팀은 감소되기 원하는 세 가지 행동으로, ① 물리적 공격, ② 부정적인 말, ③ 욕하기를 선정하였다. 촉진자는 팀원에게 각각의 행동을 측정 가능하고 관찰 가능한 용어로 정의할 것을 요청했다(〈표 D-1〉 참조).

표 D-1 앤서니의 PTR 목표 설정 서식

1단계: PTR 목표 설정

학생명: <u>앤서니 톰슨</u>   날짜: _____

안내문: 학생이 지금보다 덜 하기를 바라는 1~3가지 행동과 더 많이 하기를 바라는 1~3가지 행동을 왼쪽 칸에 기입하세요.

감소되어야 할 행동	
목표행동	정의(명백하고 관찰 가능하게 서술)
1. 물리적 공격	1. 물리적 공격은 다음 중 한 가지 이상의 행동이 나타나는 것을 말한다. • 물건 던지기: 책상 위에 있는 물건(연필, 종이, 책)을 손으로 집어 바닥에 던지기 • 교재 훼손: 학습지 찢기 • 방해 행동: 책상에서 일어나거나 정해진 자리를 벗어나 의자를 밀거나 넘어뜨리기 • 위협 행동: 교사나 또래에게 주먹을 휘두르기(실제로 때리지는 않음)
2. 부정적인 말	2. 학업과제가 주어지면 "못해" "멍청한 과제야." "안 할 거야" 등과 같은 부정적인 말을 혼자 중얼거린다.
3. 욕하기	3. 욕을 하거나 외설적인 말을 한다.
증가되어야 할 행동	
목표행동	정의(명백하고 관찰 가능하게 서술)
1. 요구 표현하기	1. 휴식이나 관심이 필요할 때 이를 적절한 방법(시각/신호/목소리)으로 표현하기
2. 학업참여	2. 주어진 학습지 완성하기, 도움을 받고 싶거나 요구 사항이 있을 때, 또는 발표를 하거나 질문에 대한 답을 하고 싶을 때 손 들기, 정해진 자리에 머물기

그 후 PTR 촉진자는 앞서 언급한 세 가지 행동의 우선순위를 정하고 PTR 기능평가와 행동중재계획의 초기 목표가 될, 가장 염려되는 행동을 결정하도록 팀에게 요청했다. 이를 위해 촉진자는 이 행동이 감소되었을 때 앤서니, 교사, 보조원, 학교 교직원,

또래, 가족을 포함한 모두에게 긍정적인 영향을 미칠 행동이 무엇인지 팀원들이 접착식 메모지(포스트잇)에 적어 보게 했다. PTR 촉진자가 의견을 누적하여 기록한 결과, 물리적 공격이 최우선순위로 판별되었고, 팀은 이에 동의하였다.

PTR 촉진자는 동일한 과정을 통해 앤서니가 물리적 공격 대신 보였으면 하는 행동을 1~3개 정도 적어 달라고 요청하였다. 한 명씩 돌아가며 발언하는 과정을 거쳐 팀원이 적은 행동들에 대한 논의를 마친 후, ① 요구 표현하기, ② 학업참여라는 두 가지 행동이 결정되었다. 두 가지 행동의 우선순위에 대한 질문에 팀은 두 가지 행동 모두 앤서니의 학업 및 사회적 성공에 매우 중요하다고 답했다(〈표 D-1〉 참조).

마지막으로, PTR 촉진자는 결정된 목표행동을 요약하였다. 팀은 물리적 공격을 PTR 기능평가의 초점으로 하고 요구 표현하기 및 학업참여를 핵심 교체기술로 정하는 데 동의했다.

2) 개별화된 행동 평정 척도를 이용하여 진보 점검 시작하기

중재 목표를 정한 후, 앤서니의 팀은 PTR 촉진자와 함께 개별화된 행동 평정 척도를 개발했다. 촉진자는 모든 팀원이 볼 수 있도록 개별화된 행동 평정 척도 서식을 프로젝터로 띄운 후 담임교사에게 행동에 대해 질문하면서 개별화된 행동 평정 척도를 개발하기 시작했다. 촉진자는 먼저 목표 설정 서식에 기입된 각각의 행동을 측정하는 데 어떤 방법이 가장 좋을지 질문했다. 촉진자는 물리적 공격을 측정하는 방법의 옵션으로 빈도 기록법과 지속시간 기록법을 제시하였다. 교사는 앤서니가 보인 공격 행동의 빈도를 측정하는 것이 가장 실행 가능한 방법이라고 말했다. PTR 촉진자는 하루 종일, 특정 시간, 특정 일과, 특정 활동 등의 옵션을 제시한 후 어떤 시간대에 행동을 측정할지 질문했고, 담임교사는 하루에 한 번 그날 전체에 대해 평정하는 것이 좋다고 답했다. 이는 담임교사가 일과가 끝난 후에야 하루를 돌아보며 그날 발생했던 행동을 평정할 시간을 가질 수 있다고 생각했기 때문이다.

다음으로, 촉진자는 팀원들에게 지난 4주를 돌아보며 앤서니가 '보통 정도의 심각한 날'(리커트 척도 4점에 해당)에 보인 물리적 공격 행동의 발생 빈도를 생각해 보라고 요청했다. 교사와 보조원은 4~6번 정도 발생했다고 응답했다. PTR 촉진자는 다음으로 7번 이상 발생하면 '매우 심각한 날'(5점)이라고 생각하는지 물었다. 교사와 보조원 모두 그렇다고 답했다. PTR 촉진자는 발생 빈도가 어느 정도면 '환상적으로 좋은 날'(1점)이 될 수 있는지도 물었고, 이에 교사와 보조원은 0번이라고 답했다. PTR 촉진자는 또한 몇 번의 발생 빈도를 리커트 척도의 2점('좋은 날')과 3점('보통 정도의 날')으로 정의해야 하는지도 물었다. 교사와 보조원은 1~2번은 좋은 날, 3~4번은 보통 정도의 날로 하면 되겠다고 하였다.

이 과정은 나머지 두 개의 목표행동에 대해서도 반복되었다. 다만 이 두 가지 행동은 팀이 증가하기를 바라는 행동이었기 때문에 척도는 반전되었다. 즉, 5점은 환상적으로 좋은 날, 1점은 매우 심각한 날이 되는 것이다(〈표 D-2〉 참조). 개별화된 행동 평정 척도가 완성되자, PTR 촉진자는 교사와 보조원에게 앤서니가 전날 등교했는지 물었다. 교사와 보조원이 그렇다고 답하자, 촉진자는 그들에게 개별화된 행동 평정 척도를 사용하여 전날의 행동을 평정해 보라고 하였다. 또한 그들에게 앤서니의 행동 수행을 그렇게 평정한 이유를 발표해 달라고 요청하였다. 교사와 보조원은 금방 행동 평정을 마쳤고, 두 사람의 평정 결과는 일치했다. 이에 팀은 개별화된 행동 평정 척도가 만족스럽게 제작된 것으로 판단하고 이 서식을 매일 활용하기로 하였다.

회의를 마치기 전 촉진자는 팀원이 도전행동과 공격 행동에 대한 체크리스트를 각자 완성하도록 각 팀원에게 PTR 기능평가 체크리스트를 나눠 주었다. 촉진자는 팀원들에게 개별화된 행동 평정 척도에 적힌 정의를 참고하면서 공격 행동과 관련하여 체크리스트의 각 질문에 답하라고 하였다. 학교 심리학자는 소집단 활동을 할 때나 앤서니를 교실에서 데려가라는 연락을 받았을 때만 앤서니를 만났기 때문에 체크리스트를 정확하게 작성할 수 없다고 느꼈다. 따라서 팀은 담임교사와 보조원만 체크리스트를 작성하는 것으로 결정했다. 팀은 자료를 기록하기 위해 개별화된 행동 평정 척도의 인쇄본 사용, 워드프로세서 사용, 구글 시트(Google Sheets)에 있는 엑셀 활용 등의 여러 옵션을 논의했다. 교사는 구글 시트를 활용하면 개별화된 행동 평정 척도를 복사할 필요가 없고 종이를 아낄 수 있기 때문에 구글 시트를 사용하기로 결정했다. 구글 시트는 향후 회의에서 공유할 수 있는 간단한 도식화 작업도 가능했다. PTR 촉진자는 개별화된 행동 평정 척도를 구글 시트에서 사용하는 데 동의하였다.

팀은 회의가 종료되기 전 그들이 회의에서 결정한 사항을 확인했다. 한 시간 정도 소요된 이 회의에서 팀은 PTR 과정의 목표가 될 도전행동 한 가지와 적절한 행동 두 가지를 결정하였고, 이 행동들을 측정 가능하고 관찰 가능한 용어로 정의하였다. 매일의 진보를 점검할 수 있는 개별화된 행동 평정 척도가 개발되었고, 전날의 평정 기록도 확보되었다. PTR 촉진자는 팀원이 어떻게 PTR 기능평가를 진행하고 싶은지 질문하였는데, PTR 기능평가 체크리스트를 숙제로 각자 작성해서 다음 회의에 와도 좋고, 다음 회의 시간을 연장하여 그 회의에서 관련인을 면담하면서 기능평가 체크리스트를 작성해도 좋다고 하였다. 교사와 보조원은 PTR 기능평가 체크리스트 작성을 위해 일주일 동안의 시간을 가지기 원했다. 촉진자는 회의 전날까지 체크리스트 작성을 마칠 수 있는지 물었다. 교사와 보조원은 가능하다고 답했고, 좀 더 논의한 끝에 PTR 기능평가 자료를 구글 문서도구(Google Docs)에 저장하여 촉진자가 회의 전날 검토할 수 있게 하겠다고 하였다. 다음 회의에서는 PTR 기능평가 정보를 검토하고 정리한 후 도전행동에 대한 가설을 논의하기로 하였다. 학교 심리학자는 앤서니의 어머니와 면담 시간을 정하고 PTR 기능평가 체크리스트로 면담을 실시하여 앤서니의 물리적 공격 행동에 대한 어머니의 의견을 얻기로 하였다.

3) 관찰

PTR 촉진자는 다음날 독립적인 쓰기 과제 시간에 앤서니를 관찰하기로 했다. 이는 추적되고 있는 도전행동과 바람직한 행동에 대한 직접적인 정보를 얻기 위해서다.

표 D-2 앤서니의 팀이 매일 사용할 개별화된 행동 평정 척도

2단계: 개별화된 행동 평정 척도

학생명: _____앤서니 톰슨_____ 날짜: _____

교사명: _____ 학교명: _____

행동	평정	날짜																		
		2/12	2/13	2/17	2/18	2/19	2/20	2/23	2/24	2/25	2/26	2/27	3/3	3/4	3/5	3/6	3/7	3/10	3/11	3/12
물리적 공격	7번 이상	5	5	5	5	5	5	5	5	5	5	5	5	5	5	5	5	5	5	5
	5~6번	4	4	4	4	4	4	4	4	4	4	4	4	4	4	4	4	4	4	4
	3~4번	3	3	3	3	3	3	3	3	3	3	3	3	3	3	3	3	3	3	3
	1~2번	2	2	2	2	2	2	2	2	2	2	2	2	2	2	2	2	2	2	2
	0번	1	1	1	1	1	1	1	1	1	1	1	1	1	1	1	1	1	1	1
요구 표현하기	9번 이상	5	5	5	5	5	5	5	5	5	5	5	5	5	5	5	5	5	5	5
	7~8번	4	4	4	4	4	4	4	4	4	4	4	4	4	4	4	4	4	4	4
	5~6번	3	3	3	3	3	3	3	3	3	3	3	3	3	3	3	3	3	3	3
	2~4번	2	2	2	2	2	2	2	2	2	2	2	2	2	2	2	2	2	2	2
	0~1번	1	1	1	1	1	1	1	1	1	1	1	1	1	1	1	1	1	1	1
학업 참여	81~100%	5	5	5	5	5	5	5	5	5	5	5	5	5	5	5	5	5	5	5
	61~80%	4	4	4	4	4	4	4	4	4	4	4	4	4	4	4	4	4	4	4
	41~60%	3	3	3	3	3	3	3	3	3	3	3	3	3	3	3	3	3	3	3
	21~40%	2	2	2	2	2	2	2	2	2	2	2	2	2	2	2	2	2	2	2
	0~20%	1	1	1	1	1	1	1	1	1	1	1	1	1	1	1	1	1	1	1

〈계속〉

작성 요령		
도전행동	물리적 공격	
시간/일과	✓　하루 종일	_____ 특정 시간/일과:
정의	다음 중 하나의 발생: ① 물건 던지기: 손으로 책상에 있는 물건을 집어 바닥에 던지기, ② 교재 훼손: 학습지 찢기, ③ 방해행동: 책상에서 일어나거나 정해진 자리를 벗어나 의자를 밀거나 넘어뜨리기, ④ 위협 행동: 교사나 또래에게 주먹 휘두르기(실제로 때리지는 않음) • 하루 종일 앤서니의 물리적 공격이 발생한 횟수에 따라 평정함	
	5 = 매우 심각한 날　　　　　 = 　　7번 이상	
	4 = 평소 정도의 심각한 날　 = 　　5~6번	
	3 = 보통 정도의 날　　　　　 = 　　3~4번	
	2 = 좋은 날　　　　　　　　 = 　　1~2번	
	1 = 환상적으로 좋은 날　　　 = 　　0번	
동일 기능 교체행동/ 바람직한 대안행동	요구 표현하기	
시간/일과	_____ 하루 종일	✓　특정 시간/일과: 독립적 교수 일과 (읽기/언어, 쓰기, 수학, 사회)
정의	휴식이나 관심이 필요할 때 이를 적절한 방법(시각/신호/목소리)으로 표현하기 • 앤서니가 수업 중 자신의 요구를 표현하기 위한 행동을 보인 횟수에 따라 평정함	
	5 = 환상적으로 좋은 날　　　 = 　　9번 이상	
	4 = 좋은 날　　　　　　　　 = 　　7~8번	
	3 = 보통 정도의 날　　　　　 = 　　5~6번	
	2 = 평소 정도의 심각한 날　 = 　　2~4번	
	1 = 매우 심각한 날　　　　　 = 　　0~1번	
동일 기능 교체행동/ 바람직한 대안행동	학업참여	
시간/일과	_____ 하루 종일	✓　특정 시간/일과: 모든 수업 시간 (읽기/언어, 수학, 과학, 사회, 쓰기)
정의	주어진 학습지 완성하기, 도움을 받고 싶거나 요구 사항이 있을 때, 또는 발표를 하거나 질문에 대한 답을 하고 싶을 때 손 들기, 정해진 자리에 머물기 • 하루의 모든 수업 시간 중 앤서니가 학업에 참여한 시간의 비율에 따라 평정함	

〈계속〉

5 = 환상적으로 좋은 날	=	81~100% 참여
4 = 좋은 날	=	61~80% 참여
3 = 보통 정도의 날	=	41~60% 참여
2 = 평소 정도의 심각한 날	=	21~40% 참여
1 = 매우 심각한 날	=	0~20% 참여

3. 두 번째 회의: 3단계 PTR 기능평가

앤서니의 담임교사와 보조원은 한 주 동안 각각 PTR 기능평가 체크리스트를 완성하였다. 두 번째 회의 하루 전, PTR 촉진자는 교사와 보조원이 작성하여 구글 문서도구에 저장한 체크리스트의 정보를 PTR 기능평가 요약표(〈표 D-3〉 참조)에 수합하였다. 학교 심리학자는 앤서니의 어머니가 일정 문제로 면담에 임할 수는 없었지만 자신(어머니)이 제공하는 정보 없이도 팀이 절차를 진행하여 앤서니의 행동에 대한 가설을 개발하는 데 동의했음을 알렸다. PTR 촉진자는 팀 회의 동안 추가로 논의할 필요가 있는 정보에 대해 요약표에 강조 표시를 해 두었다.

팀원이 개별화된 행동 평정 척도 평정 결과를 검토하는 것으로 두 번째 회의가 시작되었다. PTR 촉진자는 구글 시트의 개별화된 행동 평정 척도와 그래프를 내려받아 각 팀원에게 나누어 주었다. 평정 결과, 앤서니의 공격 행동은 지난 일주일 동안 하루 평균 5~6회 정도 발생하였으며 대부분 리커트 척도의 4점 수준으로 일관성 있게 나타났고 한 번만 5점을 나타냈다. 의사소통 행동은 평균적으로 0번(1점) 발생한 반면, 학업 참여는 0~20%와 21~40% 사이(1점과 2점)에 분포되어 있었다. 교사와 보조원은 개별화된 행동 평정 척도가 행동 평정에 효과적이었다고 말했다. 교사와 보조원은 개별화된 행동 평정 척도로 정확한 평정이 가능했고, 자료를 빨리 기록할 수 있어서 좋았다고 하였다.

다음으로, PTR 촉진자는 기록된 PTR 기능평가 요약표를 프로젝터로 띄운 뒤 자료를 확인하고 정보를 명확하게 하기 위해 토론을 이끌어 나갔다. 팀원은 **예방** 사건을 검토하고, 이에 대한 추가 정보를 제공하였으며, 앤서니의 공격 행동을 일으키는 주요 유발자극을 확인했다. 예를 들어, 선행사건(예방) 칸에서 학업교과, 독립 과제, 어려운 과제가 물리적 공격을 유발하는 선행사건임이 드러났다. PTR 촉진자는 왜 이런 선행사건이 물리적 공격을 유발했는지 질문하며 팀이 이를 논의하게 했다. 보조원은 이 시간에 앤서니가 독립적으로 수행하기 어려운 것이 너무 많았다고 진술했다. 앤서니는 보조원에게 자신이 독립적으로 활동을 수행하지 못하면 다른 학생이 자신을 멍청하다고 생각할 거라는 염려를 드러냈다. 교사 역시 앤서니가 과제 시간이 길 때 더 많은 문제를 보인다고 진술했다. 앤서니는 짧은 과제에서는 공격 행동을 보이지 않았지만 5분 이상 지속되는 쓰기 과제에서는 대부분 물리적 공격을 보였다. 그들은 앤서니의 공격 행동에 대한 주요 유발자극이 비선호 과제, 특히 어렵다고 생각되거나 5분 이상 지속되는 쓰기 과제라는 데 동의했다.

표 D-3 앤서니의 PTR 기능평가 요약표와 가설

3단계: PTR 기능평가 요약표

학생명: _____앤서니_____ 학교명: _____ 날짜: _____

행동	선행사건 (예방 자료)	기능 (교수 자료)	후속결과 (강화 자료)

물리적
공격
	도전행동의 발생 가능성이 큰 상황:
	
	학업교과
	• 읽기, 쓰기
	• 개인/독립 과제
	환경
	• 비선호 과제를 해야 할 때
	  – 어려운 과제
	  – 쓰기가 포함된 과제
	  – 시간이 걸리는 과제(5분 이상, 특히 독립 과제)
	• 선호 과제에서 비선호 과제로의 전이(예: 쉬는 시간 후 언어시간)
	• 과제에 대한 지적
	배경사건
	• 일과 변경
	• 수면 부족
		가장 가능성 있는 기능:
		
		관심
		• 교사
		• 학교 심리학자
		
		지연/중단
		• 독립 과제
		• 읽기, 쓰기
		• 비선호하는 어려운 과제
		• 전이
			가장 전형적인 반응:
			
			관심
			• 진정/위로
			• 도움 제공
			• 언어적 재지시
			
			중단/지연
			• 타임아웃 장소로 보내짐
			• 훈육실로 보내짐
			• 학교 심리학자에게 보내짐

친사회적 행동	도전행동의 발생 가능성이 작은 상황: 활동 • 대집단 • 점심 시간 • 센터 • 쉬는 시간/체육 시간/자유 시간 특정 인물 • 학교 심리학자	교수할 기술들(교체행동): 문제해결 • 도움 요청 의사소통 • 휴식 요청 • 원하는 것 요구하기 • 감정을 적절히 표현하기	정적 강화: • 교직원의 칭찬 • 교사의 도움 • 줄을 설 때 제일 앞자리 • 산책하기 • 그림 그리기 • 레고놀이 • 간식: 골드피쉬 스낵, M&M, 후르츠 링 시리얼

〈계속〉

가능한 가설			
	조건	행동	행동의 결과
도전 행동	앤서니가 다음을 요청받을 때: • 비선호 학업과제, 특히 쓰기를 동반하고 5분 이상 지속되는 어려운 독립 과제 • 선호 활동(체육, 자유 시간)에서 비선호 활동(학업과제, 특히 독립 과제와 쓰기를 포함함)으로 전이	물건 던지기, 교재 훼손, 의자를 밀거나 넘어뜨리기, 교사나 또래에게 주먹 휘두르기 등의 물리적 공격 행동을 보인다.	① 비선호 활동에서 벗어나고, ② 선호 과제에서 비선호 과제로의 전이를 지연시키며, ③ 성인의 관심(교사, 학교 심리학자)을 얻는다.
교체 행동	앤서니가 다음을 요청받을 때: • 비선호 학업과제, 특히 쓰기를 동반하고 5분 이상 지속되는 어려운 독립 과제 • 선호 활동(체육, 자유 시간)에서 비선호 활동(학업과제, 특히 독립 과제와 쓰기를 포함함)으로 전이	자신의 요구(휴식, 도움)를 시각적 단서나 학교 생활에 적합한 용어로 전달하고 학업에 참여한다.	① 비선호 활동에서 벗어나고, ② 선호 과제에서 비선호 과제로의 전이를 시연시키며, ③ 성인의 관심(교사, 학교 심리학자)을 얻는다.

다음으로, PTR 촉진자는 팀에게 일과의 변화와 수면 부족이라는 배경사건이 앤서니의 물리적 공격에 어떻게 영향을 미치는지 질문하였다. 보조원은 앤서니가 피곤할 경우 더 빨리 물리적 공격을 보일 뿐 아니라 감정이 빠르게 고조된다고 답했다. 수면 부족의 패턴이나 빈도에 대한 질문에 교사와 보조원은 앤서니가 일주일에 1~2일 정도 졸린 모습을 보인다고 말했는데, 이는 앤서니가 주말이나 수요일에 아버지를 만나고 온 다음 날이었다. 마지막으로, PTR 촉진자는 앤서니가 피곤할 때만 물리적 공격을 나타내는지 충분히 휴식을 취하고 온 날에도 물리적 공격 행동을 보이는지 물었다. 교사와 보조원은 앤서니의 물리적 공격이 피로와 관계없이 발생한다고 진술했다. 팀은 수면 부족이라는 요인이 배경사건에 포함될 수는 있으나, 수면이 부족하지 않을 때도 앤서니의 행동이 발생하기 때문에 학업과제와 관련된 다른 사건이 가설과 중재를 위해 고려해야 할 주요 배경사건이라는 결론을 내렸다. 또한 팀은 단순한 일과의 변화가 물리적 공격 행동을 유발하지는 않는다는 데 동의했다. 그 대신, 선호 활동에서 비선호 활동으로의 전이가 예측력 높은 유발자극이라는 점에 합의가 이루어져 이 유발자극이

PTR 기능평가 요약표에 추가되었다. PTR 촉진자는 행동의 기능과 물리적 공격에 뒤따르는 후속결과를 검토하였다. 논의를 통하여 팀은 공격 행동의 주요 기능이, ① 비선호 과제에서 벗어나는 것, ② 교사의 관심을 얻는 것이라고 판단하였다. 앤서니의 도전행동은, 특히 앤서니가 타임아웃되거나 학교 심리학자에게 보내지는 경우 과제를 지연시키거나 과제에서 벗어나게 해 주었다. 또한 도전행동은 앤서니가 좋아하는 교사나 학교 심리학자에게 관심을 얻게 해 주었다.

도전행동을 보이는 환경과 관련된 논의가 끝난 후 팀은 요약표의 나머지 부분인 도전행동이 발생하지 않는 환경적 사건들에 대한 논의를 이어 나갔다. 이 정보를 검토함으로써 팀은 앤서니의 행동이 그의 정서행동장애 때문이 아닌, 교실 환경에서 일어나는 사건의 패턴 때문임을 알게 되었다. 이는 팀이 앤서니에 대해 긍정적인 진술을 하게 만들었다. 담임교사는 "앤서니의 행동이 사건의 패턴 때문이라는 것을 알게 되니 앤서니를 보는 시각이 달라지고 앤서니에게 실행할 다양한 중재들을 생각해 보게 되네요."라고 말했다.

팀은 앤서니의 물리적 공격에 대한 가설에 빠르게 동의했다(〈표 D-3〉 참조). 주요 유발자극은, ① 쓰기를 동반하고 5분 이상 지속되는 어려운 독립 과제, ② 선호 활동에서 비선호 활동으로의 이동을 들 수 있다. 공격 행동의 기능은 주로 비선호 과제의 중단이나 지연 그리고 좋아하는 교직원(예: 교사, 학교 심리학자)에게 관심 얻기였다. 팀은 물리적 공격 행동을 요구(휴식 시간, 도움, 관심 등) 표현하기로 교체하는 행동 가설을 실행해 보기로 했다. 팀은 또한 이 중재가 안토니의 학업참여행동을 증가시킬 것이라는 점에서도 만족스러웠다. 팀은 다음 단계인 행동중재계획을 개발할 생각에 기대감이 넘쳤다.

회의 종료 시, 팀은 세 번째 회의 날짜와 시간을 정했다. PTR 촉진자는 다음 회의에서 다룰 안건을 소개하였다. 팀원은 다음 회의에서 PTR 중재 목록과 중재에 대한 설명을 검토하고, 각 영역에서 실행할 최우선 중재를 선정해야 했다. PTR 촉진자는 각 영역에서 앤서니의 가설에 맞는 몇 개의 중재에 강조 표시를 했다. 촉진자는 팀에게 이 중재들을 신중하게 읽어 본 후 중재를 선택할 때 고려해 달라고 부탁했다. 각 팀원은 주말까지 구글에 들어가서 PTR 중재 목록을 완성하기로 하였다. PTR 촉진자는 모든 선택을 수합한 후 요약본을 준비하여 팀이 각 영역에서 최우선 전략을 선정할 수 있도록 준비하겠다고 말했다. PTR 촉진자는 평소의 회의는 1시간 정도 소요되었지만 이번 회의는 선택된 전략을 정확히 이해한 후 행동중재계획을 수립해야 해서 1시간 반에서

2시간 정도 소요될 것이라고 하며 두 가지 옵션을 제시했다. 첫 번째 옵션은 한 번에 행동중재계획을 완성하기 위하여 회의 시간을 2시간으로 연장하는 것이었고, 두 번째 옵션은 회의를 1시간씩 두 번에 나누어 진행하는 것이었다. 팀은 첫 번째 옵션을 선택했다. 학교 심리학자는 교장에게 연장된 회의 시간 동안 교사와 보조원의 수업을 대신해 줄 교직원을 요청해 보겠다고 말했다. PTR 촉진자는 팀원의 시간과 노력에 대한 감사를 전하며 교사와 보조원에게 다음 미팅을 위해 매일 개별화된 행동 평정 척도 자료를 입력해 달라고 부탁했다.

4. 세 번째 회의: 4단계 PTR 중재

팀은 개별화된 행동 평정 척도 자료를 검토하면서 세 번째 회의를 시작하였다. 교사와 보조원은 이 도구가 교수 환경을 최소한으로 방해하면서 앤서니의 표적 행동을 정확하게 측정할 수 있게 해 주었음을 지속적으로 언급하였다. 그들은 이제 행동중재계획을 작성할 준비가 되었다고 말했다.

팀은 PTR 촉진자가 요약한 표를 보며 각 팀원이 선택하고 순위를 매긴 중재의 결과를 확인했다(〈표 D-4〉 참조). 영역별로 팀이 선택한 전략은 거의 동일했다. 중재 순위를 확인한 후, 팀은 가장 많은 팀원이(교사와 학교 심리학자) 예방 중재에서 1순위로 선택한 '과제 요구 수정'을 실행하기로 합의하였다. 또한 팀은 모든 팀원이 1순위 전략으로 순위를 매기지는 않았지만 3명의 팀원이 선택한 '선택 기회 제공'의 실행에도 관심을 보였다. 팀은 동일 기능 교체행동인 휴식 요청하기를 앤서니에게 교수할 수 있을 것이라는 점에 동의했다. 또한 교사와 학교 심리학자는 개별화된 행동 평정 척도에서 학업 행동을 추적하고 있기 때문에 앤서니의 학업참여가 향상되기를 원한다고 말했다. 마침내 팀은 휴식 요청하기 및 학업참여에 대한 강화 전략을 개발하기로 결정했고, 그들이 도전행동에 반응하던 방식을 바꾸어 앤서니가 더 이상 물리적 공격을 통해 비선호 과제를 지연시키거나 피하지 못하게 하기로 했다. 또한 팀은 물건을 던지거나 주먹을 휘두르는 행동 등으로 앤서니의 공격 행동이 고조될 때 안전 계획이 필요한지에 대해서도 논의했다. 그들은 먼저 핵심적 행동중재 전략을 개발한 후 안전 계획 중재에 대해서도 논의하기로 결정했다.

표 D-4 앤서니 지원팀이 선택한 전략에 대한 중재 순위표

PTR 중재 순위표

학생명: _____앤서니_____ 날짜: _____

가설: 앤서니는, ① 비선호하는 학업과제, 특히 쓰기를 동반하고 5분 이상 지속되는 어려운 독립 과제를 하도록 요
청받거나, ② 선호 활동(체육 시간, 자유 시간)에서 비선호 활동으로 이동하게 되면 물리적 공격을 보인다
(책상 위 물건을 바닥으로 던지기, 교재 훼손, 의자 밀거나 넘어뜨리기, 교사나 또래에게 주먹 휘두르기).
그 결과로 앤서니는, ① 비선호 활동에서 벗어나거나 전이를 지연시키고, ② 교사의 관심을 얻는다.

예방	순위	교수	순위	강화	순위
과제 요구 수정 (2명의 팀원이 1순위로 선택. 교사가 1순위로 선택)	1	교체행동 교수 • 동일 기능 교체행동 교수: 휴식 요청(3명의 팀원이 1순위로 선택) • 바람직한 대안행동 교수: 학 업참여(2명의 팀원이 2순 위로 선택)	1	교체행동 강화 • 동일 기능 강화(지연/회 피) (3명의 팀원이 1순위 로 선택) • 기타 강화(휴식 시간 얻 기, 참여 중단) (3명의 팀 원이 2순위로 선택)	1
선택 기회 제공 (3명의 팀원이 선택, 그중 1명이 1순위로 선택)	2	일반적인 대처 전략 교수 (2명의 팀원이 각각 2순위, 3순위로 선택)	2	도전행동에 대한 강화 중단 (2명의 팀원이 3순위로 선 택)	2
환경적 지원 (2명의 팀원이 2순위로 선택)	3	문제해결 전략 교수 (1명의 팀원이 2순위로 선택)	3		
전이 지원 (1명의 팀원이 3순위로 선택)	4				

　　그 후 PTR 촉진자는 교사가 실행할 각 중재의 절차를 논의하였다. 팀이 구체적인 중
재를 개발하도록 돕기 위해 PTR 촉진자는 팀에게 여러 환경과 일과에서 적용될 중재
를 개발하기 원하는지, 도전행동이 나타날 가능성이 매우 큰 하나의 일과와 사건에만
집중하기 원하는지 질문했다. 팀은 쓰기가 요구되고 5분 이상 지속되는 독립 과제 시
간에 초점을 맞추기로 결정하였고, 언어 및 쓰기 시간에 실행될 초기 중재를 계획하기
로 했다. PTR 촉진자는 팀이 선택한 두 가지 **예방** 전략인 '선택 기회 제공'과 '과제 요구
수정'을 위한 몇 가지 옵션을 논의했다. 첫째, 팀은 교사가 먼저 앤서니에게 '장소의 선

택'(예: 책상 또는 원탁에서 과제 하기) 혹은 '과제 내 선택'(예: 연필과 펜 중에 선택하기, 지우개 색깔 선택하기)을 제공하는 데 동의했다. 다음으로, PTR 촉진자와 팀원은 과제 요구를 어떻게 변화시키면 앤서니가 쓰기 과제를 덜 싫어할지를 논의하였다. 팀원은 교사가 앤서니가 작성해야 할 질문에 강조 표시를 해 두거나 쓰기 분량을 반으로 줄인 과제를 제공하여 앤서니의 쓰기 학습량을 줄일 수 있다고 결론 내렸다. 이렇게 초반에 정해진 학습량은 앤서니가 50% 이상 완수하는 모습을 보이기 시작하면 점차 증가될 것이었다. PTR 촉진자는 교사와 보조원에게 수업 시간 중 언제, 어떻게 이 중재를 실행할 수 있을지에 대한 구체적인 질문을 던졌다. 〈표 D-5〉는 팀이 동의한 최종 행동중재계획이다.

　PTR 촉진자는 교사와 다른 팀원들에게 앤서니가 휴식 요청하기를 어떻게 배울 수 있을지에 초점을 맞춰 달라고 부탁했다. 팀원에게 제시된 일련의 질문에 답하는 과정을 통해 팀은 앤서니가 휴식 카드 사용 방법을 배울 수 있을 것이라고 판단했다. 실행 단계에는 휴식 카드를 사용하도록 언제 촉진을 제공할 것인지(즉, 선행사건 직후나 도전행동 전), 독립적으로 휴식 카드를 사용하였을 때 어떻게 교사의 관심을 얻을 것인지, 휴식 요청에 대해 교사가 어떻게 즉각적으로 반응할 것인지, 앤서니가 휴식 카드를 사용할 수 있도록 교사가 어떻게 지도할 것인지 등이 포함되었다. 또한 그들은 휴식 동안 앤서니가 무엇을 할 것인지와 휴식 지속시간에 대해서도 논의했다. 휴식 요청의 목적이 앤서니가 과제에서 잠깐 벗어나게 해 주는 것이기 때문에 팀원은 휴식이 2분 이내여야 하고 그동안 어떤 과제도 하지 않는 대신 책상 앞에 앉아 있게 하기로 결정했다. 팀원은 앤서니가 2분의 휴식 후 과제로 돌아오기 위한 동기부여 방안을 논의한 후 이 전략이 앤서니의 학업참여행동 교수 및 강화와 연계될 수 있다고 판단했다. 활동에 참여할수록 앤서니는 과제에서 벗어날 수 있는 시간을 더 많이 얻을 수 있고, 그 시간 동안 자신이 선호하는 활동을 할 수 있다. 한편, 팀원은 앤서니가 공격 행동을 보일 때 어떻게 할 것인지 논의한 끝에 강도가 약한 공격 행동의 첫 신호(예: 반항 시작하기, 책상 위에 있는 학습 자료 빙빙 돌리기)가 있을 때 휴식 카드를 사용하도록 즉시 재지시하기로 결정했다.

　마지막으로, 팀원은 안전 계획 혹은 위기 계획의 필요성에 대해서도 논의했다. 팀원은 이 계획이 앤서니의 공격 행동이 고조되는 것을 효과적으로 예방할 수 있을 것이라고 판단했다. 팀원은 안전 계획을 잠시 유보하고 일주일 이내에 자료를 다시 검토하기로 했다. 자료를 검토한 결과 안전 계획이 필요하다고 판단되면, 다음 회의에서 안전 계획을 개발하기로 했다. 〈표 D-5〉는 앤서니의 PTR 행동중재계획 최종안이다. 회의는 90분 동안 지속되었으나 팀원은 이 시간이 가치있었다고 평가했다. 모두가 계획에 만족하였을 뿐 아니라 교사의 의견을 바탕으로 개발된 단계들은 팀이 정확하고 일관성 있게 계획을 실행할 가능성을 높일 것이었기 때문이다. PTR 촉진자는 교사와 보조원에게 중재계획 훈련을 위해 다음 2~3일 동안 30~45분 정도의 시간을 내 달라고 요청하며 미팅을 마쳤다.

표 D-5 앤서니의 PTR 행동중재계획 최종안

PTR 행동중재계획 과제분석

학생명: 앤서니 톰슨 날짜:

가설: 앤서니는, ① 비선호하는 학업과제, 특히 쓰기를 동반하고 5분 이상 지속되는 어려운 독립 과제를 하도록 요청받거나, ② 선호 활동(체육 시간, 자유 시간)에서 비선호 활동으로 이동하게 하면 물리적 공격을 보인다 (책상 위 물건을 바닥으로 던지기, 교재 훼손, 의자 밀거나 넘어뜨리기, 교사나 또래에게 주먹 휘두르기). 그 결과로 앤서니는, ① 비선호 활동에서 벗어나거나 전이를 지연시키고, ② 교사의 관심을 얻는다.

중재 유형	구체적인 단계	실행을 위한 준비 사항
〈예방 행동중재〉		
선택 기회 제공	쓰기를 동반하는 5분 이상의 독립 과제를 수행하는 동안 앤서니에게 선택 기회가 제공된다. 선택 영역은 '과제 내 선택'(예: 펜이나 연필, 연필 색깔, 지우개의 색깔이나 모양, 색지나 백지)과 '장소 선택'(예: 책상, 원탁) 두 가지로 제시된다. 단계: 1. 학급 전체나 앤서니에게 독립 과제를 하도록 지시한 직후, 앤서니에게 다가가서 선택을 제공한다(예: 과제 내 선택, 장소 선택) 2. 선택을 제공할 때 선택지를 명확하게 말한다(예: "앤서니, 오늘 쓰기 과제할 때 펜으로 할래, 연필로 할래?"). 3. 앤서니가 선택한 것을 즉시 주면서 긍정적인 칭찬을 한다(예: "선택해 줘서 고마워. 자, 여기 펜이야").	
과제 요구 수정	교사는 앤서니의 독립적 쓰기와 5분 이상 지속되는 비선호 과제를 검토하고 어떻게 학습량을 줄일 수 있을지 결정한다.	미리 강조 표시된 종이, 교사

〈계속〉

	단계: 1. 매주 월요일 아침 혹은 하루 일과 시작 시간에 교사는 앤서니가 독립 과제를 수행해야 할 시간과 5분 이상 지속되거나 쓰기가 수반되는 과제를 검토한다. 교사는 앤서니가 답할 질문에 강조 표시를 해 두거나 앤서니가 완성해야 할 쓰기의 양을 줄이는 방법을 결정한다. 2. 초반에는 50%까지 과제를 줄인다(예: 전체 12개의 질문 중 6개 질문에만 강조 표시, 보통 쓰기 과제가 한 페이지 정도라면 반 페이지 정도의 영역에만 강조 표시) 3. 과제를 제시한 직후 교사는 앤서니를 교사의 책상으로 불러 과제 분량이 변화된 것을 확인시켜 준다.	

〈교수 행동중재〉

교체행동:	독립적 쓰기와 시간이 걸리는 과제에서 벗어나기 위해 휴식 카드를 사용하는 방법을 앤서니에게 지도한다. 코팅하여 벨크로를 부착한 휴식 카드를 앤서니에게 준다.	휴식 카드, 상담가
휴식 요청하기: 비선호 과목의 독립 과제	단계: 실행 전 1. 교실에서 중재를 실행하기 전 교사는 다른 학생이 없는 동안 앤서니에게 휴식 카드 사용 방법을 교육한다. 2. 교사는 "네가 쓰기나 시간이 걸리는 과제를 하고 있을 때 최대 2분까지 활동을 멈출 수 있는 이 휴식 카드를 사용할 수 있어. 네가 휴식 시간을 갖고 싶다는 것을 내가 알 수 있도록 휴식 카드를 들어 줘(시범 보이기). 그러면 내가 타이머로 2분을 설정할 거고 너는 타이머가 울릴 때까지 편안히 앉아서 느긋하게 시간을 보내면 돼. 타이머가 꺼지면 과제를 다시 시작할 수 있어. 아니면 또 다른 휴식 시간을 요청할 수도 있어. 만약 네가 과제를 다시 시작하기로 하고 2분 동안 과제에 집중하면 과제가 끝난 후 1분의 추가 자유 시간을 얻을 수 있어. 자, 어떻게 사용하는지 선생님한테 한번 보여 줄래?"라고 말하며 휴식 카드 사용법을 설명한다. 3. 교사는 휴식 카드 사용 방법을 모델링을 통해 보여 준다. 4. 교사는 앤서니가 독립 과제(수정된 과제들)를 하도록 요청받는 상황을 설정하고 휴식 카드를 사용하는 연습/역할극을 하게 한다. 5. 만약 앤서니가 독립적으로 휴식 카드를 사용하지 못하여 휴식을 어떻게 얻는지 경험하지 못한 상태라면, 교사는 모의 상황을 조성하여 앤서니에게 휴식 카드를 사용하도록 촉진하는 시범을 보일 것이다. 교사는 "우리가 내일 이것을 시작할 때, 선생님이 휴식 카드를 사용하는 것을 다시 말해 줄 수 있어. 만약 네가 휴식이 필요한 것처럼 보인다면 선생님이	

〈계속〉

	휴식 시간 카드 사용에 대해 얘기해 줄게. 나중에는 선생님이 얘기해 줄 필요도 없어질 거야. 그때는 선생님이 네 책상으로 다가가서 휴식 카드를 가리키기만 할게."라고 말한다. 실행 1. 처음 며칠 동안, 교사는 수정된 과제를 검토한 직후 앤서니가 잠깐의 휴식이 필요할 때 휴식 카드를 사용할 수 있다고 상기시킨다. 2. 처음 며칠 동안 교사는 아무리 경미하더라도 전조행동이 나타나면 이를 보는 즉시 앤서니에게 다가가 휴식 카드를 사용하라는 제스처를 취한다.
바람직한 대안행동: 학업참여 (과제 수행)	교사는 앤서니가 독립 과제 시간 동안 과제를 수행하도록 지원한다. 과제 수행은 다음을 포함한다. • 교재를 적절하게 다루며 과제 마치기 • 2분의 휴식을 끝낸 후 5초 이내에 과제로 돌아가기 • 또래에게 방해가 되지 않도록 손이나 물건을 가만히 두기 앤서니는 활동에 2분 동안 참여한 후 비선호 활동을 대신하여 1분 동안 자유 시간을 가질 수 있다. 자유 시간 1분은 토큰 한 개와 교환되어 투명한 용기에 담긴다. 교사는 활동 종료 후 앤서니가 자유 시간을 몇 분이나 얻었는지 확인하기 위해 토큰을 세어 보도록 지시한다. 이 중재는 학업참여시간을 늘림으로써 점진적으로 소거될 수 있다(예: 3분간 과제를 한 후 자유시간 1분 얻기). 단계: 1. 교사는 하루를 시작할 때나 독립 과제를 부여한 직후(예: 이번 과제가 지난 과제와 다른 점을 설명한 직후), 앤서니와 함께 과제 수행 행동의 정의를 복습한다. 교사는 첫째 날이나 둘째 날 행동의 바람직한 혹은 바람직하지 않은 예시를 모델링한 후 앤서니가 이것을 시연해 보도록 요청한다. 2. 교사는 과제 수행 행동을 했을 때 어떤 결과가 발생하는지, 1분이 어떻게 토큰이 되는지를 앤서니와 확인한다. 초반에는 2분 동안 과제에 참여하거나 2분의 휴식 후 5초 이내에 과제로 돌아가는 경우, 교사는 비선호 활동을 하는 대신 나중에 선호 활동을 할 수 있는 1분의 시간을 제공한다. 3. 앤서니가 학업에 참여해야 할 때, 교사가 타이머나 토큰 게시판을 가리킴으로써 앤서니의 참여행동을 촉진한다.

〈계속〉

〈강화 행동중재〉		
교체행동 강화: 휴식 요청하기	교직원은 앤서니가 휴식 카드를 들 때마다 2분의 휴식 시간을 준다. 단계: 1. 앤서니가 휴식 카드를 들어 올린 직후 교사는 "휴식이 필요하다는 것을 알게 해 주어 고마워."라고 말하고 앤서니의 휴식이 시작됐음을 알린다. 2. 교사는 타이머를 2분으로 설정한다. 3. 앤서니가 휴식을 취하는 동안 어떠한 상호작용도 하지 않는다. 4. 타이머가 꺼지면(아직 독립 과제가 끝나지 않은 상태라면) 교사는 과제와 토큰 게시판을 가리킴으로써 앤서니가 과제로 돌아가도록 촉진한다.	삐 소리가 나는 타이머, 교사
학업참여 강화	교사는 앤서니가 2분 동안 독립 과제와 정해진 쓰기를 할 때마다 1분의 자유 시간을 준다. 단계: 1. 앤서니가 2분 동안 과제에 참여하면서 또래의 과제를 방해하지 않았을 때나 2분의 휴식 후 자신의 과제로 돌아간 즉시 교사는 앤서니가 1분의 자유 시간을 얻었다는 표시로 투명 용기에 토큰 한 개를 넣는다. 2. 토큰이 용기에 떨어지면 교사는 긍정적인 말(예: "열심히 과제를 해서 1분을 더 얻었구나!")이나 제스처(예: 엄지손가락 치켜세우기)를 한다. 3. 교사와 앤서니는 과제 시간 종료 후 토큰을 센다. 4. 교사는 앤서니에게 언제 토큰을 사용할 것인지 묻는다(어떤 활동에서 벗어나 자유시간을 갖고 싶은지). 5. 교사는 선택된 시간에 강화와 긍정적인 말을 해 준다. "오늘 과제를 열심히 한 덕분에 자유시간을 가질 수 있구나!"	
도전행동에 대한 강화 중단	교사는 앤서니가 전조행동(예: 책상 위의 자료를 살짝 밀기, 약하게 반항하기)을 보인 직후에 교체행동을 하도록 재지시한다. 단계: 1. 전조행동을 보이기 시작한 직후에 교사는 조용히 앤서니에게 다가가 휴식 카드를 가리킨다. 2. 앤서니가 휴식 카드를 사용하지 않는다면 교사는 언어적 촉진을 제공한다(예: "휴식이 필요해 보이는구나. 어떻게 휴식을 요청해야 하는지 보여 줄래?") 3. 앤서니가 언어적 촉진 이후에도 휴식 카드를 사용하지 않는다면 교사는 휴식 카드를 들어서 언어적 지시를 내린다. "2분 동안 휴식 시간을 가지렴." 4. 타이머를 작동시킨다.	

1) 코칭/훈련 회기

중재계획 최종안을 바탕으로 개발된 PTR 실행평가서(코칭/충실도)는 각 중재의 효과적인 실행을 위한 주요 단계를 목록화한 것이다(〈표 D-6〉 참조). 실행평가서와 중재계획 최종안의 복사본이 팀원들에게 배부되었다. 팀은 각 단계를 하나씩 소리 내어 확인하는 동시에 이해되지 않는 부분에 대해서는 질문을 하며 중재계획을 검토했다. 다음으로, 촉진자는 전략 실행 방법을 모델링하며 이에 따른 질문들에 답하였다. 마지막으로, 교사와 보조원이 계획 실행을 위한 역할극을 실시한 후 촉진자와 상담가가 이에 대한 피드백을 제공하였다. 교사와 보조원은 역할극 동안 모든 중재를 연습하였고, 계획의 각 단계에 익숙해지게 되었다. 교사는 다음 날 앤서니에게 이 계획을 가르치고 그다음 날부터 중재를 시작하겠다고 말했다.

표 D-6 앤서니의 PTR 계획 실행평가서(코칭/충실도)

4단계: PTR 계획 실행평가서(코칭/충실도)

교사명: _____   학생명: ____앤서니____   날짜: _____

일과/활동/교과: _____

자기 평가 ☐   관찰 ☐   관찰자: _____

중재	중재 단계가 실행되었나요? (예/아니요/해당 없음)	이 중재가 행동에 바람직한 영향을 미쳤나요? (1=전혀 아니다 2=약간 그렇다 3=매우 그렇다)
예방		
선택 기회 제공		1 2 3
1. 요구를 표현하자마자 유효한 선택을 제공하기	예/아니요/해당 없음	
2. 선택한 것을 실제로 제공하기	예/아니요/해당 없음	
3. 긍정적인 말하기	예/아니요/해당 없음	
과제 요구 수정		1 2 3
1. 선택된 과제 줄이기	예/아니요/해당 없음	
2. 과제 부여 직후, 앤서니와 변경 사항 확인하기	예/아니요/해당 없음	

〈계속〉

교수		
휴식 요청하기		1 2 3
1. 앤서니의 책상에 휴식 카드 두기	예/아니요/해당 없음	
2. 과제 부여 직후 휴식 카드 사용법 복습하기	예/아니요/해당 없음	
3. 도전행동을 보이기 전에 휴식 카드를 사용하도록 촉진하기	예/아니요/해당 없음	
학업참여		1 2 3
1. 과제 부여 직후 학업참여행동 복습하기	예/아니요/해당 없음	
2. 도전행동을 보이기 전에 참여를 촉진하기	예/아니요/해당 없음	
강화		
휴식 요청하기		1 2 3
1. 휴식 요청 직후에 긍정적인 말하기	예/아니요/해당 없음	
2. 타이머를 2분으로 설정하기	예/아니요/해당 없음	
3. 휴식이 끝난 후 과제로 돌아가도록 촉진하기	예/아니요/해당 없음	
학업참여		1 2 3
1. 학업참여행동 후 토큰을 투명 용기에 넣기	예/아니요/해당 없음	
2. 과제 시간 종료 후 앤서니와 토큰 세기	예/아니요/해당 없음	
3. 앤서니에게 토큰을 사용할 시간을 선택하게 하기	예/아니요/해당 없음	
4. 앤서니가 요청한 시간을 실제로 제공하기	예/아니요/해당 없음	
도전행동에 대한 강화 중단		1 2 3
1. 전조행동의 첫 징후가 있을 때 휴식 카드를 사용하도록 재지시하기	예/아니요/해당 없음	

PTR 계획 실행평가 점수:
'예'의 개수 / ('예'의 개수 + '아니요'의 개수)

2) 실행

촉진자는 중재 실행 첫날에 지원과 수행 피드백을 제공하기 위해 PTR 실행평가서(코칭/충실도)를 가지고 수업을 참관했다(〈표 D-6〉 참조). 상담가도 실행 첫날 수업을 참관하였으며, 그 주와 그다음 주에 두 번에 걸쳐 충실도를 점검하는 것에 동의했다. 교사와 보조원 역시 자신들의 수행을 매일 평가하여 그 결과를 상담가와 촉진자의 점수와 비교하기로 했다. 촉진자는 다음 2주 동안 두 번의 충실도 점검을 위한 일정을 정했고, 그 후의 회기는 필요에 따라 진행하기로 했다.

5. 네 번째 회의: 5단계 진보 점검과 의사결정

교사와 보조원이 평가한 PTR 실행평가서(코칭/충실도)에 따르면 실행 초기 2주 동안의 충실도 평균은 74% 정도였다. 상담가가 평가한 두 번의 충실도 역시 70% 이상으로 확인되었고 상담가의 점수는 교사 및 보조원 점수와 10% 이내의 차이를 보여 실행충실도에 있어 높은 수준의 일치도를 보였다.

〈표 D-7〉은 2주 동안 중재계획을 실행한 후 작성된 개별화된 행동 평정 척도 그래프다. 앤서니는 PTR 절차를 실시하기 전에 공격 행동으로 인해 5일 간의 정학 처분을 받았었다.

표 D-7 2주간 계획 실행 후 앤서니의 개별화된 행동 평정 척도 그래프

5단계: 개별화된 행동 평정 척도

학생명: _____앤서니 톰슨_____ 날짜: _____

교사명: _____ 학교명: _____

행동	평정	기초선 2/12	2/13	2/17	2/18	2/19	중재 2/20	2/23	2/24	2/25	2/26	2/27	3/3	3/4	3/5	3/6	
물리적 공격	7번 이상	5	5	5	⑤	⑤	5	5	5	5	5	5	5	5	5	5	5
	5~6번	④	④	④	4	4	4	4	4	4	4	4	4	4	4	4	4
	3~4번	3	3	3	3	3	3	3	3	3	3	3	3	3	3	3	3
	1~2번	2	2	2	2	2	②	②	2	2	2	②	2	2	2	2	2
	0개	1	1	1	1	1	1	1	①	①	①	1	①	①	①	1	1
요구 표현하기	9번 이상	5	5	5	5	5	5	5	5	5	5	5	⑤	⑤	5	5	5
	7~8번	4	4	4	4	4	4	④	4	4	④	④	4	4	④	4	4
	5~6번	3	3	3	3	3	③	3	③	③	3	3	3	3	③	3	3
	2~4번	2	2	2	2	2	2	2	2	2	2	2	2	2	2	2	2
	0~1번	①	①	①	①	①	1	1	1	1	1	1	1	1	1	1	1
학업 참여	81~100%	5	5	5	5	5	5	5	5	5	⑤	⑤	⑤	5	5	⑤	5
	61~80%	4	4	4	4	4	④	4	④	④	4	4	4	④	4	4	4
	41~60%	3	3	3	3	3	3	③	3	3	3	3	3	3	3	3	3
	21~40%	2	2	②	2	2	2	2	2	2	2	2	2	2	2	2	2
	0~20%	①	①	1	①	①	1	1	1	1	1	1	1	1	1	1	1

〈계속〉

작성 요령	
도전행동	물리적 공격
시간/일과	✓ 하루 종일 ____ 특정 시간/일과:
정의	다음 중 하나의 발생: ① 물건 던지기: 손으로 책상에 있는 물건을 집어 바닥에 던지기, ② 교재 훼손: 학습지 찢기, ③ 방해행동: 책상에서 일어나거나 정해진 자리를 벗어나 의자를 밀거나 넘어뜨리기, ④ 위협 행동: 교사나 또래에게 주먹 휘두르기(실제로 때리지는 않음) • 하루 종일 앤서니의 물리적 공격이 발생한 횟수에 따라 평정함
	5 = 매우 심각한 날 = 7번 이상
	4 = 평소 정도의 심각한 날 = 5~6번
	3 = 보통 정도의 날 = 3~4번
	2 = 좋은 날 = 1~2번
	1 = 환상적으로 좋은 날 = 0번
동일 기능 교체행동/ 바람직한 대안행동	요구 표현하기
시간/일과	____ 하루 종일 ✓ 특정 시간/일과: 독립적 교수 일과 (읽기/언어, 쓰기, 수학, 사회)
정의	휴식이나 관심이 필요할 때 이를 적절한 방법(시각/신호/목소리)으로 표현하기 • 앤서니가 수업 중 자신의 요구를 표현하기 위한 행동을 보인 횟수에 따라 평정함
	5 = 환상적으로 좋은 날 = 9번 이상
	4 = 좋은 날 = 7~8번
	3 = 보통 정도의 날 = 5~6번
	2 = 평소 정도의 심각한 날 = 2~4번
	1 = 매우 심각한 날 = 0~1번
동일 기능 교체행동/ 바람직한 대안행동	학업참여
시간/일과	____ 하루 종일 ✓ 특정 시간/일과: 모든 수업 시간 (읽기/영어, 수학, 과학, 사회, 쓰기)

〈계속〉

정의:	주어진 학습지 완성하기, 도움을 받고 싶거나 요구 사항이 있을 때, 또는 발표를 하거나 질문에 대한 답을 하고 싶을 때 손 들기, 정해진 자리에 머물기 • 하루의 모든 수업 시간 중 앤서니가 학업에 참여한 시간의 비율에 따라 평정함
	5 = 환상적으로 좋은 날 = 81~100% 참여
	4 = 좋은 날 = 61~80% 참여
	3 = 보통 정도의 날 = 41~60% 참여
	2 = 평소 정도의 심각한 날 = 21~40% 참여
	1 = 매우 심각한 날 = 0~20% 참여

앤서니의 물리적 공격은 실행 2주 만에 급격히 줄어들었고 동시에 교체행동(휴식 요청하기) 및 학업참여행동은 증가하였다. 충실도 점검 결과, 교사는 평균 90%의 정확도로 중재 단계를 수행하고 있었다. 교사는 중재 효과가 매우 좋다고 평가했고, 팀원은 안전 계획을 고려할 필요가 없을 정도로 공격 행동이 극적으로 감소되었다고 진술했다. 또한 팀은 중재가 독립 과제 시간에만 실행되었는데도 앤서니가 다른 일과에서 휴식 요청하기 기술을 사용했다고 말했다. 팀은 이 계획을 2주 더 실행하기로 했다. 그동안 행동의 향상이 유지된다면 팀은 계획의 일부를 소거하기 시작할 것이다.

사례연구: 로건

1. 배경 정보

로건(Logan)은 7세의 초등학교 1학년 학생이다. 로건의 가족은 부모, 10세 형, 2세 여동생, 그리고 로건까지 총 5명이다. 로건의 아버지 토니(Tony)는 두 곳에서 일을 하느라 대부분의 시간에 집에 없다. 토니는 아내 수(Sue)를 잘 도와주는 편이지만 일 때문에 녹초가 되어 있을 때가 많다. 수는 가정주부지만 역시나 녹초가 되어 있는 상태다. 로건과 로건의 형은 같은 해에 자폐성장애 진단을 받았다. 수는 헌신적인 어머니로서 자녀들에게 최선을 다하고 있지만, 자녀들의 성장에 따라 점차 심해지는 행동에 대해 공포를 느끼고 있다.

로건은 4세에 자폐성장애로 진단받았고 유치원을 1년 더 다녔다. 로건은 유치원에서는 대다수의 또래보다 키가 컸고 1학년인 현재는 또래보다 상당히 몸집이 크다. 로건은 매우 제한적인 언어를 구사한다. 로건은 단어나 구를 반복하여 말하지만 이는 대부분 반향어이며, 매우 선호하는 활동에 참여하고 있을 때 주로 이러한 반향어를 사용한다. 로건은 말로 의사소통을 하는 대신, 뭔가 원하는 게 있을 때 다른 사람의 손을 잡고 그 사람을 원하는 곳으로 끌어당긴다. 로건의 언어 사용 능력은 당황하거나 불안하거나 또는 좌절하는 등 로건에게 도전적인 상황에서 감소하며 의사소통 시도는 성인을 밀거나 당기는 등의 신체적 행동으로 대체되어 나타난다.

로건의 개별화교육프로그램에는 언어적·학업적·사회적·행동적 기술에 대한 목표가 포함되어 있다. 학년 초에 로건은 보조원의 지원을 받아 일반학급에 있었지만 학기가 시작되고 몇 주가 지나자 안전과 진정을 위해 교실 밖에서 시간을 보내야 할 정도까지 행동이 악화되었다. 로건은 공격성 증가와 심한 탠트럼으로 인해 학년 중반까지 대부분의 시간을 교실 밖에서 보내고 있다.

로건의 교육팀은 이번 학년이 시작된 이래 최소한 월 1회 로건의 어머니를 만났다. 공격 행동의 증가와 적응행동의 급격한 감소는 로건을 더 제한적인 환경으로 배치하자는 논의까지 나오게 만들었다. 팀은 개별화교육프로그램상의 학업적 · 행동적 목표에 진전이 별로 없는데다 로건의 공격성이 점차 증가되어 좌절을 느끼는 중이었다. 수는 로건의 고조되는 행동이 가정에서도 증가하고 있으며 다른 형제자매에게도 영향을 미치고 있다고 보고하였다. 팀은 로건의 배치를 변경하기 전 PTR을 시도해 보기로 하고 이에 대한 주요 목표를 도전행동의 감소와 적절한 기술의 증가로 설정했다.

2. 첫 번째 회의: 1단계 팀 구성과 목표 설정

로건의 담임교사는 로건 부모의 동의하에 PTR 과정을 공식적으로 시작하였다. 학교 행동팀은 처음에는 PTR 과정의 실행을 주저하였지만, 결국은 배치를 변경하는 대신 취할 수 있는 좋은 시도라는 데 동의하였다. PTR 팀은 로건의 담임교사, 보조원, 로건의 개별화교육프로그램을 점검했던 특수교육 사례관리자, 회의에 꾸준히 참석할 수 있는 행동팀 구성원 중 한 명, 로건의 어머니, 언어치료사로 구성되었다. 학교 행정가도 참여를 요청받았으나 일정 조정이 어려워 참여할 수 없었다.

팀은 첫 번째 회의에서 원활한 의사소통의 흐름을 유지하는 것이 중요하다고 판단했다. 로건의 어머니가 집안일 때문에 가끔 이메일 확인을 못 할 때도 있다고 했지만, 모든 팀원에게 가장 효과적인 의사소통 수단은 이메일이었다. 팀은 로건의 어머니에게 PTR 관련 이메일이 발송되었다는 문자 메시지를 보내기로 했다. 또한 학교 행정가도 다른 모든 팀원과 함께 참조인으로 이메일을 받기로 했다. 모두의 일정에 맞는 회의 시간을 정하기가 쉽지는 않았으나 팀은 지속적으로 회의를 유지하기 위해 매주 화요일 오전 10시부터 1시간 동안 회의를 하기로 했다. PTR 촉진자는 유일하게 1시간 이상이 걸리는 회의는 중재계획을 위한 회의로 약 2시간이 걸린다고 말해 두었다. 이에 대해 팀은 이후 중재계획 회의를 해야 할 시기가 다가오면 다시 한번 시간에 대해 논의하기로 했다. 그들은 성취 가능한 목표를 수립하는 데 집중했다. 팀이 다양한 사람들로 구성되었기 때문에 규정을 정하고 각 회의에서 합의에 도달하기 위해 필요한 공동의 이해를 갖는 것이 중요하였다. 팀은 안건에 충실하되, 열린 자세를 가지고 솔직한 대화를 통해 회의에 참여하기로 했다.

이와 같이 구조적인 사항을 정리한 후 팀은 첫 번째 회의 안건(즉, 역할과 책임을 정하고 중재를 위한 초기 목표 설정하기)을 정하였다. 팀은 학교에서는 교사와 보조원이, 집에서는 어머니가 PTR의 주요 실행자가 되는 것에 동의했다. 팀은 행동팀에서 온 구성원이 행동 원칙에 대한 지식과 이해가 있기 때문에 회의의 촉진자가 될 수 있다고 판단했다. 담임교사는 회의를 기록하고, 이메일을 전송하며, 로건의 어머니에게 이메일 발송을 알리는 문자 메시지를 보내는 역할을 담당하기로 했다. 행동의 고조가 학교와 가정 모두에서 나타났기 때문에 팀은 다양한 장소에서 자료를 수집하는 것이 로건의 행동 향상에 도움이 될 것으로 판단했다. 따라서 학교에서는 보조원이, 가정에서는 로건의 어머니가 매일 자료를 수집하기로 했다.

1) 목표행동에 대한 판별, 정의, 우선순위 정하기

팀의 첫 번째 과제는 감소되어야 할 목표행동과 증가되어야 할 목표행동을 결정하는 것이었다. 도전행동이 여러 가지인데다가 지도해야 할 적절한 기술에 대한 팀원 간 의견이 달라서 이는 쉬운 작업이 아니었다. 모든 팀원의 의견을 반영하기 위해 PTR 촉진자는 목표 설정 서식을 팀원에게 배부한 후, 감소되어야 할 행동과 증가되어야 할 행동을 각각 세 가지씩 적어 보도록 요청했다. 협력적 브레인스토밍을 위해 대형 접착식 메모지를 벽에 부착한 후, 팀원들이 한 명씩 돌아가며 감소되어야 할 행동 세 가지와 증가되어야 할 행동 세 가지를 발표했고, 촉진자는 이를 받아 적으며 행동의 패턴과 공통점을 찾아냈다.

팀은 신속하게 행동 목록을 작성하였다. 증가되어야 할 행동 한 가지와 감소되어야 할 행동 한 가지를 결정하기 위해 PTR 촉진자는, ① 다양한 환경과 일과에서 나타나는 행동, ② 지속될 경우 학생의 학업 성공과 또래, 학교, 지역사회 활동의 접근에 영향을 미칠 행동, ③ 강도와 심각성으로 인해 즉시 다루어야 할 행동이 포함되도록 논의를 이끌었다. 이러한 조건에 맞지 않는 행동은 목록에서 삭제되었다. 그러나 여전히 이러한 기준을 충족하는 많은 행동이 목록에 남아 있었다.

PTR 촉진자는 예측 가능한 순서로 발생하는 행동, 즉 한 행동 후에 다른 행동이 연달아 발생하는 패턴을 가진 행동이 있는지 질문하였다. 팀은 특정한 순서에 의해 점진적으로 고조되는 연쇄적인 행동을 빠르게 판별하였다. 팀은 로건의 탠트럼이 다음과 같은 순서로 진행된다는 데 동의하였다. 탠트럼은 ① 언어적 저항, "싫어, 싫어, 싫어."라고 말하는 데서 시작하여 ② 고함치기와 소리 지르기, ③ 물건 던지기, ④ 때리거나 발로 차기, ⑤ 바닥에 드러눕기(소리를 지를 때도 있고 아닐 때도 있음), 때로 ⑥ 억지로 토하기로 이어진다. 도망치기도 매우 염려되는 행동이기는 했지만 팀은 현재 상황에서 탠트럼 행동의 연쇄적 발생이 가장 염려스러운 행동이라고 판단했다.

PTR 촉진자는 또 다른 대형 접착식 메모지에 '증가되어야 할 목표행동 한 가지'와 '감소되어야 할 목표행동 한 가지'라고 쓴 후 이것을 벽에 붙였다. 촉진자는 탠트럼의 행동 연쇄를 적은 후 어떤 행동을 자료 수집 및 중재의 목표로 할지 팀에게 질문했다. 팀은 때리기, 발로 차기, 물건 던지기와 같은 공격적인 행동을 선택하고 싶었지만 심도 있는 논의를 통해 탠트럼 행동 연쇄 초반에 행동을 바로 잡으면 그 이후의 행동은 일어나지 않을 것이 분명하다는 결론을 내렸다. 팀은 로건이 보이는 행동 연쇄의 시작인 "싫어, 싫어, 싫어."는 놓치기 쉬운 행동이므로 행동 연쇄의 다음 순서인 고함치기와 소리 지르기를 목표행동으로 삼기로 했다. 이때, 탠트럼이 순차적으로 고조되고 항상 같은 순서(먼저 고함치기와 소리 지르기로 시작하여 비명 지르기, 던지기, 때리거나 발로 차기로 이어지는)로 발생한다는 데 팀원 모두가 동의하는지 확인하는 것이 중요하다. 이러한 공통의 이해를 바탕으로 팀은 감소되어야 할 목표행동으로 고함치기와 소리 지르기를 선정하였다. PTR 촉진자는 팀이 각 행동을 측정 가능하고 관찰 가능한 용어로 정의하도록 안내하였다(〈표 E-1〉 참조).

증가되어야 할 행동을 선택하기 위해 다시 한번 한 명씩 돌아가며 자신의 의견을 발표하였고, 그 결과 팀은 증가되어야 할 목표행동을 두 가지로 좁혔다. 가장 중요한 목표로 선정된 것은 '시각적 일정표를 사용하여 일과 수행하기'였다. 또한 팀은 시각적 일정표를 이용하여 일과 수행하기 행동이 증가되고 나면 기대행동에 대한 직접 교수를 실시하기로 했다. 팀은 행동을 측정 가능하고 관찰 가능한 용어로 정의하였다(〈표 E-1〉 참조).

PTR 촉진자는 목표행동을 요약하면서 이 단계를 종료하였다. 팀은 PTR 기능평가에서 중점을 둘 도전행동을 탠트럼(고함치기와 소리 지르기)으로 결정하고, 대안행동으로 초점을 맞추어야 할 두 가지 행동을 '시각적 일정표를 이용하여 일과 수행하기'와 '기대행동 수행하기'로 결정했다.

표 E-1 로건의 PTR 목표 설정 서식

1단계: 목표 설정

학생명: _____ 로건 _____ 날짜: _____

안내문: 학생이 지금보다 좀 덜 하기를 바라는 1~3가지 행동과 좀 더 많이 하기를 바라는
1~3가지 행동을 왼쪽 칸에 기입하세요.

감소되어야 할 행동	
목표행동	조작적 정의
1. 탠트럼	1. 탠트럼은 하나의 행동이 다음 행동으로 고조되는 행동 연쇄를 의미한다. • 언어적 저항: "싫어, 싫어, 싫어."라고 말하기 • 고함치기/소리 지르기: 사회적으로 큰 소리를 내는 것이 적절하지 않은 상황에서 대화에 알맞은 음량을 넘어서는 큰 소리 내기 • 물건 던지기: 공중에 무언가를 힘차게 던지기 • 성인이나 또래를 때리거나 발로 차기 • 드러눕기: (사회적으로 허용되는 상황이 아닌데도) 앉거나 선 자세에서 갑자기 바닥으로 몸을 던지며 눕기. 소리 지르거나 발로 차기를 동반할 수도 있고 아닐 수도 있음
2. 도망치기	2. 정해진 공간을 이탈하기(예: 교실에서 벗어나려는 시도, 운동장에서 벗어나려는 시도)
증가되어야 할 행동	
목표행동	조작적 정의
1. 시각적 일정표를 사용하여 일과 수행하기	1. 하나의 일정을 마칠 때마다 그 일정에 해당하는 그림을 떼어내는 방식으로 시각적 일정표 사용하기(초기에는 그림의 수를 4개로 제한)
2. 기대행동 수행하기	2. 로건에게 세 가지 기대행동을 교수한 후 그것들을 시각적으로 게시하고 적절한 행동 강화하기
3. 사회성 기술 증가시키기	3. 로건이 친구에게 물건 건네는 방법을 교수하여 사회적 상호작용 확장시키기
4. 정해진 공간에 머무는 시간 늘리기	4. 쉬는 시간 동안 정해진 장소와 교실에 머무는 것을 포함하여 정해진 공간에 머무는 시간 늘리기

2) 개별화된 행동 평정 척도를 이용하여 진보 점검 시작하기

첫 번째 회의가 끝날 무렵 시간 관리자가 5분이 남았음을 알렸다. PTR 촉진자는 팀원들에게 개별화된 행동 평정 척도를 나눠 주며 목표행동과 관련하여 '최고의 날'과 '최악의 날'은 어떤 날인지, 이러한 행동이 어떻게 변화되기를 원하는지 생각해 보도록 요청했다. 또한 팀은 로건의 현재 수행 수준을 고려하여 바람직한 성과를 결정해야 했다. 팀은 다음 회의에서 개별화된 행동 평정 척도를 제작하고 자료 수집을 시작하기로 했다.

3. 두 번째 회의: 2단계 자료 수집

팀은 두 번째 회의를 시작하며 목표 설정 서식에서 감소 혹은 증가되어야 할 행동을 빠르게 검토하였다. 팀이 우선순위로 정한 각각의 행동에 대해 PTR 촉진자는 먼저 행동 발생 측정을 위한 가장 적절한 방법이 무엇인지 묻고 빈도, 강도, 지속시간 등의 차원 중 어떤 것을 선택할지 검토하였다(측정 방법의 검토와 적절한 방법의 선택에 관해서는 제3장 참조). 팀은 탠트럼 행동을 측정할 최선의 방법은 빈도 기록법이라고 판단하였다. 이는 목표행동이 탠트럼의 강도(intensity)가 아니라 행동 연쇄의 일부인 고함치기와 소리 지르기였기 때문이다. 행동 연쇄가 중단되면 다른 행동은 발생하지 않게 되므로 빈도가 강도보다 더 중요했다.

다음으로 PTR 촉진자는 행동을 언제 측정할지에 대해 질문하면서 행동 자료를 기록할 네 가지 옵션(하루 종일/특정 시간 동안/특정 일과 동안/특정 활동 동안)을 제공하였다. 보조원은 고함치기와 소리 지르기가 하루 종일 다양한 시간에 걸쳐 발생하기 때문에 하루를 통틀어 빈도를 세는 것이 좋겠다고 하였다. 학생에게 어떤 요구가 주어질 때마다 고함치기와 비명 지르기가 발생하는 것으로 보였기 때문에 팀 역시 이 행동이 하루 종일 발생한다는 데 동의하였다. 팀은 하루 종일 가정과 학교에서 각각 어떻게 빈도를 측정할지 의논하였다. 팀은 고함치기와 소리 지르기와 같은 탠트럼 행동이 발생할 때마다 누르기만 하면 되는 계수기(clicker) 여러 개를 구입하여 각자 지니고 다니기로 했다.

다음으로, PTR 촉진자는 팀원들에게 지난주에 로건을 관찰했던 것을 생각하면서 고함치기와 소리 지르기 행동을 평정해 보게 했다. 촉진자는 가장 최악의 날에는 몇 번의 빈도로 목표행동이 발생하는지 물었다. 로건의 어머니는 하루에 20회까지도 발생했다고 응답한 반면, 학교에서는 10~15회 정도 발생했던 것으로 나타났다. 팀은 15회를 초과하는 것이 리커트 척도에서 5점으로 체크될, 최악의 날로 볼 수 있겠다고 생각했다. 팀은 15회 초과인 경우 '매우 심각한 날'로 표시할지 '평소 정도의 심각한 날'로 표시할지에 대해 질문을 받았는데 모두가 15회 초과를 '매우 심각한 날'로 하자는 데 동의했다. PTR 촉진자는 또한 로건에게 '환상적으로 좋은 날'(1점)로 고려될 수 있는 빈도를 팀에게 질문했고 그에 대한 답은 0회였다. PTR 촉진자는 팀이 2점(좋은 날), 3점(보통 정도의 날), 4점(평소 정도의 심각한 날)에 배정되어야 하는 횟수(1~14회)를 어떻게 정하기 원하는지도 물었다. 팀은 1~4회가 좋은 날(2점), 5~9회가 보통 정도의 날(3점), 10~14회가 평소 정도의 심각한 날(4점)이 되는 것에 동의했다.

이 과정은 나머지 두 개의 목표행동에 대해서도 반복되었다. 하지만 나머지 행동은 증가되기를 원하는 행동이었기 때문에 척도는 반전되었다. 5점은 환상적으로 좋은 날이었고, 1점은 매우 심각한 날이었다(〈표 E-2〉 참조). 팀은 증가되어야 할 행동에 동일한 과정을 적용했고 로건에게 시각적 일정표를 사용하여 매일의 활동과 그 활동 내에서의 일과를 수행하도록 지도하기 위해 시간을 따로 정하기로 하였다. 이에 팀은 로건이 학교에 등교한 직후와 가정에서의 아침 일과 시간에 이를 지도하기로 결정하였고, 자료 수집도 이 시간에만 실시하였다. 기대행동의 경우에는 하루 내내 그 행동을 할 기회가 있으므로 자료 수집을 하루 전체에 대해 하는 것이 적절해 보였다. 팀은 기대행동의 빈도를 세는 것은 너무 번거롭다고 판단하고 하루 중의 발생률을 중심으로 평정 기준을 정하기로 했다. 팀원들은 각 발생률이 의미하는 것을 명백하게 정의하고 발생률을 이용한 평정 기준을 정하였다.

표 E-2 로건의 팀이 매일 사용할 개별화된 행동 평정 척도

2단계: 개별화된 행동 평정 척도

학생명: 로건 존스   날짜: _____

교사명: _____   학교명: _____

행동	평정	날짜																		
		2/12	2/13	2/17	2/18	2/19	2/20	2/23	2/24	2/25	2/26	2/27	3/3	3/4	3/5	3/6	3/7	3/10	3/11	3/12
탠트럼	15회 이상	5	5	5	5	5	5	5	5	5	5	5	5	5	5	5	5	5	5	5
	10~14회	4	4	4	4	4	4	4	4	4	4	4	4	4	4	4	4	4	4	4
	5~9회	3	3	3	3	3	3	3	3	3	3	3	3	3	3	3	3	3	3	3
	1~4회	2	2	2	2	2	2	2	2	2	2	2	2	2	2	2	2	2	2	2
	0회	1	1	1	1	1	1	1	1	1	1	1	1	1	1	1	1	1	1	1
일과 수행하기	독립적	5	5	5	5	5	5	5	5	5	5	5	5	5	5	5	5	5	5	5
	촉진	4	4	4	4	4	4	4	4	4	4	4	4	4	4	4	4	4	4	4
	부분적 도움	3	3	3	3	3	3	3	3	3	3	3	3	3	3	3	3	3	3	3
	전적인 도움	2	2	2	2	2	2	2	2	2	2	2	2	2	2	2	2	2	2	2
	거부	1	1	1	1	1	1	1	1	1	1	1	1	1	1	1	1	1	1	1
기대 행동 수행하기	76~100%	5	5	5	5	5	5	5	5	5	5	5	5	5	5	5	5	5	5	5
	51~75%	4	4	4	4	4	4	4	4	4	4	4	4	4	4	4	4	4	4	4
	26~50%	3	3	3	3	3	3	3	3	3	3	3	3	3	3	3	3	3	3	3
	1~25%	2	2	2	2	2	2	2	2	2	2	2	2	2	2	2	2	2	2	2
	0%	1	1	1	1	1	1	1	1	1	1	1	1	1	1	1	1	1	1	1

〈계속〉

작성 요령	
도전행동	탠트럼
시간/일과	✓ 하루 종일　　　　　_____ 특정 시간/일과:
정의	큰 소리를 내는 것이 적절하지 않은 상황에서 대화에 알맞은 음량을 넘어서는 큰 소리 내기. 이 행동의 결과로 로건은 지시를 따르지 않을 수 있게 됨 • 고함치기/소리 지르기의 탠트럼 행동을 보인 횟수에 따라 평정함

	5 = 매우 심각한 날	=	15회 이상
	4 = 평소 정도의 심각한 날	=	10~14회
	3 = 보통 정도의 날	=	5~9회
	2 = 좋은 날	=	1~4회
	1 = 환상적으로 좋은 날	=	0회

동일 기능 교체행동/ 바람직한 대안행동	시각적 일정표를 사용하여 일과 수행하기
시간/일과	_____ 하루 종일　　　✓ 특정 시간/일과: 등교 시간과 가정에서의 아침 일과 시간
정의	일과 중 최대 4개의 활동에 대해 시각적 일정표 따르기(일정표 바라보기, 일정표에 있는 과제나 활동 하기, 활동이나 과제를 마친 후 그림 떼어 내기) • 등교 시간과 가정에서의 아침 일과 수행을 위해 로건이 필요로 하는 도움의 수준에 따라 평정함

5 = 환상적으로 좋은 날	=	모든 단계 독립 수행
4 = 좋은 날	=	일정표/과제 가리키기와 같은 촉진이나 제스처가 있으면 수행
3 = 보통 정도의 날	=	활동이나 과제에 대한 부분적 도움을 받아 수행
2 = 평소 정도의 심각한 날	=	활동이나 과제에 대한 전적인 도움을 받아 수행
1 = 매우 심각한 날	=	활동이나 일과를 종료시키는 탠트럼과 거부

동일 기능 교체행동/ 바람직한 대안행동	기대행동 수행하기
시간/일과	✓ 하루 종일　　　　　_____ 특정 시간/일과:
정의	기대행동으로 정의된 적절한 행동 수행하기 • 하루 종일 기대행동으로 정의된 적절한 행동을 보인 시간의 비율에 따라 평정함

〈계속〉

5 = 환상적으로 좋은 날	=	76~100%의 비율로 기대행동 수행
4 = 좋은 날	=	51~75%
3 = 보통 정도의 날	=	26~50%
2 = 평소 정도의 심각한 날	=	1~25%
1 = 매우 심각한 날	=	0%

개별화된 행동 평정 척도가 완성되자, PTR 촉진자는 팀원에게 전날(월요일)을 돌아보며 세 가지 행동에 대한 로건의 수행을 평정해 보게 했다. 또한 평정 결과에 대해 왜 그렇게 평정하였는지 발표해 달라고 부탁했다. 모든 팀원이 각각의 행동 평정 결과에 동의했고, 현재의 개별화된 행동 평정 척도가 매일 행동을 평정하기에 적합하다고 결론지었다.

시간 관리자는 5분이 남았음을 알렸고, 팀은 다음 회의 주제인 PTR 기능평가로 화제를 전환하였다. 촉진자는 PTR 기능평가 체크리스트를 팀원에게 나눠 주고 감소되어야 할 목표행동란에 고함치기와 소리 지르기를 적어 넣게 했다. 촉진자의 설명을 들으며 팀원들은 PTR 기능평가 체크리스트를 살펴보았다. 팀원들은 다음 한 주 동안 각자 서식을 완성하여 회의 하루 전날인 월요일까지 촉진자에게 제출하기로 했다. 다음 회의의 안건은 수합된 PTR 기능평가 정보를 검토하고 이를 정리하여 합의된 가설을 수립하는 것으로 정했다.

4. 세 번째 회의: 3단계 PTR 기능평가

각 팀원은 자신이 완성한 PTR 기능평가 체크리스트를 월요일에 촉진자에게 전달하였고, 로건의 어머니는 회의 때 체크리스트를 가져오기로 했다. 촉진자는 팀이 완성한 PTR 기능평가 결과를 회의 하루 전에 PTR 기능평가 요약표에 정리하였다(〈표 E-3〉 참조). 촉진자는 회의 중 팀과 함께 추가로 확인해야 할 내용에 강조 표시를 해 두었다. 촉진자는 이 정보를 프로젝터로 띄울 수 있는 그래픽으로 정리하였다.

표 E-3 로건의 PTR 기능평가 요약표와 가설

3단계: PTR 기능평가 요약표

학생명: ___로건___   학교명: _____   날짜: _____

행동	선행사건 (예방 자료)	기능 (교수 자료)	후속결과 (강화 자료)

탠트럼
(고함치기/
소리 지르기)
	도전행동의 발생 가능성이 큰 상황:
	
	전이와 활동들
	• 선호하는 것에서 비선호하는 것으로
	• 대집단 · 소집단
	  – 또래/협력적 작업
	환경
	• 비선호 과제를 해야 할 때
	  – 선호 과제 중단
	  – 비선호 과제 시작
	  – 과제 시작하라는 요구
	• 선호 과제에서 비선호 과제로의 전이
	  – 선호 과제 종료
	  – 일정 변화
	• 협력적 작업—특정 또래 옆자리
	  – 보조원이 다른 학생을 돌볼 때
	배경사건
	• 일과 변경
	• 피로
		가장 가능성 있는 기능:
		
		관심
		• 부모
		• 보조원
		
		지연/중단
		• 전이
		• 비선호 활동
		• 일과/일정 변화
		• 전이의 지연/종료
			가장 전형적인 반응:
			
			관심
			• 도움 제공
			• 언어적 재지시
			• 꾸중
			
			중단/지연
			• 활동 지연
			• 활동 변경
			• 활동 종료

가능한 가설			
	조건	행동	행동의 결과
도전 행동	로건이 적극적으로 참여하고 있는 활동에서 다른 활동으로 전이하게 할 때와 성인의 지시를 따르도록 요청받을 때	고함치고 소리를 지른 후 물건 던지기, 때리기/발로 차기, 바닥에 드러눕기 등의 행동을 한다.	성인에게 관심을 받고 적극적으로 참여하고 있던 활동에서 다른 활동으로의 전이를 지연, 변경 또는 종료시킨다.
교체 행동	로건이 적극적으로 참여하고 있는 활동에서 다른 활동으로 전이하게 할 때와 성인의 지시를 따르도록 요청받을 때	한 활동에서 다른 활동으로 전이 시 시각적 일정표를 사용하여 2분을 지연시킬 수 있는 옵션을 얻는다.	성인에게 관심을 받고 적극적으로 참여하고 있던 활동에서 다른 활동으로의 전이를 지연, 변경 또는 종료시킨다.

개별화된 행동 평정 척도를 검토하고 질문이나 염려 등을 확인하는 것으로 회의가 시작되었다. 학교와 가정 간 평정 결과는 상당히 유사했다. 가정의 경우 감소되어야 할 행동이 몇 차례 더 심하게 나타났다. 로건의 어머니는 이 문제를 가정에서 일어난 사건과 연관지어 이야기했고, 이를 들은 팀은 그 정도의 편차는 괜찮다고 판단했다. 전체적으로, 거부하기로 이어지는 고함치기와 소리 지르기의 탠트럼은 보통 하루에 10~14회 정도 발생하였으며, 급상승 패턴 중 몇 번은 가정에서, 한 번은 학교에서 나타났다. 팀은 지난 한 주간 수집된 자료가 평상시와 크게 다르지 않다고 느꼈다. 또한 팀원들은 자료가 믿을 만하다고 느꼈고, 자료 수집 방법이 간단하다는 데 만족하였다.

다음으로, 촉진자는 PTR 기능평가에 대한 토론으로 화제를 전환한 후 프로젝터를 띄웠다. 촉진자는 강조 표시를 해 둔 정보부터 확인하기 시작했다. 그런 다음 팀은 **예방** 영역부터 시작하여 PTR 기능평가의 세 영역을 면밀히 검토하면서 탠트럼 행동에 대한 공통적인 유발자극과 적절한 행동을 촉발하는 상황이 무엇인지에 대한 논의를 이어나갔다. 촉진자는 각 팀원에게 예방 영역 서식의 선호 활동과 비선호 활동을 묻는 질문에 어떻게 답했는지 물었다. 보조원은 로건이 수업 중에 적극적으로 참여하는 모든 활동이 선호 활동이라고 설명했다. 고함치기와 소리 지르기는 로건이 참여하던 활동이 중단되거나 변경되었을 때 발생하곤 했다. 보조원은 또한 협동적 상호작용 활동 시 또래와 함께 있는 것도 하나의 유발자극이라고 말했다. 담임교사는 선호 활동의 중단을 로건이 현재하고 있는 활동의 중단이라고 정의했고, 비선호 활동은 로건이 수행 중인 활동이 아닌 다른 활동이라고 정의했다. 이는 팀이 일과에서의 전이나 일정 변경에 대해 더 깊이 생각해 보게 했다.

팀은 이 논의를 통해 주목할 만한 변화를 경험했다. 이전에는 도전행동을 반항적인 것으로만 생각하여 로건이 보이는 행동에 좌절하였지만 이제는 로건이 활동 간 이동과 교사의 지시 따르기를 포함하여 한 활동에서 다른 활동으로 이동하도록 요구받을 때 경험하는 어려움을 이해하게 된 것이다. 한편, 점심 식사 같은 활동을 할 때는 적절한 행동이 많이 나타났다. 팀은 그 이유를 논의했는데, 구체적으로 살펴보니 식사 시간은 명확한 시작·중간·끝이 있었고, 일반적으로 또래와 어울릴 일이 없었다.

논의가 진행됨에 따라 회의 분위기도 바뀌었다. 이야기를 나누며 팀은 에너지가 넘치게 되었고, 로건의 변화 가능성에 대한 흥분을 표현했다. 로건의 어머니는 이전까지 패배감이나 압도당한다는 느낌을 받아 왔으나 이제는 역량이 강화됨을 느낀다고 말했다. 팀은 로건의 행동을 다른 관점에서 생각하게 되었고, 사후 대처 방식으로 도전행동에 대응하기보다는 예방적으로 접근하게 되었다는 데 동의했다. 언어치료사가 행동전략을 공유하자 촉진자는 팀원들에게 전략은 다음 회의에서 다루겠다고 알렸다. 촉진자는 이번 회의의 목적이 PTR 기능평가에 기반하여 행동에 대한 가설문장을 개발하는 것임을 상기시키며 안건으로 돌아갔다. 언어치료사는 자기도 모르게 전략을 연결지어 생각하게 되었다고 웃으며 말했다. 다른 팀원들 역시 PTR 기능평가 자료를 분석하다 보니 자신도 모르게 해결책을 떠올리게 되어 이를 억제하기가 어렵다고 하였다. 그러나 팀은 전략 고안하기를 잠시 멈추고 행동을 더 잘 이해해야 지금까지 사용해 온 전략과 그 전략의 실행방법을 바꿀 수 있다는 데 동의했다.

팀은 로건의 탠트럼에 대한 가설문장을 어렵지 않게 개발할 수 있었다(〈표 E-3〉 참조). 주요 유발자극은 로건이 활발하게 참여하고 있던 과제나 활동으로부터 전이가 발생하거나 성인의 지시를 따라야 하는 것이었다. 행동의 기능은 주로 회피, 지연, 성인의 관심이었다. 팀은 활동이나 과제에 명확한 시작·중간·끝이 있게 하고, 가능한 경우 2분 동안 전이를 지연시킬 수 있는 옵션을 제공하면 탠트럼 행동을 바꿀 수 있다는 가설을 수립했다.

촉진자는 가설을 검토하고 다음 회의의 안건을 알리는 것으로 회의를 마무리했다. 촉진자는 팀에게 다음 회의는 2시간 정도 소요됨을 알리고 어떤 방식으로 회의를 진행하기 원하는지 물었다. 팀은 원래대로 화요일 10시에 회의를 진행하기 원했기 때문에 평소와 달리 다음 회의는 10시에서 12시까지 2시간으로 시간을 연장하기로 했다. 모든 팀원은 회의 시간에 맞추어 일정을 조정할 수 있다고 했다. 촉진자는 PTR 중재 목록 순위표를 나눠 준 후 각 전략에 순위(1순위에 1점, 2순위에 2점, 3순위에 3점)를 매겨 다음 회의에 가져와 달라고 부탁했다. 담임교사는 다음 회의 시 동일한 장소를 사용할 수 있는지, 팀이 추가된 회의 시간에 대한 수당을 받을 수 있는지 확인한 후 이메일로 그 결과를 알리겠다고 하였다.

5. 네 번째 회의: 4단계 PTR 중재

팀은 회의 초반에 개별화된 행동 평정 척도 자료를 검토하였다. 기초선 자료가 일관성 있게 보이기는 했지만 여기에 작은 변화가 감지되었다. 바로 탠트럼이 감소하기 시작한 것이다. 비록 그 변화가 미약하기는 했지만 꾸준하게 감소되는 추세였다. 교직원들과 로건의 어머니는 지난 회의 이후 자신의 행동도 변화하였다고 말했다. 회의에서의 논의를 바탕으로 팀원들이 다르게 행동하기 시작한 것이다. 로건의 어머니는 로건에게 다른 방식으로 반응하고 있는 자신을 발견했다고 말했다. 즉, 로건의 탠트럼, 고함치기, 소리 지르기 등의 행동에 좌절하는 반응을 보이기보다는 로건의 노력과 로건이 할 수 있는 것에 관심을 기울이기 시작한 것이다. 더불어 로건에게 관심을 주는 방식도 변화되었다고 말했다. 교수팀은 그들이 일정과 일과에 더 많은 주의를 기울였으며 더 구조화해야 하는 일정이 무엇인지 확인하게 되었다고 하였다.

팀은 이를 중재계획과 직결시켰다. 촉진자는 대형 접착식 메모지에 가설을 적고 그것을 벽에 붙였다. 팀은 PTR 중재 순위표(〈표 E-4〉 참조)를 가져왔고, 언어치료사는 종이에 팀원의 응답을 기록했다. 먼저 **예방** 영역에서 각 팀원이 선택한 1순위, 2순위, 3순위 전략을 한 명씩 돌아가면서 발표했다. 이 과정은 **교수, 강화** 영역에서도 반복되었다. 팀원의 반응이 접착식 메모지에 기록되면서 누적되었다. 팀은 각자의 우선순위 결과가 서로 일치하는 것에 놀라워했다. 보조원은 전략을 기능 및 가설과 연결시켜 이를 PTR 기능평가 요약표에 넣으니 우선순위를 정하기가 쉬웠다고 말했고, 팀 역시 이 의견에 동의했다.

표 E-4 로건의 팀이 선택한 전략 및 PTR 중재 순위표

PTR 중재 순위표

학생명: _____로건_____ 날짜: _____

가설: 적극적으로 참여하고 있던 활동에서 전이하게 할 때와 성인의 지시를 따르도록 요청받을 때 로건은 탠트럼을 보인다(고함치기 및 소리 지르기, 물건 던지기, 때리기/차기, 바닥에 드러눕기). 그 결과로 성인에게 관심을 받고 적극적으로 참여하고 있던 활동에서 다른 활동으로의 전이를 지연, 변경, 종료시킨다.

예방	순위	교수	순위	강화	순위
전이 지원 (모든 팀원이 1순위로 선택)	1	교체행동 • 동일 기능 교체행동 교수: 전이 시간 2분 지연(모든 팀원이 1순위로 선택) • 대안행동 교수: 시각적 일정표(대부분의 팀원이 2순위로 선택)	1	교체행동 강화 • 동일 기능 강화(전이 지연) (모든 팀원이 1순위로 선택) • 기타 강화(성인의 관심) (모든 팀원이 2순위로 선택)	1
환경적 지원 (모든 팀원이 2순위나 3순위로 선택)	2	자기 관리 교수	2	도전행동에 대한 강화 중단	2
비유관 관심 제공	3	교사가 원하는 행동들	3	성인의 긍정적 반응 증가	3
친사회적 행동을 위한 기회	4				

　　다음 단계는 행동중재계획을 개발하는 것이었다. 팀은 이 시간 내내 행동중재계획을 구체적이고 세부적으로 개발할 수 있다고 느꼈다. 감소되어야 할 행동과 증가되어야 할 행동을 하나씩 다뤄 보는 경험은 이전과 다른 느낌을 주었고, 팀원들을 구체적이고 세심하게 만들어 주었다.

　　팀은 등교 일과 중 어떤 부분은 분명한 처음 · 중간 · 끝을 가진다는 사실을 발견했다. 예를 들면, 외투와 가방을 걸고, 출석 체크를 하고, 두 개의 활동 중 어느 것을 할지 선택하는 것은 분명한 시작과 끝이 있는 일과였다. 그러나 아침 일과의 다른 부분들은 그렇지 않았는데, 이를테면 테이블 활동이 언제 끝나는지 또는 조회 시간의 처음 · 중간 · 끝이 어떻게 구성되는지가 분명하지 않았다. 팀은 두 개의 시각적 일정표가 필요

하다고 판단했다. 하나는 아침 일과의 순서(외투 걸기, 출석 체크하기, 바구니에 점심 도시락 넣기, 테이블 활동하기, 조회 참석하기)를 보여 주는 시각적 일정표다. 두 번째 시각적 일정표는 조회 시간으로의 전이 그리고 집단 상황인 조회 시간 내의 일과에 대한 것이었는데, 이는 이 시간에 로건의 탠트럼이 매우 자주 발생했기 때문이다. 교수팀은 조회 시간의 일과를 개발하는 것에 어려움을 느꼈고 이 일과가 학급에서 제대로 정의되어 있지 않음을 깨달았다. 교직원은 조회 시간의 목적과 순서를 파악하기 위한 시간을 가진 후 마침내 이를 시각적으로 배열할 수 있었다. 이 작업을 마친 후 그들은 등교 시간의 세부 항목으로 돌아갔다.

팀은 로건이 시각적 일정표를 사용할 수 있도록 로건을 직접 교수할 시간이 필요하다고 판단하고 이를 수행할 교직원을 정했다. 로건의 어머니는 로건을 교실에 데리고 와서 가방과 외투를 걸게 하겠다고 말했고, 교사는 그렇게 해 준다면 큰 도움이 되겠다고 하였다. 교사나 보조원은 교실 문 앞에서 어머니를 만난 후 로건이 출석 체크를 하고 그날의 활동을 하게 하기로 했다. 팀은 로건을 위해 각 활동에 대한 시각적 일정표를 만들기로 결정했다. 실제의 전이가 로건에게 어려울 수 있기 때문에 로건의 어머니도 전이에 사용되는 동일한 그림을 가정에서 사용하기로 했다. 그림으로 전이를 실시하고 다음 활동에 맞는 그림을 매칭하여 시각적으로 보여 준 것은 로건이 무엇을 해야 하는지 알려 주고, 다른 장소로 독립적으로 이동하게 해 주며, 지시를 따르지 않을 때 관심을 받았던 것과 달리 지시를 따를 때 관심을 얻을 수 있는 기회를 제공해 줄 것이다.

등교 일과의 순서를 정한 후, 팀은 로건이 2분 지연을 요청하는 방법에 대해서도 이야기를 나눴다. 그들은 이것을 '추가 시간'이라고 부르기로 하고 모래시계를 사용하여 로건이 시각적으로 남은 시간을 확인할 수 있게 하기로 했다. 언어치료사는 로건이 좀 더 자발적으로 언어를 사용하면서 추가 시간을 요청할 수 있는 방법을 공유했다. 그것은 바로 간단한 수어를 하면서 단어를 말하는 것이었다. 예를 들면, 로건은 활동이 종료되었을 때 '끝'이라는 수어와 이에 해당하는 단어를 이야기할 수 있다. 또한 시간을 더 달라고 요청할 때는 '조금 더'라는 수어와 이에 해당하는 단어를 말할 수 있다.

팀은 전이 전략만으로도 상당히 수고가 필요하겠다고 느꼈다. 그래서 전이 전략에 먼저 집중하고 기대행동은 그다음에 추가하기로 결정했다. 팀은 탠트럼에 대한 반응으로 그들이 어떻게 로건에게 관심을 주었는지에 대해 이야기를 나누었다. 팀은 그들이 관심을 주는 방식의 변화가 행동 강화에 큰 영향을 준 것이라고 확신했다. 로건에게 관심을 주는 방식의 변화는 주요 강화 전략이었다. 팀은 로건이 2분 타이머를 요청하면 행동특정적 칭찬을 하고, 로건이 언어를 사용하면 진심으로 기쁨을 표현하기로 했다. 팀은 로건이 전이를 위해 그림을 사용할 때, 독립적으로 이동할 때, 그리고 배운 대로 일정표를 사용할 때 행동특정적 칭찬을 하기로 결정했다. 팀은 언어적 칭찬이 전이 시간과 조회 시간 일과에 대한 충분한 강화제가 되는지 확신할 수 없었기 때문에 특정 활동을 할 때 언어적 칭찬 외에 공룡 스티커를 추가로 제공하기로 했다. 로건은 전이를 완료하거나 조회 시간 일과를 완수하면 공룡 스티커 하나를 고를 수 있다. 로건의 어머니는 로건이 집에 왔을 때 스티커를 살펴보고 로건이 어떻게 그것을 얻었는지 물은 후 학교에서와 동일한 행동특정적 칭찬을 제공하고 관심을 주기로 했다.

마지막으로, 촉진자는 이러한 중재 노력에도 불구하고 탠트럼이 발생한다면 어떻게 반응할지에 대한 논의를 이끌어 나갔다. 촉진자는 행동형성이 하나의 과정이므로 바람직한 행동에 대한 강화 제공과 도전행동에 대한 강화 감소를 위한 계획이 필요함을 상기시켰다. 팀은 로건의 적절한 행동에 더 많은 관심을 주는 동시에 도전행동에 대한 관심은 줄여 나가야 했다. 팀은 잠깐 침묵했다. 잠시 후 보조원이 촉진자에게 "우리가 그냥 탠트럼을 무시하면 안 될까요?"라고 물었다. 촉진자는 팀에게 그럴 수 있는지 물었다. 이 전략은 모든 팀원이 일제히 실행해야만 효과가 있다. 팀 절차를 다루었던 첫 번째 회의에서 팀원들은 충실하게 중재를 실행하기로 약속했었다. 팀은 탠트럼을 어떻게 무시해야 하는지에 대해 이야기를 나누었고, 언어적 관심이나 눈맞춤을 하지 않기로 하였다. 그들은 도전행동 발생 시 단순히 시각적 일정표를 가리키기만 하고, 필요하다면 부분적 도움 혹은 전적인 도움을 제공하겠지만 언어적 지시나 눈맞춤은 하지 않을 것이었다. 그들은 언어적 지시와 눈맞춤이 탠트럼 행동을 유지시킨다는 데 동의했다.

보조원은 조회 시간 일과에 대해 여전히 우려를 표했다. 팀은 로건의 성공을 보장하기 위해 초기에는 일과를 줄이기로 하고, 이후 일과를 늘리기 위한 계획을 수립하기로 했다.

세부 계획 개발에는 촉진자가 예상했던 대로 90분 정도가 걸렸으나 팀은 계획을 실행할 준비가 더 잘 된 것 같고, 일관성 있게 계획을 실행할 자신감이 생겼다고 말했다(〈표 E-5〉 참조). 팀은 로건의 어머니가 가정에서의 아침 일과에 이 전략을 적용할 수 있도록 돕기 위해 잠깐의 시간을 할애했다. 로건의 어머니는 아침 일과가 다소 느슨하고 막연한 면이 있었지만 아침 일과를 변화시키고, 정돈하며, 시각화하는 작업을 이미 시작하였다고 말했다. 팀은 로건이 집에서 학교로 문제 없이 전이를 하게 되면 모두에게 더 나은 하루가 펼쳐질 거라고 생각했다.

표 E-5 로건의 PTR 행동중재계획 최종본

PTR 행동중재계획 과제분석

학생명: _____ 로건 존스 _____ 날짜: _____

가설: 적극적으로 참여하고 있던 활동에서 전이하게 할 때와 성인의 지시를 따르도록 요청받을 때 로건은 탠트럼을 보인다(고함치기 및 소리 지르기, 물건 던지기, 때리기/차기, 바닥에 드러눕기). 그 결과로 성인에게 관심을 받고 적극적으로 참여하고 있던 활동에서 다른 활동으로의 전이를 지연, 변경, 종료시킨다.

중재 유형	구체적인 단계	실행을 위한 준비 사항
〈예방 행동중재〉		
전이 지원 시각적 일정표를 사용하여 일과 수행하기	등교 시간(원만한 전이를 위해서는 로건을 태워 주는 어머니, 교사, 보조원이 참여해야 함) 단계: 조회 시간 일과에 대한 시각적 일정표와 등교 활동에 대한 시각적 일정표를 제작한다. 등교 시간에 다음을 실행한다. 1. 로건의 어머니는 로건이 외투와 가방을 걸도록 지시하고 출석 체크라는 표시가 된 그림을 로건의 사물함에서 꺼내게 한다. 2. 교사/보조원은 교실 문에서 로건을 맞이하고 로건의 출석 체크를 돕는다. 로건은 출석 체크 그림을 해당 칸에 벨크로로 붙인다. 3. 출석 체크를 마친 후 로건은 어떤 활동 테이블에 합류하기 원하는지 그림을 선택한 후 테이블로 그 그림을 가져간다. 2단계에서와 동일한 절차를 이용하여 선택한 테이블 그림을 해당 칸에 벨크로로 붙인다.	등교 시간과 조회시간 일과에 대한 시각적 일정표
전이 지연을 위해 2분 타이머 사용하기	조회 시간으로 전이하기 위해 테이블 활동이 종료될 무렵 타이머를 제공한다. 교사나 보조원은 테이블 활동 시간 종료 전, 다음을 실행한다. 4. 로건이 조회 시간까지 2분간 전이를 지연할 수 있는 선택권을 제공한다. 5. 로건이 선택한 것을 즉시 제공한다. 로건이 추가 시간을 선택했다면 2분의 추가 시간을 제공한다.	2분 모래시계

〈계속〉

| 비유관 관심 제공 | 6. 로건이 전이를 하도록 지시하고 다음 활동을 안내한다.

성인은 적절한 행동에 대한 칭찬의 비율을 높이고, 적절한 행동과 과제 참여에 관심을 제공한다. | |

〈교수 행동중재〉

동일 기능 교체행동	시각적 일정표 및 일과 수행하기와 2분 지연 선택하기	
시각적 일정표를 사용하여 일과 수행하기	성인은 로건에게 아침 일과를 시작하기 위해 그림으로 전이를 하고, 한 장소에서 다른 장소로의 전이를 위해 그림을 사용하며, 아침 일과의 처음·중간·끝을 명확하게 확인할 수 있도록 일과 순서에서 그림을 제거하는 것을 직접 교수한다. 활동 일과에 대한 시각적 일정표 사용 시, 로건은 각각의 과제나 단계를 완수할 때마다 그림을 제거하고 시각적 일정표의 '끝' 주머니 안에 그 그림을 넣는다. 단계: 1. 교직원은 그림 상징을 해당 칸에 가져가서 벨크로로 붙이는 것을 보여 주며 그림으로 전이하는 방법을 교수한다. 2. 로건이 기술을 익히면 교직원은 전이 일과 및 다른 일과에도 이를 확장한다. 3. 교직원은 로건이 일정표를 이용하여 전이와 일과를 수행하도록 촉진하거나 단서를 제공한다. 4. 교직원은 로건이 2분 지연 요청에 익숙해지면 점차 단서를 소거해 나간다.	자료: 시각적 일정표, 그림, 벨크로
전이 지연을 위해 2분 타이머 사용하기	로건은 '끝' 혹은 '조금 더'를 선택함으로써 조회 시간으로의 전이를 지연시킬 수 있는 2분간의 옵션을 얻을 수 있다. 2분 모래시계는 '조금 더'를 선택한 경우 사용된다. 교직원은 교실에서 전이를 위한 카드 사용법을 교수할 것이고, 과제가 끝났을 때 과제를 치우고 '끝'주머니에 넣는 것으로 일정표 사용법을 교수한다. 단계: 1. 교직원은 로건에게 '끝'과 '조금 더'를 요청하는 수어와 구어를 함께 쓰면서 2분 모래시계를 이용하여 조회 시간으로의 전이를 2분 지연해 달라고 요청하는 방법을 가르친다. 2. 전이 전, 교직원은 2분 지연 요청 방법과 전이를 검토한다. 3. 교직원은 로건이 점점 흥분하는 것처럼 보일 때(예: "싫어, 싫어, 싫어."라고 말하기) 2분 지연을 요청하도록 촉진하거나 단서를 제공한다. 4. 교직원은 로건이 2분 지연 요청에 익숙해지면 점차 단서를 소거해 나간다.	2분 모래시계

〈계속〉

〈강화 행동중재〉

교체행동 강화:	교직원은 로건이 시간 지연을 요청할 때 칭찬을 하며(짧은 관심) 즉시 2분 모래시계를 뒤집는다.	공룡 스티커
2분 지연 요청하기	단계: 1. 로건이 '조금 더' 혹은 '끝'을 표현하려고 수어를 하거나 언어적 시도를 하면 즉시 요구를 들어준다. 2. 교직원은 2분 모래시계를 뒤집는다. 로건이 이 순서를 익혔다면 2분의 시간 지연을 갖기 위해 스스로 모래시계를 뒤집을 수도 있다. 3. 교직원은 '로건의 단어 사용'을 인정하고, '요청을 위해 단어를 사용한 것'이 더 많은 시간을 얻게 했다는 것을 연결시키며 행동특정적 칭찬을 한다. 4. 처음 이 기술을 가르칠 때는 적절하게 요청할 때마다 공룡 스티커를 준다. 로건이 이 기술에 능숙해지면 스티커는 점진적으로 사라지고 열정이 담긴 언어적 칭찬만 제공된다.	
바람직한 대안행동 강화: 시각적 일정표를 사용하여 일과 수행하기	로건이 학교에 도착했을 때, 로건의 어머니와 교직원은 로건이 시각적 일정표를 확인하도록 촉진한다. 계획 실행자들은 다음을 실행한다. 단계: 1. 전이를 한 번만 지시하고 전이 그림이나 일정표 그림을 가리킨다. 로건이 전이 지시(예: 사물함에서 일정표 꺼내기, 적절한 장소에 일정표 가지고 가기, 끝낸 일과 그림 제거하기)를 따를 때까지는 눈맞춤이나 대화를 하지 않는다. 2. 로건이 전이 지시를 따른 경우 행동특정·언어적 칭찬을 제공한다.	
도전행동에 대한 강화 중단	단계: 로건이 도전행동을 보이면 다음을 실행한다. 1. 교직원은 모든 종류의 사소한 언어적 행동을 무시한다. 2. 교직원은 직접적 눈맞춤을 하지 않고 가능한 한 언어적 의사소통을 하지 않는다. 3. 언어적 지시가 필요하다면 교직원은 차분하고 조용한 목소리로 눈맞춤은 하지 않은 채 재지시한다. 4. 교직원은 로건에게 단서를 제공하면서 로건 주위에 있는 학생 중 과제를 수행하거나 완수한 학생이 있다면 칭찬을 제공한다. 5. 로건이 진정되면 교직원은 로건이 일정표나 전이 그림을 따르도록 촉진한다. 6. 행동이 고조되거나 심해지면, 교직원은 표준화된 학교 위기 절차를 실행한다.	

1) 코칭/훈련 회기

팀은 중재계획 최종안을 참고하여 PTR 실행평가서(코칭/충실도)를 상대적으로 쉽고 빠르게 개발하고, 각 중재의 효과적인 실행을 위한 주요 단계를 정리하였다(〈표 E-6〉 참조). 중재계획 최종안과 체크리스트 복사본이 팀에게 배부되었다. 팀은 각 단계를 소리 내어 읽고, 이해되지 않는 부분에 대해서는 질문을 하며 중재계획을 검토하였다. 다음으로, 촉진자는 전략 실행 방법을 모델링하며 질문에 답하였다. 마지막으로, 팀은 계획을 연습하였고 촉진자는 피드백을 제공하였다. 팀은 중재계획이 쉽게 느껴질 뿐 아니라 피드백을 받으며 연습할 수 있어서 정말 좋았다고 말했다.

표 E-6 로건의 PTR 계획 실행평가서(코칭/충실도)

4단계: PTR 계획 실행평가서(코칭/충실도)

교사명: _____ 학생명: __로건__ 날짜: _____

일과/활동/교과: _____

자기 평가 ☐   관찰 ☐   관찰자: _____

중재	중재 단계가 실행되었나요? (예/아니요/해당 없음)	이 중재가 행동에 바람직한 영향을 미쳤나요? (1=전혀 아니다 2=약간 그렇다 3=매우 그렇다)
예방		
예방 1: 전이 지원(등교 일과) 1. 시각적 일정표: 그림을 꺼내어 아침 일과로 전이할 준비 (사물함/출석 체크/테이블 활동) 2. 일과를 위한 시각적 일정표 사용 준비	예/아니요/해당 없음 예/아니요/해당 없음	1 2 3
예방 2: 2분 지연 요청 1. 전이 전 구어와 수어로 2분 지연 선택 제공하기 2. 추가 시간이 선택될 경우 사용할 모래시계 준비해 두기	예/아니요/해당 없음 예/아니요/해당 없음	1 2 3

〈계속〉

교수		
교수 1: 일정표를 사용하여 일과 수행하기		1 2 3
1. 그림 상징을 가지고 전이 방법 직접 교수하기	예/아니요/해당 없음	
2. 활동(과제)을 마친 후 해당 그림을 제거하는 방법 직접 교수하기	예/아니요/해당 없음	
3. 로건이 시각적 일정표를 사용하도록 촉진하기	예/아니요/해당 없음	
교수 2: 추가 시간 요청하기		1 2 3
1. 수어와 구어를 사용하여 '끝'과 '조금 더'를 직접 교수하기	예/아니요/해당 없음	
2. 전이 전 선택 제공하기	예/아니요/해당 없음	
3. 선택한 것 제공하기	예/아니요/해당 없음	
강화		
강화 1: 일정표를 사용하여 일과 수행하기		1 2 3
1. 전이 지시를 한 번 내리고 전이 그림이나 일정표 그림을 가리키기	예/아니요/해당 없음	
2. 로건이 촉진이나 지시를 따를 때까지 눈맞춤과 언어적 코멘트 제공하지 않기	예/아니요/해당 없음	
3. 로건이 지시나 촉진을 따랐을 때 열정을 담은 행동특정적 칭찬 제공하기	예/아니요/해당 없음	
강화 2: 추가 시간 요청하기		1 2 3
1. 로건이 '끝'이나 '조금 더' 요청을 위해 수어 및 구어 시도를 하면 즉시 요구를 들어주기	예/아니요/해당 없음	
2. 2분 모래시계를 바로 뒤집기: 로건이 모래시계를 뒤집을 수도 있음	예/아니요/해당 없음	
3. '말을 사용'하여 추가 시간을 얻게 된 것을 연결시키는 말, 눈맞춤, 열정이 담긴 행동특정적 칭찬 제공하기(예: "우와, 로건, 시간을 더 달라고 단어를 사용했구나! 자, 지금부터 2분의 시간을 갖자.")	예/아니요/해당 없음	
4. 초반에는 기술을 교수하기 위해 언어적 칭찬과 공룡 스티커를 제공하고 이 기술이 숙달되면 점차 소거하기. 짝짓기 시 주의하기. 칭찬 제공 시 스티커를 얼굴 높이로 들어 올려 구체물과 언어적 칭찬이 연결되게 하기	예/아니요/해당 없음	

〈계속〉

강화 3: 도전행동에 대한 강화 중단		1 2 3
1. 고함치기 / 소리 지르기 / 무시하기	예/아니요/해당 없음	
2. 가능하면 눈맞춤이나 언어적 재지시를 보류한 채 그림 일 정표를 가리키거나 몸짓으로 보여 주기	예/아니요/해당 없음	
3. 눈맞춤 없이 차분하고 조용한 목소리로 언어적 재지시하기	예/아니요/해당 없음	
4. 주변에 있는 또래 칭찬하기	예/아니요/해당 없음	
5. 로건이 적절한 행동을 보일 때까지 가까이 가지 않기	예/아니요/해당 없음	
PTR 계획 실행평가 점수: '예'의 개수 / ('예'의 개수 + '아니요'의 개수)		

2) 실행

팀은 실행에 앞서 몇몇 자료를 제작해야 함을 깨달았다. 언어치료사는 자료를 출력하여 코팅할 시간을 낼 수 있으며, 그림 상징을 사용하기 위한 프로그램에 접근할 수 있다고 말했다. 언어치료사는 또한 로건의 어머니가 정확히 어떤 그림이 필요한지 알려 준다면 가정에서의 아침 일과를 위한 그림을 만들어 줄 수도 있다고 했다. 교사는 학교용과 가정용으로 사용할 두 개의 타이머를 구하겠다고 했다. 팀은 이번 주의 남은 시간 동안 다음 주 월요일 중재 실행에 필요한 자료를 준비하기로 결정했다.

계획에 따라, 촉진자는 자신의 일정을 변경하여 중재 실행 첫날에 수업을 참관하면서 PTR 실행평가서(코칭/충실도)(〈표 E-6〉 참조)를 사용하여 수행 피드백과 지원을 제공하였다. 촉진자는 그 주에 추가로 두 번 더 충실도 체크를 하고, 이후에는 주 1회 충실도를 체크하기로 했다. 교사와 보조원 역시 매일 자신의 수행을 기록하고 촉진자의 평가 결과와 비교하기로 했다. 촉진자는 다음 2주 동안 두 번의 충실도 점검을 계획하였고, 이후에는 필요시에만 충실도를 점검하기로 했다.

로건의 어머니는 자신이 실행 단계에 어떻게 참여할 수 있는지 물었다. 팀은 일반적으로 어머니가 교실에 있지 않기 때문에 중재 실행 시 어머니가 교실에 있다면 중재에 영향을 미칠 수 있음을 염려하였다. 로건의 어머니 역시 그 시간 동안 로건의 동생들을 돌봐야 하는 우려를 표현했다. 이에 팀은 중재를 녹화하여 로건의 어머니와 공유하기로 하고, 촉진자가 녹화를 담당하기로 했다. 로건의 어머니에게는 가능한 시간에 교직원들과 공유할 수 있는 비디오를 집에서도 녹화하도록 권하였다.

6. 다섯 번째 회의: 5단계 진보 점검과 의사결정

교사와 보조원에 의한 PTR 실행평가서(코칭/충실도) 점검 결과, 실행 초기 2주 동안 매일 평균 80% 수준으로 계획이 실행된 것으로 나타났다. 촉진자가 두 번에 걸쳐 작성한 충실도는 모두 85% 이상으로 계획이 실행되고 있음을 나타냈다. 교사와 보조원의 자기 평가 점수는 촉진자의 점수와 10% 이내의 차이를 보여 적절한 신뢰도를 나타냈으며, 실행 충실도도 높은 편이었다.

〈표 E-7〉은 2주의 실행 후 작성된 개별화된 행동 평정 척도 그래프다. 로건은 PTR 절차를 시작하기 전, 탠트럼 진정을 위해 대부분의 시간을 교실 밖에서 보내고 있었다. 중재 실행 이전에 수집한 자료의 기초선에 따르면, 로건의 방해 행동은 증가하고 있었고 탠트럼은 하루에 10~14회 정도의 빈도로 발생하고 있었다.

대략 10~14회 발생하던 탠트럼은 실행 첫 2주 동안 대폭 줄어들어 하루 1~4회 정도만 발생했다. 팀은 로건이 참여하고 있는 활동이나 과제에 또래가 함께할 때 여전히 탠트럼이 발생한다는 것을 알아냈다. 로건은 등교 시 부분적 도움을 받아 일정을 잘 따를 수 있었고, 가리키기를 통한 촉진만 제공해도 지시를 따랐다.

이러한 결과를 바탕으로 팀은 로건의 성공을 축하했으며 학년말까지 별도의 수정 없이 행동중재계획 실행을 지속하기로 동의했다. 다음 단계는 기대행동을 개발하는 것이었다. 그들은 또래 상호작용을 관찰하고 상호작용 상황에서 로건을 도울 수 있는 전략을 개발하는 것부터 시작하기로 했다. 촉진자는 실행과 관련된 문제가 있는지 논의하고 로건의 진보를 검토하기 위해 2주에 한 번씩 팀과 회의를 지속하였고, 팀이 준비가 되었을 때 다음 전략을 개발하도록 도왔다.

표 E-7　2주간 계획 실행 후 로건의 개별화된 행동 평정 척도 그래프

개별화된 행동 평정 척도

학생명: 　　　로건　　　　　　날짜:

교사명: 　　　　　　　　　　　학교명:

표적행동	날짜	기초선					중재											
		2/12	2/13	2/17	2/18	2/19	2/20	2/23	2/24	2/25	2/26	2/27	3/3	3/4	3/5	3/6		
탠트럼	15회 이상	5	5	(5)	5	5	5	5	(5)	5	5	5	5	5	5	5	5	5
	10~14회	(4)	(4)	4	(4)	(4)	4	(4)	4	(4)	(4)	4	4	4	4	4	4	4
	5~9회	3	3	3	3	3	(3)	3	3	3	3	(3)	3	3	3	3	3	3
	1~4회	2	2	2	2	2	2	2	2	2	2	2	(2)	(2)	(2)	(2)	2	2
	0개	1	1	1	1	1	1	1	1	1	1	1	1	1	1	1	1	1
일과 수행하기	독립적	5	5	5	5	5	5	5	5	5	5	5	5	5	5	5	5	5
	촉진	4	4	4	4	4	4	4	4	4	4	(4)	4	4	(4)	(4)	4	4
	부분적 도움	3	3	3	3	3	3	(3)	(3)	(3)	(3)	3	(3)	(3)	3	3	3	3
	전적인 도움	2	(2)	2	2	(2)	(2)	2	2	2	2	2	2	2	2	2	2	2
	거부	(1)	1	(1)	(1)	1	1	1	1	1	1	1	1	1	1	1	1	1
기대 행동 수행하기	76~100%	5	5	5	5	5	5	5	5	5	5	5	5	5	5	5	5	5
	51~75%	4	4	4	4	4	4	4	4	4	4	4	4	4	4	4	4	4
	26~50%	3	3	3	3	3	3	3	3	3	3	3	3	3	3	3	3	3
	1~25%	2	2	2	2	2	2	2	2	2	2	2	2	2	2	2	2	2
	0%	(1)	(1)	(1)	(1)	(1)	(1)	(1)	(1)	(1)	(1)	(1)	(1)	(1)	(1)	(1)	1	1

작성 요령

도전행동	탠트럼	
시간/일과	✓ 하루 종일	___ 특정 시간/일과:
정의	큰 소리를 내는 것이 적절하지 않은 상황에서 대화에 알맞은 음량을 넘어서는 큰 소리 내기. 이 행동의 결과로 로건은 지시를 따르지 않을 수 있게 됨 • 고함치기/소리 지르기의 탠트럼 행동을 보인 횟수에 따라 평정함	
	5 = 매우 심각한 날　　　　　= 　15회 이상	
	4 = 평소 정도의 심각한 날　 = 　10~14회	
	3 = 보통 정도의 날　　　　　= 　5~9회	
	2 = 좋은 날　　　　　　　　 = 　1~4회	
	1 = 환상적으로 좋은 날　　　= 　0회	

〈계속〉

5 = 매우 심각한 날	=	15회 이상
4 = 평소 정도의 심각한 날	=	10~14회
3 = 보통 정도의 날	=	5~9회
2 = 좋은 날	=	1~4회
1 = 환상적으로 좋은 날	=	0회

동일 기능 교체행동/ 바람직한 대안행동	시각적 일정표를 사용하여 일과 수행하기	
시간/일과	＿＿＿ 하루 종일	＿✓＿ 특정 시간/일과: 등교 시간과 가 정에서의 아침 일과 시간
정의	일과 중 최대 4개의 활동에 대해 시각적 일정표 따르기(일정표 바라보기, 일정표에 있는 과제나 활동 하기, 활동이나 과제를 마친 후 그림 떼어 내기) • 등교 시간과 가정에서의 아침 일과 수행을 위해 로건이 필요로 하는 도움의 수준에 따라 평정함	

5 = 환상적으로 좋은 날	=	모든 단계 독립 수행
4 = 좋은 날	=	일정표/과제 가리키기와 같은 촉진이나 제스처 로 수행
3 = 보통 정도의 날	=	활동이나 과제에 대한 부분적 도움
2 = 평소 정도의 심각한 날	=	활동이나 과제에 대한 전적인 도움
1 = 매우 심각한 날	=	활동이나 일과를 종료시키는 분노발작과 거부

동일 기능 교체행동/ 바람직한 대안행동	기대행동 수행하기	
시간/일과	＿✓＿ 하루 종일	＿＿＿ 특정 시간/일과: 모든 수업 시간 (읽기/언어, 수학, 과학, 사회, 쓰기)
정의	기대행동으로 정의된 적절한 행동 수행하기 • 하루 종일 기대행동으로 정의된 적절한 행동을 보인 시간의 비율에 따라 평정함	

5 = 환상적으로 좋은 날	=	76~100%의 비율로 기대행동 준수
4 = 좋은 날	=	51~75%
3 = 보통 정도의 날	=	26~50%
2 = 평소 정도의 심각한 날	=	1~25%
1 = 매우 심각한 날	=	0%

참고문헌

Appley, D. G., & Winder, A. E. (1977). An evolving definition of collaboration and some implications for the world of work. *Journal of Applied Behavioral Science, 13*, 279-291.

Austin, J. L., & Soeda, J. M. (2008). Fixed-time teacher attention to decrease off-task behaviors of typically developing third graders. *Journal of Applied Behavior Analysis, 41*(2), 279-283.

Bailey, K. M. (2013). *An evaluation of the family-centered Prevent-Teach-Reinforce model with families of young children with developmental disabilities.* Unpublished master's thesis, University of South Florida, Tampa.

Bambara, L., & Kern, L. (Eds.). (2005). *Individualized supports for students with problem behaviors: Designing positive behavior plans.* New York, NY: Guilford Press.

Banda, D. R., & Sokolosky, S. (2012). Effectiveness of noncontingent attention to decrease attentionmaintained disruptive behaviors in the general education classroom. *Child and Family Behavior Therapy, 34*(2), 130-140.

Barnes, S., Iovannone, R., Blair, K. S., Crosland, K., & George, H. P. (2017). *An evaluation of the Prevent-Teach-Reinforce model within a multi-tiered intervention system.* Manuscript submitted for publication.

Barton-Arwood, S. M., Wehby, J. H., & Falk, K. B. (2005). Reading instruction for elementary-age students with emotional and behavioral disorders: Academic and behavioral outcomes. *Exceptional Children, 72*, 7-27.

Borgmeier, C., & Rodriguez, B. J. (2015). Consequence strategies to change behavior. In F. Brown, J. L. Anderson, & R. L. De Pry (Eds.), *Individual positive behavior supports:*

A standards-based guide to practices in school and community settings (pp. 145-162). Baltimore, MD: Paul H. Brookes Publishing Co.

Braithwaite, K. L., & Richdale, A. L. (2000). Functional communication training to replace challenging behaviors across two behavioral outcomes. *Behavioral Interventions*, *15*(1), 21-36.

Briesch, A. M., Chafouleas, S. M., & Riley-Tillman, T. C. (2016). *Direct behavior rating: Linking assessment, communication, and intervention*. New York, NY: Guilford Press.

Brown, F., Anderson, J. L., & De Pry, R. L. (Eds.). (2015). *Individual positive behavior supports: A standardsbased guide to practices in school and community settings*. Baltimore, MD: Paul H. Brookes Publishing Co.

Cakiroglu, O. (2014). Effects of preprinted response cards on rates of academic response, opportunities to respond, and correct academic responses of students with mild intellectual disability. *Journal of Intellectual and Developmental Disability*, *39*(1), 73-85.

Carlson, J. I., Luiselli, J. K., Slyman, A., & Markowski, A. (2008). Choice-making as intervention for public disrobing in children with developmental disabilities. *Journal of Positive Behavior Interventions*, *10*(2), 86-90.

Carr, E. G., Dunlap, G., Horner, R. H., Koegel, R. L., Turnbull, A. P., Sailor, W.,···Fox, L. (2002). Positive behavior support. Evolution of an applied science. *Journal of Positive Behavior Interventions*, *4*, 4-16.

Carr, E., & Durand, M. (1985). Reducing behavior problems through functional communication training. *Journal of Applied Behavior Analysis*, *11*, 459-501.

Carr, E. G., Horner, R. H., Turnbull, A. P., Marquis, J., Magito-Mclaughlin, D., McAtee, M. L.,···, & Doolabh, A. (1999). *Positive behavior support for people with developmental disabilities: A research synthesis*. Washington, DC: American Association on Mental Retardation.

Chafouleas, S. M., Miller, F. G., Briesch, A. M., Neugebauer, S. R., & Riley-Tillman, T. C. (2012). *Usage Rating Profile-Assessment*. Storrs, CT: University of Connecticut.

Chafouleas, S. M., Riley-Tillman, T. C., & Christ, T. J. (2009). Direct behavior rating (DBR): An emerging method for assessing social behavior within a tiered intervention system. *Assessment for Effective Intervention*, *34*, 195-200.

Cihak, D., Fahrenkrog, C., Ayres, K. M., & Smith, C. (2009). The use of video modeling via a video iPod and a system of least prompts to improve transitional behaviors for students with autism spectrum disorders in the general education classroom. *Journal of Positive Behavior Interventions*, *12*(2), 103-115.

Clarke, S., Dunlap, G., & Vaughn, B. (1999). Family-centered, assessment-based intervention to improve behavior during an early morning routine. *Journal of Positive Behavior Interventions, 1*(4), 235-241.

Conklin, C. G., Kamps, D., & Wills, H. (2017). The effects of class-wide function-related intervention teams (CW-FIT) on students' prosocial classroom behaviors. *Journal of Behavioral Education, 26*(1), 75-100.

Cooper, J. O., Heron, T. E., & Heward, W. L. (2007). *Applied behavior analysis.* Upper Saddle River, NJ: Pearson Merrill Prentice Hall.

Cote, C. A., Thompson, R. H., & McKerchar, P.M. (2005). The effects of antecedent interventions and extinction on toddlers' compliance during transitions. *Journal of Applied Behavior Analysis, 38*, 235-238.

Crone, D. A., Hawken, L. S., & Horner, R. H. (2010). *Responding to problem behavior in schools: The behavior education program* (2nd ed.). New York, NY: Guilford Press.

Cuticelli, M., Collier-Meek, M., & Coyne, M. (2016). Increasing the quality of tier 1 reading instruction: Using performance feedback to increase opportunities to respond during implementation of a core reading program. *Psychology in the Schools, 53*(1), 89-105.

DeJager, B. W., & Filter, K. W. (2015). Effects of Prevent-Teach-Reinforce on academic engagement and disruptive behavior. *Journal of Applied School Psychology, 31*, 369-391.

Doggett, A. R., Edwards, R. P., Moore, J. W., Tingstrom, D. H., & Wilczynski, S. M. (2001). An approach to functional assessment in general education classroom settings. *School Psychology Review, 30*, 313-328.

Duchnowski, A. J., & Kutash, K. (2009). Integrating PBS, mental health services, and family-driven care. In W. Sailor, G. Dunlap, G. Sugai, & R. Horner (Eds.), *Handbook of positive behavior support* (pp. 203-231). New York, NY: Springer.

Dufrene, B. A., Doggett, R. A., & Henington, C. (2007). Functional assessment and intervention for disruptive classroom behaviors in preschool and Head Start classrooms. *Journal of Behavioral Education, 16*(4), 368-388.

Dunlap, G. (2006). The applied behavior analytic heritage of PBS: A dynamic model of action-oriented research. *Journal of Positive Behavior Interventions, 8*, 58-60.

Dunlap, G., & Carr, E. G. (2007). Positive behavior support and developmental disabilities: A summary and analysis of research. In S. L. Odom, R. H. Horner, M. Snell, & J. Blacher (Eds.), *Handbook of developmental disabilities* (pp. 469-482). New York, NY: Guilford Press.

Dunlap, G., Carr, E. G., Horner, R. H., Koegel, R. L., Sailor, W., Clarke, S.,···Fox, L. (2010).

A descriptive, multiyear examination of positive behavior support. *Behavioral Disorders, 35*, 259-293.

Dunlap, G., Carr, E. G., Horner, R. H., Zarcone, J., & Schwartz, T. R. (2008). Positive behavior support and applied behavior analysis: A familial alliance. *Behavior Modification, 32*, 682-698.

Dunlap, G., dePerczel, M., Clarke, S., Wilson, D., Wright, S., White, R., & Gomez, A. (1994). Choice making to promote adaptive behavior for students with emotional and behavioral challenges. *Journal of Applied Behavior Analysis, 27*, 505-518.

Dunlap, G., Iovannone, R., Kincaid, D., Wilson, K., Christiansen, K., Strain, P. S., & English, C. (2010). *Prevent-Teach-Reinforce: The school-based model of individualized positive behavior support*. Baltimore, MD: Paul H. Brookes Publishing Co.

Dunlap, G., Iovannone, R., Wilson, K., Kincaid, D., & Strain, P. (2010). Prevent-Teach-Reinforce: A standardized model of school-based behavioral intervention. *Journal of Positive Behavior Interventions, 12*, 9-22.

Dunlap, G., Kern-Dunlap, L., Clarke, S., & Robbins, F. R. (1991). Functional assessment, curriculum revision, and severe behavior problems. *Journal of Applied Behavior Analysis, 24*, 387-397.

Dunlap, G., Lee, J., Joseph, J. D., & Strain, P. (2015). A model for increasing the fidelity and effectiveness of interventions for challenging behaviors: Prevent-Teach-Reinforce for young children. *Infants and Young Children, 28*, 3-17.

Dunlap, G., Lee, J. K., & Strain, P. (2013). Prevent-Teach-Reinforce for young children: A user-friendly, tertiary model for challenging behaviors. In M. Ostrosky & S. Sandall (Eds.), *Addressing young children's challenging behaviors* (YEC Monograph 15; pp. 45-58). Los Angeles, CA: Division of Early Childhood of the Council for Exceptional Children.

Dunlap, G., Strain, P., Lee, J. K., Joseph, J. D., & Leech, N. (2018). A randomized controlled evaluation of Prevent-Teach-Reinforce for young children. *Topics in Early Childhood Special Education, 37*, 197-205.

Dunlap, G., Strain, P. S., Lee, J. K., Joseph, J., Vatland, C., & Fox, L. K. (2017). *Prevent-Teach-Reinforce for families: A model of individualized positive behavior support for home and community*. Baltimore, MD: Paul H. Brookes Publishing Co.

Dunlap, G., Wilson, K., Strain, P. S., & Lee, J. K. (2013). *Prevent-Teach-Reinforce for young children: The early childhood model of individualized positive behavior support*. Baltimore, MD: Paul H. Brookes Publishing Co.

Dyer, K., Dunlap, G., & Winterling, V. (1990). The effects of choice-making on the serious problem behaviors of students with developmental disabilities. *Journal of Applied Behavior Analysis, 23*, 515-524.

Eber, L., Hyde, K., Rose, J., Breen, K., McDonald, D., & Lewandowski, H. (2009). Completing the continuum of schoolwide positive behavior support: Wraparound as a tertiary-level intervention. In W. Sailor, G. Dunlap, G. Sugai, & R. Horner (Eds.), *Handbook of positive behavior support* (pp. 671-703). New York, NY: Springer.

Enloe, K. A., & Rapp, J. T. (2014). Effects of noncontingent social interaction on immediate and subsequent engagement in vocal and motor stereotypy in children with autism. *Behavior Modification, 38*(3), 374-391.

Ervin, R., Radford, P., Bertsch, K., Piper, A., Ehrhardt, K., & Poling, A. (2001). A descriptive analysis and critique of the empirical literature on school-based functional assessment. *School Psychology, 30*, 193-210.

Erwin, P. G., & Ruane, G. E. (1993). The effects of a short-term social problem solving program with children. *Counseling Psychology Quarterly, 6*(4), 317-323.

Filter, K. J., & Horner, R. H. (2009). Function-based academic interventions for problem behavior. *Education and Treatment of Children, 32*(1), 1-19.

Fleming, J. L., & Monda-Amaya, L. E. (2001). Process variables critical for team effectiveness. *Remedial and Special Education, 11*, 158-171.

Floress, M. T., & Jacoby, A. L. (2017). The caterpillar game: A SW-PBIS aligned classroom management system. *Journal of Applied School Psychology, 33*(1), 16-42.

González, M. L., Rubio, E. K., & Taylor, T. (2014). Inappropriate mealtime behavior: The effects of noncontingent access to preferred tangibles on responding in functional analyses. *Research in Developmental Disabilities, 35*(12), 3655-3664.

Gresham, F. M. (2002). Teaching social skills to high-risk children and youth: Preventive and remedial strategies. In M. Shinn, H. Walker, & G. Stoner (Eds.), *Interventions for academic and behavior problems II: Preventive and remedial strategies* (pp. 403-432). Bethesda, MD: National Association of School Psychologists.

Gresham, F. M., Van, M. B., & Cook, C. R. (2006). Social skills training for teaching replacement behavior: Remediating acquisition deficits in at-risk students. *Behavioral Disorders, 31*(4), 363-377.

Hagopian, L. P., Contrucci Kuhn, S. A., Long, E. A., & Rush, K. S. (2005). Schedule thinning following communication training: Using competing stimuli to enhance tolerance to decrements in reinforcer density. *Journal of Applied Behavior Analysis, 38*, 177-193.

Hagopian, L. P., Toole, L. M., Long, E. S., Bowman, L. G., & Lieving, G. A. (2004). A comparison of dense-to-lean and fixed-lean schedules of alternative reinforcement and extinction. *Journal of Applied Behavior Analysis, 37*, 323–338.

Halle, J., Bambara, L. M., & Reichle, J. (2005). Teaching alternative skills. In L. Bambara & L. Kern (Eds.), *Individualized supports for students with problem behaviors: Designing positive behavior plans* (pp. 237–274). New York, NY: Guilford Press.

Hanley, G. P., Iwata, B. A., & McCord, B. (2003). Functional analysis of problem behavior: A review. *Journal of Applied Behavior Analysis, 36*, 147–186.

Harbour, K. E., Evanovich, L. L., Sweigart, C. A., & Hughes, L. E. (2015). A brief review of effective teaching practices that maximize student engagement. *Preventing School Failure: Alternative Education for Children and Youth, 59*(1), 5–13.

Harlacher, J. E., Sakelaris, T. L., & Kattelman, N. M. (2014). *Practitioner's guide to curriculum-based evaluation in reading.* New York, NY: Springer.

Haydon, T., Conroy, M. A., Scott, T. M., Sindelar, P. T., Barber, B. R., & Orlando, A. M. (2010). A comparison of three types of opportunities to respond on student academic and social behaviors. *Journal of Emotional and Behavioral Disorders, 18*(1), 27–40.

Haydon, T., Hawkins, R., Denune, H., Kimener, L., McCoy, D., & Basham, J. (2012). A comparison of iPads and worksheets on math skills of high school students with emotional disturbance. *Behavioral Disorders, 37*(4), 232–243.

Himle, M., & Miltenberger, R. (2004). Preventing unintentional firearm injury in children: The need for behavioral skills training. *Education and Treatment of Children, 27*, 161–177.

Hughes, C. A., Ruhl, K. L., Schumaker, J. B., & Deshler, D. D. (2002). Effects of instruction in an assignment completion strategy on the homework performance of students with learning disabilities in general education classes. *Learning Disabilities Research and Practice, 17*(1), 1–18.

Ingram, K., Lewis-Palmer, T., & Sugai, G. (2005). Function-based intervention planning: Comparing the effectiveness of FBA function-based and non-function-based intervention plans. *Journal of Positive Behavior Interventions, 7*(4), 224–236.

Iovannone, R., Anderson, C., & Scott, T. (2017). Understanding setting events: What they are and how to identify them. *Beyond Behavior, 26*, 105–112.

Iovannone, R., Greenbaum, P., Wang, W., Dunlap, G., & Kincaid, D. (2014). Reliability of an individualized behavior rating scale tool for progress monitoring. *Assessment for Effective Intervention, 39*, 195–207.

Iovannone, R., Greenbaum, P., Wei, W., Kincaid, D., Dunlap, G., & Strain, P. (2009). Randomized control trial of a tertiary behavior intervention for students with problem behaviors: Preliminary outcomes. *Journal of Emotional and Behavioral Disorders,*

17, 213-225.

Iwata, B. A., Dorsey, M. F., Slifer, K. J., Bauman, K. E., & Richman, G. S. (1994). Towards a functional analysis of self-injury. *Journal of Applied Behavior Analysis, 27*, 197-204.

Jordan, D. W., & Le Metais, J. (1997). Social skilling through cooperative learning. *Educational Research, 39*(1), 3-21.

Joseph, J. D. (2016). *An experimental analysis of Prevent-Teach-Reinforce for families: Effects on challenging behaviors, appropriate behaviors, and social validity.* (Unpublished doctoral dissertation). University of Colorado, Denver.

Kellner, M. H., Bry, B. H., & Colletti, L. (2002). Teaching anger management skills to students with severe emotional or behavioral disorders. *Behavioral Disorders, 27*(4), 400-407.

Kern, L., Ringdahl, J. E., & Hilt, A. (2001). Linking self-management procedures to functional analysis results. *Behavioral Disorders, 26*(3), 214-226.

Kern, L., Vorndran, C. M., Hilt, A., Ringdahl, J. E., Adelman, B. E., & Dunlap, G. (1998). Choice as an intervention to improve behavior: A review of the literature. *Journal of Behavioral Education, 8*, 151-169.

Kincaid, D., Dunlap, G., Kern, L., Lane, K., Brown. F, Bambara, L.,···Knoster, T. (2016). Positive behavior support: A proposal for updating and refining the definition. *Journal of Positive Behavior Interventions, 18*, 69-73.

Koegel, L. K., Koegel, R. L., Boettcher, M. A., Harrower, J., & Openden, D. (2006). Combining functional assessment and self-management procedures to rapidly reduce disruptive behaviors. In R. L. Koegel & L. K. Koegel (Eds.), *Pivotal response treatments for autism* (pp. 245-258). Baltimore, MD: Paul H. Brookes Publishing Co.

Kourassanis, J., Jones, E. A., & Fienup, D. M. (2015). Peer-video modeling: Teaching chained social game behaviors to children with ASD. *Journal of Developmental and Physical Disabilities, 27*(1), 25-36.

Koyama, T. & Wang, H. T. (2011). Use of activity schedule to promote independent performance of individuals with autism and other intellectual disabilities: A review. *Research in Developmental Disabilities, 32*(6), 2235-2242.

Kulikowski, L., Blair, K. S., Iovannone, R., & Crosland, K. (2015). An evaluation of the Prevent-Teach-Reinforce (PTR) model in a community preschool classroom. *Journal of Behavior Analysis and Supports, 2*, 1-22.

Lambert, M. C., Cartledge, G., Heward, W. L., & Lo, Y. Y. (2006). Effects of response cards on disruptive behavior and academic responding during math lessons by fourth-grade urban students. *Journal of Positive Behavior Interventions, 8*(2), 88-99.

Lamella, L., & Tincani, M. (2012). Brief wait time to increase response opportunity and correct responding of children with autism spectrum disorder who display challenging behavior. *Journal of Developmental and Physical Disabilities, 24*(6), 559-573.

Lane, K. L., Harris, K. R., Graham, S., Weisenbach, J. L., Brindle, M., & Morphy, P. (2008). The effects of selfregulated strategy development on the writing performance of second-grade students with behavioral and writing difficulties. *Journal of Special Education, 41*(4), 234-253.

Lane, K. L., Rogers, L. A., Parks, R. J., Weisenbach, J. L., Mau, A. C., Merwin, M. T., & Bergman, W. (2007). Function-based interventions for students who are nonresponsive to primary and secondary prevention efforts: Illustrations at the elementary and middle school levels. *Journal of Emotional and Behavioral Disorders, 15*(3), 169-183.

Lane, K. L., Weisenbach, J. L., Little, M. A., Phillips, A., & Wehby, J. (2006). Illustrations of function-based interventions implemented by general education teachers: Building capacity at the school site. *Education and Treatment of Children, 29*(4), 549-571.

Larson, C. E., & LaFasto, F. (1989). *Teamwork: What must go right/what can go wrong.* Newbury Park, CA: Sage Publications.

Laureati, M., Bergamaschi, V., & Pagliarini, E. (2014). School-based intervention with children. Peer-modeling, reward and repeated exposure reduce food neophobia and increase liking of fruits and vegetables. *Appetite, 83*, 26-32.

Liaupsin, C. J., Umbreit, J., Ferro, J. B., Urso, A., & Upreti, G. (2006). Improving academic engagement through systematic, function-based intervention. *Education and Treatment of Children, 29*(4), 573-591.

Lohrmann, S., Talerico, J., & Dunlap, G. (2004). Anchor the boat: A class-wide intervention to reduce problem behavior. *Journal of Positive Behavior Interventions, 6*(2), 113-120.

Lucyshyn, J. M., Dunlap, G., & Freeman, R. (2015). A historical perspective on the evolution of positive behavior support as a science-based discipline. In F. Brown, J. L. Anderson, & R. L. De Pry (Eds.), *Individual positive behavior supports: A standards-based guide to practices in school and community settings* (pp. 3-25). Baltimore, MD: Paul H. Brookes Publishing Co.

Luiselli, J. K. (Ed.). (2006). *Antecedent intervention: Recent developments in community focused behavior support.* Baltimore, MD: Paul H. Brookes Publishing Co.

McComas, J. J., Downwind, I., Klingbeil, D. A., Petersen-Brown, S., Davidson, K. M., & Parker, D. C. (2017). Relations between instructional practices and on-task behavior in classrooms serving American Indian students. *Journal of Applied School Psychology*, *33*(2), 89–108.

McGill, P., Teer, K., Rye, L., & Hughes, D. (2003). Staff reports of setting events associated with challenging behavior. *Behavior Modification*, *27*(2), 265–282.

McIntosh, K., Horner, R. H., Chard, D. J., Dickey, C. R., & Braun, D. H. (2008). Reading skills and function of problem behavior in typical school settings. *Journal of Special Education*, *42*(3), 131–147.

McLaughlin, D. M., & Carr, E. G. (2005). Quality of rapport as a setting event for problem behavior: Assessment and intervention. *Journal of Positive Behavior Interventions*, *7*(2), 68–91.

Mesibov, G. B., Browder, D. M., & Kirkland, C. (2002). Using individualized schedules as a component of positive behavioral support for students with developmental disabilities. *Journal of Positive Behavior Interventions*, *4*(2), 73–79.

Murdock, L. C., & Hobbs, J. Q. (2011). Picture me playing: Increasing pretend play dialogue of children with autism spectrum disorders. *Journal of Autism and Developmental Disorders*, *41*(7), 870–878.

Newcomer, L. L., & Lewis, T. J. (2004). Functional behavior assessment: An investigation of assessment reliability and effectiveness of function–based interventions. *Journal of Emotional and Behavioral Disorders*, *12*, 168–181.

O'Neill, R. E., Hawken, L. S., & Bundock, K. (2015). Conducting functional behavioral assessments. In F. Brown, J. L. Anderson, & R. L. De Pry (Eds.), *Individual positive behavior supports: A standards–based guide to practices in school and community settings* (pp. 259–278). Baltimore, MD: Paul H. Brookes Publishing Co.

Partin, T. C. M., Robertson, R. E., Maggin, D. M., Oliver, R. M., & Wehby, J. H. (2009). Using teacher praise and opportunities to respond to promote appropriate student behavior. *Preventing School Failure: Alternative Education for Children and Youth*, *54*(3), 172–178.

Patall, E. A., Cooper, H., & Wynn, S. R. (2010). The effectiveness and relative importance of choice in the classroom. *Journal of Educational Psychology*, *102*(4), 896–215.

Pierce, J. M., Spriggs, A. D., Gast, D. L., & Luscre, D. (2013). Effects of visual activity schedules on independent classroom transitions for students with autism. *International Journal of Disability, Development, and Education*, *60*(3), 253–269.

Presley, J. A., & Hughes, C. (2000). Peers as teachers of anger management to high school students with behavioral disorders. *Behavioral Disorders*, *25*, 114–130.

Reichle, J., & Johnston, S. S. (1993). Replacing challenging behavior: The role of communication intervention. *Topics in Language Disorders*, *13*(3), 61–76.

Reimers, T., & Wacker, D. (1988). Parents' ratings of the acceptability of behavioral treatment recommendations made in an outpatient clinic: A preliminary analysis of the influence of treatment effectiveness. *Behavioral Disorders*, *14*, 7-15.

Repp, A. C., & Horner, R. H. (Eds.). (1999). *Functional analysis of problem behavior: From effective assessment to effective support*. Belmont, CA: Wadsworth Publishing.

Richards, L. C., Heathfield, L. T., & Jenson, W. R. (2010). A classwide peer-modeling intervention package to increase on-task behavior. *Psychology in the Schools*, *47*(6), 551-566.

Riley-Tillman, T. C., Methe, S. A., & Weegar, K. (2009). Examining the use of direct behavior rating methodology on classwide formative assessment: A case study. *Assessment for Effective Intervention*, *34*, 242-250.

Rock, M. L., (2005). Use of strategic self-monitoring to enhance academic engagement, productivity, and accuracy of students with and without exceptionalities. *Journal of Positive Behavior Interventions*, *7*(1), 3-17.

Rock, M. L. & Thead, B. K. (2007). The effects of fading a strategic self-monitoring intervention on students' academic engagement, accuracy, and productivity. *Journal of Behavioral Education*, *16*(4), 389-412.

Sailor, W., Dunlap, G., Sugai, G., & Horner, R. H. (Eds.). (2009). *Handbook of positive behavior support*. New York, NY: Springer.

Sainato, D. M., Strain, P. S., Lefebvre, D., & Rapp, N. (1987). Facilitating transition times with handicapped preschool children: A comparison between peer-mediated and antecedent prompt procedures. *Journal of Applied Behavior Analysis*, *20*, 285-291.

Sanford, A. K., & Horner, R. H. (2013). Effects of matching instruction difficulty to reading level for students with escape-maintained problem behavior. *Journal of Positive Behavior Interventions*, *15*(2), 79-89.

Sani-Bozkurt, S., & Ozen, A. (2015). Effectiveness and efficiency of peer and adult models used in video modeling in teaching pretend play skills to children with autism spectrum disorder. *Education and Training in Autism and Developmental Disabilities*, *50*(1), 71-83.

Sasso, G. M., Reimers, T., Cooper, L., Wacker, D., Berg, W., Steege, M., Kelly, L., & Allaire, A. (1992). Use of descriptive and experimental analyses to identify the functional properties of aberrant behavior in school settings. *Journal of Applied Behavior Analysis*, *25*, 80-821.

Schreibman, L., Whalen, C., & Stahmer, A. C. (2000). The use of video priming to reduce disruptive transition behavior in children with autism. *Journal of Positive Behavior Interventions*, *2*(1), 3-11.

Sears, K. M., Blair, K-S., Iovannone, R., & Crosland, K. (2013). Using the Prevent-Teach-Reinforce model with families of young children with ASD. *Journal of Autism and Developmental Disorders, 43*, 1005-1016.

Shure, M. B. (1993). I can problem solve (ICPS): Interpersonal cognitive problem solving for your children. *Early Child Development and Care, 96*, 49-64.

Simonsen, B., Fairbanks, S., Briesch, A., Myers, D., & Sugai, G. (2008). Evidence-based practices in classroom management: Considerations for research to practice. *Education and Treatment of Children, 31*(3), 351-380.

Simonsen, B., Little, C. A., & Fairbanks, S. (2010). Effects of task difficulty and teacher attention on the offtask behavior of high-ability students with behavior issues. *Journal for the Education of the Gifted, 34*(2), 245-260.

Skinner, C. H., Pappas, D. N., & Davis, K. A. (2005). Enhancing academic engagement: Providing opportunities for responding and influencing students to choose to respond. *Psychology in the Schools, 42*(4), 389-403.

Smith, C. E., Carr, E. G., & Moskowitz, L. J. (2016). Fatigue as a biological setting event for severe problem behavior in autism spectrum disorder. *Research in Autism Spectrum Disorders, 23*, 131-144.

Snyder, P. A., Hemmeter, M. L., & Fox, L. (2015). Supporting implementation of evidence-based practices through practice-based coaching. *Topics in Early Childhood Special Education, 35*, 133-143.

Stichter, J. P., Hudson, S., & Sasso, G. M. (2005). The use of structural analysis to identify setting events in applied settings for students with emotional/behavioral disorders. *Behavioral Disorders, 30*(4), 403-420.

Strain, P., Wilson, K., & Dunlap, G. (2011). Prevent-Teach-Reinforce: Addressing problem behaviors of students with autism in general education classrooms. *Behavioral Disorders, 36*, 160-171.

Strong, A. C., Wehby, J. H., Falk, K. B., & Lane, K. L. (2004). The impact of a structured reading curriculum and repeated reading on the performance of junior high students with emotional and behavioral disorders. *School Psychology Review, 33*, 561-581.

Sy, J. R., Gratz, O., & Donaldson, J. M. (2016). The good behavior game with students in alternative educational environments: Interactions between reinforcement criteria and scoring accuracy. *Journal of Behavioral Education, 25*(4), 455-477.

Tralli, R., Colombo, B., Deshler, D. D., & Schumaker, J. B. (1996). The Strategies Intervention Model: A model for supported inclusion at the secondary level. *Remedial and Special Education, 17*(4), 204-216.

Trussell, R. P., Lewis, T. J., & Raynor, C. (2016). The impact of universal teacher practices and function-based behavior interventions on the rates of problem behaviors among at-risk students. *Education and Treatment of Children, 39*(3), 261-282.

Ulke-Kurkcuoglu, B., & Kircaali-Iftar, G. (2010). A comparison of the effects of providing activity and material choice to children with autism spectrum disorders. *Journal of Applied Behavior Analysis, 43*(4), 717-721.

Umbreit, J., Ferro, J., Liaupsin, C., & Lane, K. L. (2007). *Functional behavioral assessment and function-based intervention: An effective, practical approach.* Englewood Cliffs, NJ: Merrill/Prentice Hall.

University of Florida, Florida Positive Behavioral Interventions & Support Project (2018, January 8). *Classroom.* Retrieved from http://flpbis.cbcs.usf.edu/tiers/classroom.html

Urlacher, S., Wolery, M., & Ledford, J. R. (2016). Peer modeling of commenting during small group direct instruction for academic behaviors. *Journal of Early Intervention, 38*(1), 24-40.

Vandercook, T., & York, J. (1990). A team approach to program development and support. In W. C. Stainback & S. B. Stainback (Eds.), Support networks for inclusive schooling: Integrated and interdependent education (pp. 95-122). Baltimore: Paul H. Brookes Publishing Co.

Villa, R. A., Thousand, J. S., Paolucci-Whitcomb, P., & Nevin, A. I. (1990). In search of a new paradigm for collaborative consultation. *Journal of Educational and Psychological Consultation, 1*(4), 279-292.

Webster-Stratton, C., Reid, J., & Hammond, M. (2004). Treating children with early-onset conduct problems: Intervention outcomes for parent, child, and teacher training. *Journal of Clinical Child and Adolescent Psychology, 33*, 104-124.

Whitney, T., Cooper, J. T., & Lingo, A. S. (2015). Providing student opportunities to respond in reading and mathematics: A look across grade levels. *Preventing School Failure: Alternative Education for Children and Youth, 59*(1), 14-21.

찾아보기

인명

내용

◆ 저자 소개 ◆

Glen Dunlap, Ph.D.

미국 리노에 위치한 네바다대학교의 연구교수다. 그는 지난 40년간 긍정적 행동지원, 아동보
호, 조기개입, 자폐성장애 및 기타 발달장애, 가족지원 분야의 연구, 훈련, 시범 프로젝트를 수행
해 왔다. 45년이 넘는 기간 동안 장애인 분야에 몸담았으며, 교사, 행정가, 연구자, 대학 교원으
로 일했다. Dunlap 박사는 수많은 연구와 훈련 프로젝트의 책임자였으며, 이를 위해 연방 정부
와 주 정부로부터 많은 연구비를 받았다. 그는 250편 이상의 논문과 단행본 챕터를 집필하였고,
단행본 4권의 공동편집인이었으며, 15종의 전문 학술지 편집위원으로 봉사하였다. 그는『Journal
of Positive Behavior Interventions』의 창간호 편집위원 중 한 명이며, 10년간『Topics in Early
Childhood Special Education』의 편집위원장으로 활동하였다.

Rose Iovannone, Ph.D.

미국 사우스플로리다대학교 교수이자 평가와 중재 간 학문 센터(Interdisciplinary Center for
Evaluation and Intervention: ICEI) 소장이며, 미국 교육부 교육과학연구소(Institute of Education
Sciences: IES)의 지원으로 수행되고 있는 자폐성장애학생의 일반교육 접근(Students with Autism
Accessing General Education: SAAGE) 모델 개발 과제의 공동 연구책임자다. 그는 플로리다 긍
정적 행동중재 및 지원 프로젝트와 학교문화 혁신 사업에 참여하여 교육구(school district)가 3차
행동지원체계를 실행하는 과정을 도와주었다. 그는 행동분석 전문가(BCBA)로, 자폐성장애, 지
적/발달장애, 학습장애, 정서장애를 가진 사람들을 지원한 경험이 풍부하다. 그는 개별차원의 행
동중재와 자폐성장애학생을 위한 증거기반 실제에 관한 수많은 동료 심사 학술지 논문과 저서,
단행본 챕터를 출판하였고, 수많은 국내외 교사 연수를 제공해 왔다.

Donald Kincaid, Ed.D.

미국 사우스플로리다대학교 교수이자 '플로리다 긍정적 행동중재 및 지원 프로젝트: 다층적 지원 시스템'의 책임자다. 또한 그는 긍정적 행동중재 및 지원에 관한 기술 지원 센터(Technical Assistance Center for Positive Behavioral Interventions and Supports)와의 협력을 포함한 많은 주 차원과 국가 자원 PBS 프로젝트의 책임연구자 중 하나다. 그의 주 관심 분야는 긍정적 행동지원 접근을 개별 학생, 교실, 학교 전체에 적용하는 것이다. 그가 하고 있는 전문가 활동의 대부분은 증거기반 실제의 실행을 지원하기 위해 지역, 주, 국가 수준에서의 시스템 개혁 노력을 조정하고 조율하는 일이다. 그는 대학에서 강의를 하면서 긍정적 행동지원 분야의 여러 편집위원회와 이사회에서 봉사하고 있다.

Kelly Wilson, B.S. in PSY

미국 콜로라도주에 위치한 유한책임회사 '4Abilities'의 소유주이자 행동자문가로, 지역사회에서 연수와 지원을 제공하고 있다. 그는 콜로라도주 사회복지부에서 '질 평가 개선 시스템(Quality Rating Improvement System: QRIS)' 코디네이터와 '아동 돌봄 자원과 의뢰(Child Care Resource and Referral: CCR&R)' 책임자로 근무했을 뿐 아니라 의료정책 및 재정지원부에서 재정 교부 담당자로 일해 보았기 때문에 주 시스템과 관련된 폭넓은 경험을 가지고 있다. 그는 콜로라도주 교육부의 훈련가 및 자문가로 일했고, 덴버에 위치한 콜로라도대학교의 긍정적인 조기 학습경험 센터에서 전문가 연구보조원으로 일하면서 '예방 · 교수 · 강화(PTR)' 연구 과제와 '학습 경험: 유아와 부모를 위한 프로그램' 현장적용 프로젝트에 참여하여 자폐성장애와 도전행동을 가진 아동이 재학 중인 초등학교와 유아교육기관에 자문과 연수를 제공하였는데, 이러한 역할을 통해 도전행동에 대한 풍부한 현장 경험을 갖게 되었다. 그는 개별차원의 행동중재와 자폐성장애학생을 위한 증거기반 실제에 관한 다수의 동료 심사 학술지 논문과 저서를 출판하였고, 교사를 위한 전문가 연수를 제공해 왔다.

Kathy Christiansen, M.S.

미국 '플로리다 긍정적 행동중재 및 지원 프로젝트'의 기술 지원 전문가다. 그는 2000년대부터 다층적 행동 및 학업 지원체계를 실행하는 플로리다 내 교육구에 연수, 코칭, 기술 지원을 제공해 왔다. 그는 '예방·교수·강화(PTR)' 연구 프로젝트에서 행동자문가로 일했고(2005~2008년), 사우스플로리다대학교의 자폐 및 관련 장애 센터(Center for Autism and Related Disabilities: CARD)에서 자문가로 일하였다. 사우스플로리다대학교에 오기 전 그는 교육구 행동전문가, 특수교사, 여러 거주형 치료 시설의 프로그램 담당자로 일하면서 심각한 정서와 행동상의 어려움을 가진 아동·청소년 및 그 가족을 지원하는 다양한 업무를 담당하였다.

Phillip S. Strain, Ph.D.

미국 덴버대학교 도시교육과 James C. Kennedy 석좌교수다. 그는 300편 이상의 연구 논문을 집필하였고, 15종의 전문 학술지 편집위원으로 봉사하였다. 그는 1974년부터 조기개입 분야에서 일해 왔고 미국 의학원, 국립정신건강연구소, 교육부의 과학기술고문을 담당하고 있다. 그의 연구 관심 분야는 어린 나이에 품행장애가 시작된 아동을 위한 중재, 자폐성장애유아의 사회적 행동문제 개선, 자폐성장애아동을 위한 종합적인 지역사회기반 조기개입 체계의 설계와 전달, 심각한 행동문제를 가진 아동을 위한 증거기반 실제의 선택과 지속적 활용에 영향을 미치는 개인적·제도적 변인 분석이다.

◆ 역자 소개 ◆

박지연(Park, Jiyeon)
미국 캔자스대학교 대학원 철학박사(특수교육 전공)
현 이화여자대학교 특수교육과 교수

〈관심 연구 분야〉
긍정적 행동지원, 정서행동장애, 장애인 가족지원

심은정(Shim, Eunjung)
이화여자대학교 대학원 특수교육학박사(정서행동장애 전공)
현 이화여자대학교 특수교육과 겸임교수

〈관심 연구 분야〉
정서행동장애, 장애인 가족지원, 중등특수교육

정지희(Jeong, Jeehee)
이화여자대학교 대학원 특수교육학박사(정서행동장애 전공)
현 이화여자대학교 특수교육과 겸임교수

〈관심 연구 분야〉
정서행동장애, 전환교육, 장애인 가족지원

백예은(Beak, Ye Eun)
이화여자대학교 대학원 특수교육학박사(정서행동장애 전공)
현 이화여자대학교 특수교육연구소 연구원

〈관심 연구 분야〉
정서행동장애, 장애인 가족지원, 사회정서학습

긍정적 행동지원 시리즈 ①

도전행동을 보이는 장애학생과 일반학생을 위한

학교에서의 예방·교수·강화 모델

Prevent-Teach-Reinforce
The School-Based Model of Individualized Positive Behavior Support (2nd ed.)

2020년 9월 10일 1판 1쇄 인쇄
2020년 9월 20일 1판 1쇄 발행

지은이 • Glen Dunlap · Rose Iovannone · Donald Kincaid · Kelly Wilson
　　　　Kathy Christiansen · Phillip S. Strain
옮긴이 • 박지연 · 심은정 · 정지희 · 백예은
펴낸이 • 김진환
펴낸곳 • (주) **학지사**
　　　　04031 서울특별시 마포구 양화로 15길 20 마인드월드빌딩
대표전화 • 02)330-5114　　　팩스 02)324-2345
등록번호 • 제313-2006-000265호

홈페이지 • http://www.hakjisa.co.kr
페이스북 • https://www.facebook.com/hakjisa

ISBN 978-89-997-2155-7 93370

정가 19,000원

이 도서의 국립중앙도서관 출판시도서목록(CIP)은 서지정보유통지
원시스템 홈페이지(http://seoji.nl.go.kr)와 국가자료공동목록시스템
(http://www.nl.go.kr/kolisnet)에서 이용하실 수 있습니다.
(CIP 제어번호: CIP2020031845)

출판 · 교육 · 미디어기업 **학지사**

간호보건의학출판 **학지사메디컬** www.hakjisamd.co.kr
심리검사연구소 **인싸이트** www.inpsyt.co.kr
학술논문서비스 **뉴논문** www.newnonmun.com
원격교육연수원 **카운피아** www.counpia.com